藏汉佛教交流史研究

朱丽霞 著

中国社会科学出版社

图书在版编目（CIP）数据

藏汉佛教交流史研究/朱丽霞著. —北京：中国社会科学出版社，2018.4
ISBN 978-7-5203-1334-6

Ⅰ.①藏… Ⅱ.①朱… Ⅲ.①喇嘛宗—宗教文化—文化交流—佛教—研究—中国—古代 Ⅳ.①B948

中国版本图书馆CIP数据核字（2017）第267343号

出 版 人	赵剑英	
责任编辑	张　浠	
责任校对	石春梅	
责任印制	李寡寡	

出　　版	中国社会科学出版社	
社　　址	北京鼓楼西大街甲158号	
邮　　编	100720	
网　　址	http://www.csspw.cn	
发 行 部	010-84083685	
门 市 部	010-84029450	
经　　销	新华书店及其他书店	
印　　刷	北京明恒达印务有限公司	
装　　订	廊坊市广阳区广增装订厂	
版　　次	2018年4月第1版	
印　　次	2018年4月第1次印刷	
开　　本	710×1000　1/16	
印　　张	18.25	
字　　数	265千字	
定　　价	75.00元	

凡购买中国社会科学出版社图书，如有质量问题请与本社营销中心联系调换
电话：010-84083683
版权所有　侵权必究

前　言

藏汉佛教交流是一个非常重要的研究课题，这首先是因为藏汉佛教交流在长达1300多年的历史长河中，是一个持续存在、影响深远的真实现象。姑且不论连篇累牍的史料记载，就实物资料而言，西有拉萨的小昭寺以及释迦牟尼12岁等身像，北有雍和宫与承德"外八庙"，东有五台山众多藏传佛教道场，南有杭州飞来峰大量的藏传佛教塑像，这些都是历史事实最本真的展现。尽管在不同的时代中，藏汉佛教交流发生的核心区域不同，唐代是以拉萨为中心，元、明、清三代以汉地的北京等为中心，民国时则拉萨、北京同为中心，但这也仅仅是舞台的变换，舞台之上的活动从来没有停歇。因此，藏汉佛教交流史是中国古代历史研究中不能规避的重要一环，从学术研究的层面整理清楚藏汉佛教交流的线索、细节、逻辑发展是非常必要的。通过这些研究，藏汉佛教交流的历史与现状、藏汉佛教的共同性与差异性就可以得到全面的揭示，其中，藏汉佛教交流的历史是双方进一步交流的源头，藏汉佛教的差异性是构建双方新的共同性的出发点。

其次，从唐代到民国，藏汉佛教交流活动持续进行，从未间断。也就是说，无论朝代如何更替，统治者如何变换，藏汉佛教文化之间的联动从来没有受到影响。这就意味着藏汉佛教之间的交流实际上成为藏汉关系的筋骨与核心纽带之一，不曾因时而废，因人而废，这既是中华民族文化体系内部具有高度凝聚力的表现，也是进一步增进当代藏汉民族文化认同感、凝聚力的基础。藏汉佛教教同主、法同味、信同体，是藏汉文化交流最重要的媒介。佛教传承的传统是依法不依人，佛教传播的传统也是依法不依人，继往开来，我们应当持续促进藏汉佛教在"法"的层面、"教"的层面的互相交流与交融，祛除"人"的层面所造成的割裂与干扰，进而实现中华民族内部各个民族文化真正的、彻底的融通。

需要指出的是在藏汉佛教交流史研究中，一些概念需要界定和说明，一些问题需要澄清，这主要包括：

首先，藏汉佛教交流宜作宽泛理解。就"藏汉"而言，只能界定为藏汉两个地区，而不能当作两个民族看。汉族地区在历史上，元、清两个朝代是少数民族建立的政权，我们不能将其排除在研究范围之外。而且，作为少数民族政权，汉族以儒家文化为代表的官僚士大夫阶层就不能用"夷夏之辨"等命题来反对藏传佛教，这反而为藏传佛教在汉地的传播拓宽了空间。此外，藏汉佛教的交流，是指传承于西藏的佛教体系和传承于汉地的佛教体系之间的互通有无，不能局限于传承者的身份，因为传承者身份往往是交叉的，例如，明代的"西天僧"（来自于印度）和"番僧"（西藏僧人）的身份往往是重叠的，他们互为师徒的现象屡有发生。

其次，对藏汉佛教交流的结果应作更理性的判定，也就是要紧扣"交流"二字。"交流"有交互流向、互相沟通之意，但在历史上，由于藏汉佛教交互传播的主导者不同，其终极诉求就不同，这直接导致藏汉佛教的传播的主旨某些时候并不在宗教本身。同时，由于语言的限制以及史料记载的缺失，使得藏汉佛教的交互流向活动较多，但互相沟通的部分则相对较少，这既有事实层面的问题，也有资料记载层面的问题。

为此，在考察这个问题时，一方面一定要重视事实层面的内容，而不能仅仅停留在逻辑层面，即不能仅凭借有多少僧人往来，建造了多少寺院等信息，来推断双方之间的交流。因为这中间缺乏必然的因果联系，例如，清代虽然在北京、承德、五台山修建了许多的藏传佛教寺庙，但这些寺庙的僧人多数还是来自于藏地、蒙古、满族，其寺院内部的传承体系秉承的是西藏的教法体系，加之北京的藏传佛教寺院都有皇家寺院的性质，因而自身的体系还是比较封闭的。另外，历朝历代都有藏汉佛教经典的互译，但这些经本的存在，并不能说明藏汉佛教交流的盛况。因为这些经本几乎都属于查漏补缺的性质，并不是某一个法门或者派别经典系统的翻译和传扬，所以这些由汉译藏、由藏译汉的经典在对方的佛教体系中所起的作用是十分有限的。更值得注意的是随着一些藏族密法在汉地的传播，一些相应的仪轨也被传译，但懂这些密法、仪轨的高僧一般只活动在帝王、权贵之侧，其影响范围非常有限。所以，从佛法的交流层面上看，真正意义上的、大规模的藏汉佛教交流以唐代和民国两个时期表现最为突出。但是，因为资料缺失的原因，另一方面，对藏汉佛教交流的解读，除了在资料中察微知著外，也需要以严密的逻辑推演因资料之缺失带来的事实缺失。

第三，对藏汉佛教交流的关注点应该明确。藏汉佛教交流最重要的部分就是促进了双方间的互相了解和认同，如藏族所有史书中对汉地佛教的介绍以及藏族僧人的五台山情结等。甚至还可以关注由佛教界之间的交际，所产生的对两个地域、民族间的广义的政治、经济、道德等层面的了解与认同。此外，研究藏汉佛教的交流，还应该将注意力放在双方佛教艺术的交流方面，如寺院的建筑艺术、绘画、佛像等，这些具象化的、较为外在的形式，更容易成为交流的对象，也更容易通过这些艺术形式，查知交流的痕迹。

最后，藏汉佛教间的交流史，也是藏汉两个民族上千年友好往来的历史见证。藏汉佛教的交流相对而言有着此消彼长的历史轨迹可寻。在唐代，主要以汉地佛教在吐蕃传播为主；元、明、清三代则以藏族僧人在内地的弘法为主，藏族文化内向力加强；近代随着日本"东密"回传所带来的文化危机的出现，汉地僧人出于爱国热忱，出自于对藏传佛教高度的认可，舍"东密"而求"藏密"，藏汉佛教交流再次出现高潮。所以，藏汉之间的佛教文化交流既不是汉族佛教文化的强势输灌或一味屈从，也不是藏族佛教文化的强势输灌或一味屈从，而是伴随着双方文化认同的发展轨迹，自然而然地展开的交流、吸收和融会。其交流的内动力是佛教文化本身吐故纳新的需要，是佛教文化本身取长补短的需要，是整个中华文化在涤荡中不断向前发展的需要。

目　　录

第一章　唐代藏汉佛教交流 ……………………………… (3)

　第一节　唐代汉地佛教向吐蕃传播的方式 …………… (3)

　　一　通过和亲传播 ……………………………………… (4)

　　二　通过战俘传播 ……………………………………… (11)

　　三　通过会盟传播 ……………………………………… (13)

　　四　通过道经吐蕃求法僧人传播 ……………………… (16)

　　五　通过派遣、征召的僧人传播 ……………………… (18)

　第二节　禅宗在吐蕃的传播 …………………………… (19)

　　一　摩诃衍在吐蕃传法 ………………………………… (19)

　　二　"顿渐之诤" ………………………………………… (21)

　　三　净众、保唐禅在吐蕃的传播 ……………………… (27)

　　四　吐蕃的其他禅宗僧人 ……………………………… (30)

　第三节　唐蕃佛教的互为认知、影响 ………………… (33)

　　一　唐蕃佛教的互为认知 ……………………………… (33)

　　二　经典互译 …………………………………………… (35)

　　三　吐蕃的禅宗思想及影响 …………………………… (39)

第二章　宋代藏汉佛教交流 ……………………………… (47)

　第一节　藏汉僧人之间的往来 ………………………… (47)

　　一　作为贡使的僧人 …………………………………… (49)

　　二　北宋道经吐蕃求法的汉地僧人 …………………… (51)

　　三　智缘与吐蕃诸部宗教势力 ………………………… (53)

四　当巴桑结与汉地佛教 …………………………………（57）
　第二节　广仁禅寺与藏汉佛教交流 ………………………………（60）
　第三节　汉地罗汉信仰对西藏罗汉信仰的影响 …………………（61）

第三章　元代藏汉佛教交流 ……………………………………（68）
　第一节　帝师与汉地佛教 …………………………………………（68）
　　一　参与佛道辩论 …………………………………………（71）
　　二　褒荐汉地佛教界人才 …………………………………（74）
　　三　保护、修缮汉地佛教寺院 ……………………………（77）
　第二节　佛经的翻译与对勘 ………………………………………（83）
　　一　藏文佛经的写译 ………………………………………（83）
　　二　藏汉佛经勘同 …………………………………………（86）
　第三节　汉地藏传佛教的佛事活动 ………………………………（89）
　第四节　汉地的藏传佛教寺院 ……………………………………（103）
　第五节　藏传佛教在汉地的传播区域 ……………………………（110）
　　一　上都 ……………………………………………………（111）
　　二　五台山 …………………………………………………（115）
　　三　江南地区 ………………………………………………（119）
　第六节　汉地佛教对西藏佛教的影响 ……………………………（124）
　　一　合尊赵显 ………………………………………………（124）
　　二　汉地佛典藏译 …………………………………………（126）
　　三　汉地佛教艺术在西藏的传播 …………………………（127）

第四章　明代藏汉佛教交流 ……………………………………（132）
　第一节　明朝入藏的使者 …………………………………………（132）
　第二节　汉地的藏僧 ………………………………………………（145）
　　一　明代西藏的贡僧 ………………………………………（145）
　　二　长期留在京师的僧人 …………………………………（149）
　　三　西藏上层僧侣在汉地的活动 …………………………（157）

第三节　汉地的藏传佛教机构 …………………………………（164）
　　　一　寺院 ……………………………………………………（164）
　　　二　番经厂 …………………………………………………（171）
　　第四节　汉地的藏传佛教信众 …………………………………（177）
　　第五节　藏汉佛经对译 …………………………………………（187）
　　　一　藏文佛经的汉译 ………………………………………（187）
　　　二　汉文佛经的藏译 ………………………………………（189）

第五章　清代藏汉佛教交流 ………………………………………（191）
　　第一节　清代诸帝与藏传佛教 …………………………………（191）
　　第二节　北京的藏传佛教 ………………………………………（199）
　　　一　驻京呼图克图 …………………………………………（199）
　　　二　北京的藏传佛教寺院 …………………………………（206）
　　第三节　五台山的藏传佛教 ……………………………………（214）
　　第四节　承德的藏传佛教 ………………………………………（223）
　　第五节　汉藏佛教典籍的互译 …………………………………（228）

第六章　民国时期的藏汉佛教交流 ………………………………（234）
　　第一节　藏传佛教在内地的传播 ………………………………（235）
　　第二节　入藏求法的汉僧和藏汉佛教交流的加强 ……………（244）
　　　一　入藏求法高僧 …………………………………………（245）
　　　二　汉藏教理院 ……………………………………………（254）
　　　三　宗喀巴在汉地的影响 …………………………………（258）

参考文献 ……………………………………………………………（264）

从佛教传入吐蕃伊始,藏汉间佛教文化的交流也就同时开启了。藏汉佛教间一千三百多年的交流史,也是藏汉两个民族上千年友好往来的历史见证。藏汉佛教的交流相对而言有着此消彼长的历史轨迹可寻。在唐代,主要以汉地佛教在吐蕃传播为主;元明清三代则以藏族僧人在内地的弘法为主,藏族文化内向力加强;近代随着日本"东密"回传所带来的本土佛教文化危机的出现,汉地僧人出于爱国热忱,出于对藏传佛教的认可,舍"东密"而求"藏密",藏汉佛教交流再次出现高潮。

第一章 唐代藏汉佛教交流

在唐代,汉地佛教已经进入全盛时期,而在吐蕃,佛教才开始传入。唐蕃之间在政治、军事、经济方面联系十分紧密,加之吐蕃对唐朝文化的仰慕,促使吐蕃将唐朝的佛教作为重要的输入源。因此,在唐代,藏汉间的佛教文化交流以唐朝向吐蕃输入佛教为主。另外,在唐代,佛教发展极为兴盛的敦煌,曾经分别被唐朝和吐蕃统治过,唐蕃佛教的交流从而有了一个得天独厚的媒介。唐代藏汉佛教交流的主流是禅宗在吐蕃的传播,而其核心是摩诃衍入蕃传法和禅宗其他派别在吐蕃的传播。汉地佛教对西藏佛教的影响,以唐代最为兴盛,唐代以后,藏汉佛教的交流则以藏传佛教在汉地的传播为主流。

第一节 唐代汉地佛教向吐蕃传播的方式

在佛教初传吐蕃而唐朝的佛教已经进入全盛时期的这样一个背景下,唐蕃之间虽然时战时和,但汉地佛教以不同的方式向吐蕃传播着。

唐蕃佛教传播的一个前提是:尽管唐蕃之间战火不断,但双方文化传播的通道始终是畅通的,双方文化始终以各种各样的方式源源不断地传入对方境内。据《册府元龟》记载,唐朝的冯定官至太子詹事,其人"有文学。长庆中,源寂使新罗国,见其国人传写讽念定所为黑水碑、画鹤记。韦休符之使西蕃也,见其国人写定商山记以代屏障,其文名驰于戎夷如此"①。以辞章见长的冯定的《商山记》竟然出现在吐蕃人的屏风上，足见吐蕃人对汉文化的了解及推崇。此外，唐穆宗即位的元和十五年（820）秋七月，"壬戌，盛饰安国、慈恩、千福、开业、章敬等寺，纵吐蕃使者观之"②。这条史料暗含的背景就在于：唐朝对此时吐蕃的习俗非常了解，其中包括《册府元龟》所讲的"敬信释氏"。基于这样的了解之上，唐朝"盛饰"这几座寺院，一则不无夸富的心态在其中，二则也有增加文化认同的努力在其中。刘元鼎在822年去吐蕃盟誓时，吐蕃"于衙帐西南具馔，馔味酒器略与汉同。乐工奏秦王破阵乐、凉州、绿腰、胡渭州、百戏等，皆中国人也"③。不仅王宫中的乐人是唐人，演奏的曲目也有不少来自汉地。

正是在这个开放性通道存在的前提之下，唐蕃之间的佛教以各种各样的方式传播着，这主要包括以下几种。

一 通过和亲传播

唐蕃和亲促进了两国文化，包括佛教文化的交流与传播。

松赞干布（srong-btsan-sgam-po，617—650）作为强大的吐蕃王国的真正缔造者，先后迎娶了尼泊尔的赤尊（khri-btsun）公主和唐朝的文成公主。这两个国家当时都盛行佛教，按照吐蕃史料的记载，这两位公主也都笃信佛教。赤尊公主进入吐蕃时，带去了三尊佛像：一尊释迦不动金刚佛像（释迦牟尼8岁等身像）、一尊弥勒佛像、一尊度母像。文成公主入藏时，嫁妆中则有一尊释迦牟尼佛像（释迦牟尼12岁等身像），藏族史书还赋予了这尊佛像神圣的来源，据说其造成于释迦牟尼在世时，然后在兜率天供奉了500年，在乌仗那供奉了500年，又在印度那烂陀寺等地供奉了500年，后被摩羯陀国国王送给汉地。④按照藏

---

① 《宋本册府元龟》卷841，中华书局1989年影印本，第3174页下栏。
② 《旧唐书》卷16，中华书局1975年标点本，第480页。
③ 《宋本册府元龟》卷981，第3926页上栏。
④ 详见阿底峡发掘《柱间史——松赞干布遗训》，卢亚军译，甘肃人民出版社1997年版，第18—23页。

族史书的记载，文成公主和亲吐蕃，本身就是吐蕃王朝对汉地佛教文化认同的产物。

首先，就请婚的目的而言，藏族史书中更多显现的都是松赞干布基于对先进文化的渴求而进行的。如《汉藏史集》记载：

> 国王①又想："我已答应要利益众生，并立下誓愿，如今当用什么方法教化他们？"为此，又向神像祈请，神像胸间射出两道光芒，犹如箭矢，分别指向东方的汉地和西方的泥婆罗，并有声音说："应当迎娶忿怒母和度母的化身。"②

忽略这其中的神话因素，可以看出松赞干布迎娶两位妃子的目的在于取得"教化"吐蕃民众的方法，也就是希望通过联姻的方式，输入汉地和尼泊尔的先进文化，尤其是输入比本教更具理论性且思辨程度更高的佛教。这在《柱间史》中得到了进一步阐述："赞普预见，若与文成公主联姻，吐蕃不仅可以因此而得到作为陪嫁的释迦牟尼十二岁等身金像，还可凭借这尊佛像的加持神力，一字不漏地获得汉唐所有佛经。"③事实也证明，文成公主和亲吐蕃，既没有使吐蕃政治经济体制发生根本性的变化，也没有阻止唐蕃间的战争，但确实将汉族先进的工艺等带入了西藏，其中包括被后来藏族人极为看重的佛教。

在文成公主进藏的过程中，藏族史家认为她一路都在传播佛教。例如，他们认为文成公主在经过青海时，"为了等候噶尔，于山崖上雕刻佛之圆满头像、佛之善行（即普贤行愿品——译者）以及八十肘长石佛像，捕鹿耕田、建造水磨"④。在今天青海玉树地区的唐代摩崖石刻

---

① 此处指松赞干布。
② 达仓宗巴·班觉桑布：《汉藏史集》，陈庆英译，西藏人民出版社1986年版，第82页。
③ 《柱间史——松赞干布遗训》，第78页。按照《贤者喜宴》的说法，文成公主还带了"三百六十部佛经"。
④ 巴卧·祖拉陈哇：《〈贤者喜宴〉摘译（三）》，黄颢译注，《西藏民族学院学报》1981年第2期。

中，包括一幅《文成公主礼佛图》，据说就是当年文成公主所刻。

为了供奉带来的佛像，在松赞干布的支持下，赤尊公主和文成公主先后修建了大昭寺和小昭寺。吐蕃时代遗存下来的金石资料对此也有确切的记载，《噶迥寺建寺碑》中说："圣神赞普赤松赞（弃宗弄赞）之世，始行圆觉正法，建逻些（拉萨）大昭寺及诸神殿，立三宝之所依处。"①

后世的藏文史料对这两座寺庙的规模和形制极尽铺陈，其中，对于文成公主所建的小昭寺，后世的史书记载："汉妃文成公主在她初到拉萨时驻扎过的地方，沿当时用布帛围圈的轮廓砌起院墙，用五百随从从汉地抬来的四根树干做立柱修建了惹冒切寺，该寺的大殿山门朝东而开。文成公主从汉地带来的释迦牟尼十二岁等身像，安立在神乐与龙喜二位大力士像抬着的宝座之上。"② 但从现有的考古资料来看，这两座寺庙在当时充其量只是两座较为简陋的佛殿，远非经过历代不断扩建所形成的后世的大、小昭寺可比。其中，小昭寺十分窄小，只是一间神殿，里面供奉着一尊佛像。当代考古学家对大昭寺地基的实际勘测表明"神殿内吐蕃时期的佛殿除释迦佛殿较高大外，其余皆低矮狭窄，一般范围多为5×5平方米"③。图齐在《西藏考古》中也提到"人们认定为松赞干布尼泊尔妻子修造的卡孜庙建在玛卓，其规模很小。嘎如（Ke-ru）和昌珠（Khra abrug）的庙宇也是如此"④。

另外，这两座寺庙在当时也是一个"佛本"融合甚至各种宗教元素融合的产物。在兴建大昭寺的过程中，"殿的四门绘有坛城，满足僧人的意愿；殿柱上绘有金刚橛，以满足咒师的意愿；四角绘有万字纹（卐），以满足本教徒的意愿，又画上网格纹，满足普通居民的意愿"⑤。所以，大、小昭寺虽采纳了佛教寺院的形式，但在内容上还是尽最大可

---

① 王尧编著：《吐蕃金石录》，文物出版社1982年版，第160页。
② 《柱间史——松赞干布遗训》，第162—163页。惹冒切（ra-mo-che）即小昭寺。
③ 《拉萨文物志》，第20页。转引自石硕《松赞干布时代佛教文化传入之实际面貌及地位》，《西南民族学院学报》2000年第3期。
④ ［意］G. 杜齐：《西藏考古》，向红笳译，西藏人民出版社1987年版，第30页。
⑤ 索南坚赞：《西藏王统记》，刘立千译注，民族出版社2000年版，第85页。

能地照顾了藏族的传统宗教情结。同时，建寺的精神实质仍然没有脱离本教"镇压鬼怪"、"镇压严厉"①的范围。因为，在建寺之前，先由文成公主堪舆（风水，相地之术），寻找建寺地基。文成公主指出："此吐蕃王土，地处仰卧之岩魔女身上，因此，岩魔女之两臂、头、两胯、两肘、两膝盖及四肢，等等，当需逐一建以镇压之神殿，即使不成，亦当施以铁橛。"②所以，当时兴建的一批小庙都是为了镇住所谓的岩魔女的。但是，小昭寺的规模和性质并不影响它在吐蕃佛教史上重要意义。

除了兴建小昭寺，跟随文成公主入藏的还有汉族僧人。根据藏史记载，随文成公主到吐蕃的汉族医师有和尚摩诃第瓦和达摩郭迦等人，他们不仅翻译《医学大全》等医典，还翻译佛经。到吐蕃的汉僧除了留有姓名的这几个人外，可能还有其他和尚随来，负责为佛像上香点灯，诵经祈祷。《隆庆教法史》中记载：松赞干布时期请来印度学者拘萨罗、婆罗门香伽罗、迦湿尼罗的达努、尼婆罗尸利曼殊、汉地和尚摩诃提婆措，译出了《宝云经》《入楞伽经》《金光明经》《白莲花经》《宝集陀罗尼》等。《丹噶尔目录》收录了这几部经，其中《入楞伽经》、《金光明经》、《白莲花经》被认为是公元9世纪的法成从汉文译藏的，而部分藏文佛教史籍则说始译于松赞干布，这有可能是初译于松赞干布时期，到9世纪由法成校对或重译了③。

但无论怎样，文成公主与西藏佛教的关系非常密切，在她和赤尊公主的影响下，松赞干布初步接受了佛教，并把佛教"十善业"中的一些规定作为先进的道德规范进行推广，为此，后世佛教徒把他作为"护教三法王"之一而加以崇奉，赤尊公主和文成公主也因她们在佛教传入雪域方面的特殊贡献而被奉为白度母和绿度母的化身。

---

① 土观·罗桑却季尼玛：《土观宗派源流》，刘立千译注，西藏人民出版社1984年版，第194页。
② 《〈贤者喜宴〉摘译（三）》，《西藏民族学院学报》1981年第2期。
③ 参见索南才让《唐朝佛教对吐蕃佛教的影响》，《西藏民族学院学报》2008年第9期。

虽然赤尊公主和文成公主都建了寺庙，但当时的吐蕃并没有出家僧人，佛教已然传入，但并没有产生后世藏文书籍所渲染的巨大影响，"从整体上看，松赞干布时期佛教文化之进入吐蕃及其传播还是表层的，并主要限于物质层面即出现了佛像、佛寺和佛物等，但尚未进入精神层面，尚未对吐蕃人的思想观念产生直接的影响和作用"①。

松赞干布去世后，相继继立的赞普是芒松芒赞（mang-srong-mang-btsan，650—676年在位）和都松芒波结（vdus-srong-mang-po-rje，676—704年在位），在这三四十年间，佛教在吐蕃并无进展。甚至在芒松芒赞时，因为传闻唐军要攻打吐蕃并索要文成公主带去的佛像，以至于吐蕃人将那尊佛像藏匿在大昭寺的佛殿中并泥封起来。当然，这既可以解读为是当时吐蕃对汉地佛像的珍视，也可以解读为在文成公主过世后，吐蕃基于唐蕃之间战争连绵，双方十分对立，汉地佛教也受到排斥。结合当时佛教在吐蕃的实际发展情况，第二种解读大概更为可靠，吐蕃对文成公主带去的佛像看重的现象，应该是出现于佛教在吐蕃得到全面发展之后。另外，当时将释迦牟尼12岁等身像泥封起来，与其说是吐蕃排斥汉地佛教，毋宁说是吐蕃排斥佛教全体。因为当时的佛教在吐蕃并未站稳脚跟，本教势力利用一切机会打击新生的宗教，并轻而易举地获得成功。

都松芒波结的儿子赤德祖赞（khri-lde-gtsug-btsan，704—755年在位）10岁即位，成年后与唐朝联姻，迎娶了金城公主。金城公主本人也信奉佛教，她到达吐蕃后，将文成公主带去的佛像找出，建立"供祀之制"。赤德祖赞受金城公主等影响，开始提倡佛教，《噶迥寺建寺碑》中说："祖赤德祖赞之世，于札玛建瓜州寺，于琛浦建神殿等，立三宝之所依处。"②

在金城公主的支持下，吐蕃接收了许多从于阗逃入的僧人。《释迦牟尼如来像法灭尽之记》（《于阗国悬记》）中记载："后于异时有一菩

---

① 石硕：《吐蕃政教关系史》，四川人民出版社2000年版，第133页。
② 《吐蕃金石录》，第160页。

萨,为赤面国第七代王。彼王纳汉菩萨公主以为妃,后将六百侍从至赤面国,时彼公主极信佛法,大具福德。赤面国王亦大净信,过于先代,广兴正法。"① 于是,于阗僧人在国内灭法的情况下,逃至吐蕃,受到金城公主的庇护。金城公主因病去世前,曾经对赤德祖赞说:"妾因此疾终不得免,所有僮仆及以财物,愿施三宝。王亦许之。六百侍从悉放出家。"② 金城公主由于得天花而去世,她死后吐蕃感染此疾者甚众,这被吐蕃一些大臣看作是召集外邦僧人的结果,于是这些大臣就把境内于阗僧人"和请他们来的汉人僧侣统统向西方驱赶"③。金城公主的六百汉族随从出家之事无从考证,但当时吐蕃有汉族僧人活动则毋庸置疑,在赤松德赞即位之初,反佛大臣玛尚仲巴杰不仅把文成公主带到吐蕃的释迦牟尼像送到了芒域,还"将管理寺庙的和尚老僧驱逐回汉地"④。

在文成公主、金城公主对佛教的推崇、支持下,在赤德祖赞晚年时和赤松德赞早年时,吐蕃形成去汉地求法的小高潮。

到赤德祖赞晚年(即8世纪中期),他派桑喜(sba-sang-shi)等人到汉地求取佛经。桑喜作为汉族使者的儿子、赤松德赞(khri-srong-lde-btsan,742—797)从小的玩伴,对赤松德赞父子两代人的宗教取向起了比较重要的作用。据《拔协》记载,桑喜到汉地求取佛教经典。皇帝赏赐给他"一千部在蓝纸上写以金字的佛经,还格外赐给了许多其他物品"⑤。桑喜在返回吐蕃的途中,还向一个名为尼玛的汉族和尚学习佛法,尼玛告诉他赤德祖赞已经去世,即位的赤松德赞(755—797年在位)年纪尚幼,所以崇信本教的大臣得势,佛教被禁毁。于是,

---

① 法成译:《释迦牟尼如来像法灭尽之记》,《大正藏》第51册,第996页中。许多研究者认为此处的汉公主为文成公主,但《西藏王臣记》记载在赤德祖赞时,"自李域迎请出家沙门,对之随恭敬承侍,惜此时吐蕃尚无出家之人"。《藏汉史集》有同样的记载,但未标明时间,只是说"于阗国也被纳入吐蕃国王统治之下。这以后,在赭面吐蕃的七代国王之时,奉行佛法。……"而于阗国纳入吐蕃治下的时间,虽然史家看法不一,但要远远后于松赞干布时期。

② 同上书,第996页下。

③ 《汉藏史集》,第53页。

④ 同上书,第96页。

⑤ 拔·塞囊:《拔协》,佟锦华、黄布凡译注,四川民族出版社1990年版,第7页。

桑喜又返回五台山，求取五台山图，以备将来重修佛寺时作为图样。与此同时，他不得不将从汉地取回的经典藏在钦朴岩山的山洞里。

之后，赤松德赞长大成人并对佛法发生了兴趣之后（时间大约在761年），桑喜从钦朴的岩山石洞中取出佛经，并按照尼玛和尚的吩咐，"首先对赞普宣读了《十善法经》。王子听后，对之产生了信仰。然后又宣讲《金刚经》，王子听后，产生了更大的信仰。最后，又宣讲了《佛说稻秆经》"①，这次赤松德赞听后，坚信了佛教，并派桑喜和甲·梅果、印度的阿难陀等人，将从汉地和芒域取来的佛经翻译出来。当然，如果将赤松德赞提倡、崇信佛教仅归结为受桑喜等人的影响，则会使整个事件的原因过于表面化和单一化。在某种意义上，赤松德赞奉佛更多是基于政治上的考量，或者可以说，赞普本人的宗教转向，"本身就是一场政治革命"。因为信佛、奉佛，就必须禁绝本教，而在吐蕃历史上，"本教与贵族相结合，互为奥援，以谋控制吐蕃王室，昭然若揭"，排除了本教，就等于压制了贵族的威势，提高了王室的权威。换句话说，"就是以新的宗教伦理与社会秩序，代替根深蒂固的旧有蕃教伦理与秩序。这是吐蕃史上一重大转变，并不是一件单纯的宗教信仰问题"②。

此后，大约在767年，"赞普又委任拔·塞囊③为司库并派他作特使赴汉地取经，并且说定：如果完成使命，便赐给他的长子以超等的大银字章饰（告身）；还委任章·甲诺勒思为取经的理财官，桑喜为总管，加上其他随员组成30人的取经使团跟随塞囊一起前往"④。整个使团到达中原以后，在拔·塞囊的请求下，皇帝专门派汉族僧人教授他们佛法。

这些史实被后世的史书，如《布顿佛教史》《贤者喜宴》《如意宝树史》等一再记述，只是对桑喜取回的经书数目记载不同，《拔协》中

---

① 拔·塞囊：《拔协》，佟锦华、黄布凡译注，四川民族出版社1990年版，第11页。
② 林冠群：《吐蕃赞普墀松德赞研究》，台湾商务印书馆1989年版，第201页。
③ 按照《拔协》的说法，此人也在此间跟随一位汉族和尚学习佛法。
④ 《拔协》，第19页。

的"一千部"的说法显然是夸大之词。

桑喜到汉地求法一事,汉文史书中并没有明确的记载,这大概是因为他的身份并不是政治使者的缘故。但藏族史书中提到的尼玛和尚即净众、保唐禅一系的著名僧人无相(684—762,又称金和尚),桑喜返回的时间、地点都和无相活动的时间、地域是相合的,因此,这件事基本可以判定为是真实可信的。

甲·梅果和桑喜翻译佛经的行动并没有持续太长时间,很快就受到反佛大臣的阻挠,赤松德赞为了保护桑喜,不得不将他派往外地。可以看出,从赤德祖赞晚年到赤松德赞早年,汉地佛教对吐蕃的影响很大。桑喜所取回的经典虽然没有被完全翻译出来,但在吐蕃留存了下来。《贤者喜宴》中记载桑耶寺建成后,在寺院"西面的三座显密佛典的仓库之中,满藏印度、吐蕃和汉地之经典,等等"①。

二 通过战俘传播

在唐蕃互有进退的拉锯战中,双方的边界处于动态的变化中。这样,不时出现唐朝的疆域没入吐蕃的治下,或者吐蕃的辖区没入唐朝治下的情况。一旦归属权发生变化,这些边地百姓的文化习俗就被迫发生改变。唐代宗广德元年(763),"吐蕃入大震关,陷兰、廓、河、鄯、洮、岷、秦、成、渭等州,尽取河西、陇右之地。……自凤翔以西,邠州以北,皆为左衽矣"②。"皆为左衽"是对这一部分汉族百姓改从吐蕃习俗最形象的描述。而唐朝将俘获的吐蕃将士也多发配到岭南,杂居于本地居民之中。唐顺宗在贞元二十一年(805)即位时大赦天下,下令"诸军先擒吐蕃生口配在诸处者,宜资给放还本国"③。唐宪宗元和元年(806)正月,"福建道送到吐蕃生口十七人,诏给递乘,放归其国"④。

---

① 巴卧·祖拉陈哇:《〈贤者喜宴〉摘译(七)》,黄颢译注,《西藏民族学院学报》1982年第2期。
② 《资治通鉴》卷223,中华书局1956年标点本,第7146—7147页。
③ 《全唐文》卷55,上海古籍出版社1990年影印本,第261页下栏。
④ 《宋本册府元龟》卷42,第47页下栏。

实际上，《册府元龟》的《帝王·仁慈》卷中充斥着许多赦放吐蕃俘虏的记载。这些被对方俘获的百姓、将领，他们除了在服饰、语言等方面改变习俗之外，也成为传播佛教的载体。例如唐德宗（779—804 年在位）时的吕温，就是这样一个典型的代表：

> 吕温者，以小吏事崔汉衡。贞元初（注：开始于 785 年），吐蕃背盟，汉衡为吐蕃所虏，将杀之。温趋往，以背受刃。吐蕃义之，由是与汉衡俱免。及汉衡归，独留蕃中。吐蕃尚浮屠法，温因求为僧。久之，乃得归①。

另外，同为德宗朝的路随的父亲路泌，"字安期，……河中平，随浑瑊与吐蕃会盟于平凉，因劫盟陷蕃。在绝域累年，栖心于释氏之教，为赞普所重，待以宾礼，卒于戎鹿"②。这两位唐将被吐蕃俘虏之后，都在吐蕃醉心于佛教。路泌虽然死在吐蕃，但因为在佛教方面的建树，为赞普所看重。吕温在吐蕃为僧，回来之后被授为中郎将，他对吐蕃和吐蕃佛教还是比较了解的。

除此而外，吐蕃还俘获许多的汉僧，并最终放还。如：

> [开元十五年]纵所虏僧使归凉州……③
>
> [大历]三年夏四月庚申，先陷蕃僧尼将士八百人自吐蕃而还④。
>
> [元和二年八月]，以没蕃人僧良阐等四百五十人自吐蕃复还中国，命京兆府勘责先身亡及送在神策军，余三百九十人，诏良阐等："顷因沦陷，久在殊方，或有平日遣人，或是衣冠旧族，万里

---

① 《宋本册府元龟》卷 940，第 3748 页下栏。
② 《旧唐书》卷 159，第 4191 页。
③ 《资治通鉴》卷 213，第 6778 页。
④ 《旧唐书》卷 12，第 332 页。

归国，尤所哀矜，应归及分配并侍亲等人，委所在特加优恤"①。

开元十五年为727年；大历三年为768年；元和二年为807年。吐蕃这几次俘虏和放还者都是以僧人为首，这说明吐蕃对当时的汉僧比较重视。他们很多人在吐蕃滞留的时间很长，所谓的"久在殊方"，虽然目前还找不到具体的材料说明他们对汉藏佛教的交流到底起到怎样具体的作用，但随着这些人的被俘与放归，汉藏佛教的发展情况必然通过他们，被其他人所熟知和接纳，这是双方佛教的交流和传播的前提与起点。

三　通过会盟传播

唐蕃之间时战时和，而和平主要是通过会盟的方式实现的。据史书记载，在706—822年的一百余年中，唐蕃双方的重要会盟有7次左右，其中有几次盟誓就是在佛寺中进行的。例如：

> 永泰元年三月，吐蕃请和，遣宰相元载、杜鸿渐等于兴唐寺与之盟而罢②。
> [唐代宗大历二年] 夏，四月，庚子，命宰相鱼朝恩与吐蕃盟于兴唐寺③。

永泰元年指的是765年；大历二年指的是767年，这两次盟誓相隔并不远。765、767年佛教在吐蕃基本上还是没有任何影响，更不可能渗透到政治生活中。这两次盟誓之所以在寺院里举行，这和唐朝参加盟誓者有关　唐代宗和朝廷重臣都信佛。据记载，代宗朝"元载、王缙、杜鸿渐为相，三人皆好佛；缙尤甚，不食荤血，与鸿渐造寺无

---

① 《宋本册府元龟》卷147，第245页下栏。
② 《旧唐书》卷196，第5239页。
③ 《资治通鉴》卷224，第7195页。

穷"①。所以汉地史家都认为代宗佞佛和这三人的影响分不开。765年参与盟誓的恰恰是元载、杜鸿渐这两个信佛的宰相；767年只提到宰相，事隔一年，元载、杜鸿渐二人仍在宰相职位上。因为有这样的原因在里面，所以唐蕃最终在兴唐寺盟誓成功，这在某种意义上是吐蕃使者与汉地参与盟誓者商议的结果，也是吐蕃使者在了解了当时唐朝主政宰相的宗教信仰之后，试图以佛菩萨的神力约束对方信守盟约的一种努力。

这两次盟誓的地点——兴唐寺是唐朝著名的寺院之一，位于长安进昌坊（今西安市南面），据《长安志》卷8记载，进昌坊东南隅的兴唐寺：

> 神龙元年太平公主为武太后立为罔极寺，穷极华丽，为京都之名寺，开元二十六年改为兴唐寺，明皇御容在焉②。

可能因为这座寺院和皇家关系密切的缘故，唐蕃间数次会盟都在这里举行。其中包括五十多年后的"长庆会盟"，拉萨的唐蕃会盟碑的碑文中有"结此千秋万世福乐大和盟约于唐京师西隅兴唐寺前"③的句子。

佛教在吐蕃兴起以后，唐蕃双方在吐蕃盟誓时，除了歃血、刑牲等仪式之外，在会盟的现场还会设佛像，盟誓最后的一个仪式就是应吐蕃大臣的邀请，进行佛教仪式。这在唐蕃的"清水会盟"和"长庆会盟"时体现得最为明显。"清水会盟"发生在德宗建中四年（783），是唐蕃历史上较为重要的一次会盟，双方的盟使为张镒和尚结赞。这次会盟中已经加入了佛教的元素，按照《旧唐书》的记载，会盟的仪式中有这样一个细节：吐蕃使臣"结赞亦出盟文，不加于坎，但埋牲而已。盟毕，结赞请镒就坛之西南隅佛幄中焚香为誓，誓毕，复升坛饮酒。献酬

---

① 《资治通鉴》卷224，第7196页。
② （宋）宋敏求：《长安志》卷8，台北成文出版有限公司1970年版，第192页。
③ 《吐蕃金石录》，第43页。

之礼,各用其物,以将厚意而归"①。结赞"不加于坎",也就是没有参与在盟坛北面坎中刑牲的活动,只是参与了埋牲的活动。这次盟誓中,在筑坛、刑牲、歃血等传统的盟誓仪式之后,吐蕃的重臣尚结赞还要求汉族盟誓的大臣在佛幄中焚香起誓,可见佛教此时在西藏已经发展起来,并参与到政治事件中,佛教的佛、菩萨已经取代吐蕃传统宗教——本教的神灵成为盟誓的见证者。

"长庆会盟"则是唐蕃间最重要的会盟,分别在长安和拉萨各举行过一次,时间在821—822年。这次在拉萨的会盟仪式被史家进行了详细描述:

> 所筑盟台,阔十步,高二尺,汉使与蕃相及高位者十余人相向列位,首领百余人坐于坛下。坛上设一榻,高五六尺,使钵掣逋读誓文,则蕃中文字,使人译之。读讫,歃血,惟钵掣逋不预,以僧故也。盟毕,于佛像前作礼,使僧讽文以为誓约,郁金咒水饮讫,引汉使焚香,行道相贺而退②。

这次主盟的不仅是僧相,而且在佛像前盟誓的活动过程也复杂了许多,除了钵阐布(钵掣逋)本人外,也还有专门"讽文"的僧人。佛教在吐蕃的发展以及其对吐蕃政治的影响,较"清水之盟"来说,显然是有所推进的。参与盟誓的汉族大臣对吐蕃佛教的了解也就随着双方的盟誓不断展开和深入。

此外,为了纪念这次会盟,根据敦煌藏文文献 P.T.16 和 IOLTIBJ751I 中的记载,823年前后,吐蕃在双方的边界上修建了一座寺院——德噶玉采会盟寺(de-gag-yu-tshal-gtsigs-kyi-gtsug-lag-khang,也译作"岱噶玉园会盟寺")。后世的藏族史书则认为在汉藏交界地带,吐蕃和唐朝各修建了一座寺院:

---

① 《旧唐书》卷196下,第5248页。
② 《宋本册府元龟》卷981,第3926页。

其时吐蕃所供养的诸译师班哲达及唐朝的诸和尚作为盟证人，以汉地一个名曰孔古梅如的地方作为唐蕃边界，并在该地建造了一座吐蕃赞普寺院及一座唐王寺院，此即天有日月一双，地有赞普甥舅，除此之外别无它有。①

四 通过道经吐蕃求法僧人传播

唐时还有一些汉僧道经吐蕃前去印度求法。唐朝开始出现了一条经过吐蕃到达天竺的交通线，被称为"吐蕃道"。一般认为，唐代出现的这条"近而少险阻"的道路，是王玄策出使天竺后出现的新道，这条道路大体上可以分为南、北两段：北段系自青海至逻些（今西藏拉萨市），公元641年文成公主入藏，走的大约便是这条道路。而其南段，应系从拉萨至吐蕃西南出境，入北印度泥婆罗国的一段路程②。唐代西去求法的僧人大抵走的都是这条道路。

唐代汉僧经吐蕃前往印度的相关记载，集中出现在义净的《大唐西域求法高僧传》中。义净提到的、经吐蕃前往印度的僧人，或者说与吐蕃有关的、在印度求法的汉地、新罗僧人主要有：玄照、道希、玄太、道方、慧轮、玄恪、道生、吐蕃公主奶母之子二人、末底僧诃等，其中又以玄照的事迹最为详尽。

玄照为太州仙掌（今陕西华阴县）人，他于贞观年间（629—649）前往印度求法，途经吐蕃，"蒙文成公主送往北天，渐向阇阑陀国"。玄照这次赴印度，同行的还有新罗僧人玄恪，《大唐西域求法高僧传》中"玄恪条"中记载他"与玄照法师贞观年中相随而至大觉寺"③。玄照在印度滞留了14年左右，广学经论。后来王玄策归国，上表唐高宗

---

① 巴卧·祖拉陈哇：《〈贤者喜宴〉摘译（十三）》，黄颢译注，《西藏民族学院学报》1984年第1期。关于德噶的具体地理位置，学术界有不同的看法：有榆林窟第25窟之说，有青海日月山一带之说，有同谷地区之说，等等。

② 霍巍：《〈大唐天竺使出铭〉相关问题再探》，《中国藏学》2001年第1期。泥婆罗是梵文 Nepāla 的音译，又译作泥波罗、尼八刺等，即尼泊尔古国，在今尼泊尔加德满都谷地。

③ （唐）义净：《大唐西域求法高僧传校注》，王邦维校注，中华书局1988年版，第44页。

提及玄照"实德",高宗遂命王玄策再次出使印度,将玄照追回国(关于王玄策是否有这次出使,学术界一直有争议)。玄照途经尼泊尔,被其国王送往吐蕃,"重见文成公主,深致礼遇,资给归唐"。玄照回国后,麟德二年(665),他在洛阳拜见了高宗,高宗旋即又命他再次前往羯湿弥啰国(今克什米尔),访寻当地长寿的婆罗门卢迦溢多。这次随玄照出使的有新罗僧人慧轮,从北印度到西印度的行程中,又有师鞭陪同。玄照这次出使依旧取道吐蕃,因为在他的行程中,曾经提到"遭土蕃贼,脱首得全"。玄照到达北印度后,虽然找到了卢迦溢多,但他自己终因"泥波罗道土蕃拥塞不通,迦毕试途多氏捉而难度",滞留在印度,并终老于异乡。至于"泥波罗道土蕃拥塞不通",则指唐蕃"大非川"之战后,交通断绝①。

第二个道经吐蕃前往印度求法的僧人是道希,他是齐州历城(今山东济南市)人。道希在经过吐蕃境内时,境遇艰险,所以不得不暂时舍戒归俗,到达印度后,又重新受戒出家。与道希法师有关联的新罗僧人玄太,在永徽年间(650—655)曾由吐蕃—泥婆罗到达中印度,后返回中国,行至吐谷浑,遇见道希法师,两人又"覆相引致"②,前往印度的大觉寺。王邦维先生根据这段记载,断定"道希赴印时间亦约在永徽年末或显庆年间"③。需要指出的是在《大唐西域求法高僧传》中记载道希"涉流沙之广荡,观化中天;陟雪岭之欹岑,轻生殉法。行至土蕃,中途危厄,恐戒检难护,遂便暂舍"④ 并非一个确切的行进路线,这只是将道希求法途中的艰险以并列的方式展现出来而已,否则便无法理解为什么道希到了中天竺,又折回进入吐蕃,复又进入印度的奇怪行程了。

另外,义净所提到的吐蕃公主奶母的两个儿子,他们最初一同出家,后来其中的一个还俗,仕在印度的大王寺中。这里的吐蕃公主即指文成公主,他们一并出家,说明在当时文成公主的周围,已经有较为浓

---

① 《大唐西域求法高僧传校注》,第10—11页。
② 同上书,第43页。
③ 同上书,第39页"第(九)注"。
④ 同上书,第36页。

厚的佛教气氛了。

除了以上的僧人外，义净还提到玄会归国途中，在泥婆罗不幸而卒，可见他也是拟取道泥婆罗—吐蕃道归国。

通过义净的记载可以看出，唐初从汉地出发前往印度的僧人中，取道陆路者绝大多数都沿吐蕃到达泥婆罗，然后进入印度，这条路成为当时非常繁华、热闹的取经路。

作为连接中外交通的吐蕃道并没有维持多久，使用时间大约为30年。松赞干布死后，吐蕃开始大肆向外扩张，不久攻破吐谷浑，屯兵青海，继而又出兵攻西域，矛头直指唐王朝，唐蕃遂交恶。670年双方在大非川（今青海共和县境内）交战，唐军败，西域四镇皆失。尽管后来武则天又派兵夺回四镇，但该道北段（长安至逻些）终因唐与吐蕃在青海地区的连年用兵而关闭。玄照就是在这个背景下不能返国。

唐朝的僧人经吐蕃前往印度求法，虽然未必在吐蕃传法，但至少促进了吐蕃对汉地佛教兴盛程度的认知，间接地引发了吐蕃向汉地求法、求僧的活动。

五 通过派遣、征召的僧人传播

为了发展佛教，吐蕃或者请求唐朝派遣僧人入境，或者从占领区征召汉僧到腹地传法。关于唐朝向吐蕃派遣僧人，最著名的莫过于德宗建中二年（781）派遣僧人良琇、文素前往吐蕃的事情了。据《册府元龟》记载，这是应吐蕃之请进行的："初，吐蕃遣使求沙门之善讲者，至是遣僧良琇、文素，一人行，二岁一更之"①。《唐会要》写作"遣僧良琇文素二人行，每人岁一更之"②。虽然这个政策后来有没有得到

---

① 《宋本册府元龟》卷980，第3914页下栏。崔正森在《五台山佛教史》（上）中考证：良秀为山西中条山柏梯寺僧人，后入京住西明寺。贞元中，与去过五台山的般若三藏同译《大乘理趣六波罗蜜经》。所以说，良秀可能是把五台山佛教信息传入西藏的最早僧人。这条考证直接将"良琇"写作"良秀"，没有史料出处。良秀为西明寺寺主，《新修科分六学僧传》、《宋高僧传》、《贞元新定释教目录》等都未提到良秀入蕃事宜，只提到他在贞元四年（788）翻译《大乘理趣六波罗蜜多经》。

② 《唐会要》卷97，中华书局1955年版，第1734页。

持续的贯彻已经不得而知,但在781年唐朝向吐蕃派遣僧人则是毋庸置疑的事实。这里的"初"甚至被认为可能是前文所提到的拔·塞囊出行汉地之时,即767年前后①。

对于吐蕃派往汉地的僧人,藏族史籍中虽然提到桑喜和拔·塞囊等,但汉文史书并没有确切记载。汉文史书中第一次出现吐蕃僧使的记载是在贞元二十年(804),这一年"吐蕃使臧河南、观察使论乞冉及僧南拨特计波等五十四人来朝"②。这是吐蕃的使者中第一次出现的僧人的名字,基于各种史料记载的都比较简略,我们无从知道南拨特计波到达中原的言行,但僧人出现在双方政治舞台上,我们也不可能说他们不产生任何的影响。至少这可以使唐朝更加了解吐蕃赞普的宗教取向以及佛教在吐蕃的影响力。

除此而外,在吐蕃所占领的唐朝的边界地带,一些汉僧被征召到吐蕃统治的中心地带,在赞普和宫廷的佛教活动中充当重要角色。赤松德赞时期,曾"于大唐国请汉僧大禅师摩诃衍等三人,同会净城,乐说真宗"③。摩诃衍是吐蕃征召到拉萨最有影响力的汉僧,他应召进入拉萨地区,引发了藏汉佛教交流的第一个高潮。

第二节 禅宗在吐蕃的传播

唐代禅宗兴起,随着唐蕃佛教文化交流的日益密切,以摩诃衍为代表的北宗禅以及禅宗的净众宗、保唐宗都传入了吐蕃,对吐蕃佛教及以后的西藏佛教都产生了一定的影响。

一 摩诃衍在吐蕃传法

摩诃衍是沙州陷落吐蕃后④,被召到拉萨的一位禅僧。关于这一

---

① 《吐蕃赞普墀松德赞研究》,第211页。
② 《旧唐书》卷196下,第5261页。
③ [法]戴密微:《吐蕃僧诤记》,耿昇译,西藏人民出版社2001年版,第35页。
④ 沙州陷落吐蕃的时间在786年前后,而摩诃衍在拉萨活动了两三年后,792年就卷入"吐蕃僧诤"中,再联系他790年还在沙州的记载,摩诃衍应该是790年后半年进入拉萨的。

点,他自己说得很明确:"当沙州降下之日,奉赞普恩命,远追令开示禅门。及至逻娑,众人共问禅法。"①但此处"沙州降下之日"只能理解为在沙州陷落吐蕃之后,并不确指786年,否则就不能解释敦煌卷子中关于790年前后他还在沙州的记录。摩诃衍在到达拉萨之前,在敦煌已经拥有很高的社会地位,被称为"国德"、"蕃大德",并参与敦煌当地的政事。敦煌遗书S1438背面《书仪》残卷中提到摩诃衍在公元790年,当地的驿户汜国忠与张清起义反对吐蕃统治,沙州守使"为国德在城,恐被伤害,厶走报回避,共同死生"。当汜国忠被抓捕之后,"并对大德摩诃衍推问,具申衙帐,并报瓜州"。在张清起事时,该官吏又"厶见事急,遂走投龙兴寺,觅蕃大德,告报相将,逐使回避"②。摩诃衍在当时不仅参与了对汜国忠的审问,而且也是当时敦煌官员必须保护的对象,所以,他在未进入吐蕃腹地之前,就受到敦煌吐蕃官员的尊崇,享有很高的政治地位和社会地位。

虽然摩诃衍在吐蕃被视为"顿门派"的代表人物,但他属于北宗禅法系,汉文《顿悟大乘正理决》中,摩诃衍在给吐蕃赞普的第三道表疏中说"摩诃衍依正和上法号降魔小福张和上准仰大福六和上,同教示大乘禅门"③。葛兆光先生对这段话的解读是:这段话虽然有些难解之处,但大体上可以明白这个摩诃衍是师承神秀门下第一代弟子的:降魔即泰山降魔藏,小福即《景德传灯录》卷4有名无传的京兆小福,张和上可能就是后面所说的大福,在《八琼室金石补正》卷67有其碑文④。

摩诃衍在吐蕃活动了两三年,但却在当时产生了很大的影响,按照他自己的说法就是:"亦曾于京中(指拉萨)以上三处,闻法信受弟子约有五千余人,现令弟子沙弥未能修禅,已教诵得《楞伽》一部、《维摩》一部,每日长诵。"⑤《贤者喜宴》中也说:"由于玛哈雅纳教授参

---

① 《吐蕃僧诤记》,第192页。
② 史苇湘:《吐蕃王朝管辖沙州前后——敦煌遗书S1438背〈书仪〉残卷的研究》,《敦煌研究》1983年创刊号。
③ 《吐蕃僧诤记》,第204页。
④ 葛兆光:《中国禅思想史》,北京大学出版社1995年版,第243页。
⑤ 《吐蕃僧诤记》,第200页。

禅修定，故吐蕃之大多数僧人均学习汉地和尚之教法，致使中断了对桑耶寺的供养，其门徒及身语之善事也为之中断。"① 在摩诃衍的弟子中，包括许多贵族妇女，例如：赤松德赞的妃子没卢氏、姨母悉囊南氏及诸大臣夫人三十余人。

二 "顿渐之诤"

摩诃衍在吐蕃的传教活动，最终引发了以"顿悟"为修道方式的禅宗僧人和以"渐修"为修道方式的寂护门下弟子之间的矛盾，最终演变为吐蕃时代著名的"顿渐之诤"（792—794，前后延续了3年左右），这是赤松德赞时代宗教史上发生的一件大事。"顿"是"顿门派"，指汉地禅宗僧人；"渐"是"渐门派"，指以莲花戒为代表的印度僧人。

8—9世纪是吐蕃佛教舞台十分活跃的一个时期，印度佛教和汉地佛教像两股清泉，于这一时期之初，同时流向雪域高原。而吐蕃民众也以自己传统文化为基础，博采众长，兼容并收，对来自于两种不同文化背景下的佛教文化，加以消化、吸收。

随着摩诃衍"顿门派"禅法在吐蕃的迅速传播，寂护所传的"渐门派"之下人数迅速减少，这自然引起"渐门派"不满，他们争讼到赤松德赞处，赤松德赞认为"渐门派"既有澄心静虑的内容，又有修行的实践，所以支持"渐门派"。这引起了"顿门派"的愤怒，引发了一系列过激行为："玛哈雅纳之弟子娘·夏弥（nyang sha-mi）切割自身之肉；尼雅切玛拉（snyags-bye-ma-la）及埃仁波切（rngegs rin-po-che）毁掉自身之生殖器，汉地和尚梅果（rgyavu hya-shang me-mgo）纵火焚烧自身之头颅，随即死去。"② 敦煌文献中也提到："有吐蕃僧乞奢弥厂呲磨罗等二人知身聚沐，深契禅袂。为法捐躯，何曾顾己？或头燃炽火，或身解霜刀。曰，吾不忍见朋党相结毁谤禅法；遂而死矣。"③

---

① 巴卧·祖拉陈哇：《〈贤者喜宴〉摘译（十）》，黄颢译注，《西藏民族学院学报》1983年第1期。
② 同上。
③ 《吐蕃僧诤记》，第58页。

看来在辩论之前，跟随摩诃衍的藏汉僧人曾经因为赞普的明显倾向性，为了护教，采取了比较过激的行为，甚至不惜以身家性命相抗争。不仅如此，按照藏文史书记载，"他们手持利刃，扬言凡不尊汉地和尚者全部都被杀掉"①。赞普左右为难，在益喜旺波的建议下，决定迎请寂护的弟子莲花戒（Kamalasila）入藏，让顿渐双方辩论。摩诃衍对这次辩论十分重视，还特地闭门学习了4个月有关辩论方面的技术知识，并特地写了《修定者参禅答问》等论著。

莲花戒是当时印度非常著名的佛教哲学家，他和寂护同是大乘中观自续派的代表人物，以注解寂护的作品而闻名遐迩。藏汉史书关于"顿渐之诤"的记载，颇有抵牾，在藏文史书中，莲花戒入藏后，由赤松德赞主持，"顿门派"和"渐门派"僧人面对面展开辩论。据记载，当时赞普坐在中间，"顿门派"坐在右边，以摩诃衍为首，随从弟子有觉姆降秋杰（jo-mo-byang-chub）、苏央达（sru-yang-dag）、彭德朗呷（bandhe-langka）等人；"渐门派"坐在左边，以莲花戒为首，随从弟子有白央（dpal-dbyangs）、毗卢遮那（bai-ro-tsa-na）、益喜旺波（ye-shes-dbang-po）等人。赞普将两串花鬘分别交与摩诃衍和莲花戒，并规定负者向胜者献上花鬘，且永远离开吐蕃。

但据汉文史籍记载，"渐门派"和"顿门派"之间的这场论诤，前后延续3年左右，并非一场单独的辩论，一些研究者将这场辩论称为"吐蕃僧诤"或"桑耶寺僧诤"。

"顿渐之诤"的结果，迄今为止有三种不同的解读：据藏文史料记载，根据辩论的情况，赤松德赞宣布"顿门派"失败，并认为：摩诃衍所宣讲的顿悟不利于在吐蕃推行缮写、供养、布施、听闻、朗诵、记忆、演说、默念、思维和修行等佛事活动（十法行），这种修法容易使人心昏昏沉沉且不利于积聚善根、福德，容易使佛法衰落，因此，不宜加以推广。所以，赤松德赞下令："从今以后，要遵循龙树之正见，按六度行事，实践十法行，要依三慧而修习，修心要方便、智慧双运。今

---

① 布顿大师：《佛教史大宝藏论》，郭和卿译，民族出版社1986年版，第175页。

后我吐蕃之百姓王臣不论何人,凡行佛法者,皆应学习国王请来之印度著名大师为译师而译定之佛法。因为吐蕃地处边鄙,民智愚昧,多所偏好,而佛法深奥难解,所以,凡未经国王作施主,译师未译定之法,不论是什么,皆不得学习!"① 而且,"今后,凡持和尚摩诃衍那之见者,予以处罚。并写出敕令三道,一道寄给朵喀木,一道给中藏,一道存(桑耶寺)宝库,收集和尚的经籍,作为伏藏埋藏,赞普自己还撰写了《正量论》等书"②。在这之后,摩诃衍修了一座寺庙,退居敦煌。

根据汉文资料《顿悟大乘正理决》记载,这次辩论的结果则为摩诃衍获胜:

> 至戌年正月十五,大宣诏命曰:"摩诃衍所看禅义,究畅经文,一无差错。从今已后,任道俗依法修习"③。

现代西方的研究者则认为并不存在一场面对面的争辩,"顿渐之诤"只不过是一场笔墨官司。持此观点者以法国的戴密微先生为代表,他认为"在吐蕃既没有一次,也没有两次有关佛教的中印大辩论会,而只有持续了数年的一系列讨论,在不同地点举行,无疑也是通过文字进行的"④。戴密微的根据是《顿悟大乘正理决》,在该资料中,所有的教义讨论都是以"问"、"答"的方式展开的。日本学者和国内的一些学者由此称这一事件为"宗论"⑤,否认其为以输赢为目的的"僧诤"。如果按照以上的观点进一步分析,则无所谓"僧诤",自然也就不存在输赢问题了。

---

① 《拔协》,第54页。
② 松巴堪布·益西班觉:《如意宝树史》,蒲文成、才让译,甘肃民族出版社1994年版,第295页。
③ 《吐蕃僧诤记》,第59页。"从今已后"应为"从今以后"。
④ 参见[日]今枝由郎《有关吐蕃僧诤会的藏文文书》,载郑炳林主编,耿昇译:《法国藏学精粹》(1),读者出版集团2011年版,第311页。
⑤ 参见尹邦志《〈禅定目炬〉对吐蕃宗论的和会》,《西南民族大学学报》2011年第8期,第九条注。

虽然不存在输赢问题，但这并不能否定双方之间的确存在斗争，并且由此引发了双方在吐蕃势力消长的变化。总体而言，禅宗的力量此后的确有所削弱，据此推断，"顿渐之诤"后，赤松德赞虽然允许禅宗在吐蕃继续传播，但对禅宗的支持力度减弱，转而扶持印度佛教。赤松德赞这一选择，并不是基于教义学上的取舍，"顿渐之诤"从宗教内容上看，各有其侧重，且都能自圆其说，以赤松德赞的佛学修为，很难就此判出优劣，所以日本学者矢崎正见认为"顿渐之诤"的实质"与其从教义上着手，不如把重点放在围绕着吐蕃王室的印度佛教与汉传佛教两种势力中，究竟扶持谁的争论上"①。在赤松德赞时期，唐、蕃间战事不断，边境上烽烟频起，而印、蕃之间则出现了睦邻友好的局面，并逐渐发展成了一种和平的、文化上的交往关系，为此吐蕃王室扶持印度的佛教势力也是顺理成章的。另外从感情上讲，佛教发源于印度，且8世纪后半叶印度的佛教已进入密教阶段，密教比较契合本教盛行的吐蕃宗教传统，这都是以摩诃衍为首的禅宗僧人失势的直接原因。

此外，在这次辩论中，意喜旺波也起到了很重要的作用。意喜旺波时任僧统，是藏族僧人的首领，也是寂护印度一系教法的直接传人。按照林崇安先生的观点，西藏"前弘期"的佛教分为三派：由印度引进属辩证与逻辑倾向，传中观自续派系统的寂护、莲花戒，此派传承者为意喜旺波。另一派则为怛特罗礼拜式及仪式主义者，以莲华生及无垢友传大圆满系统，此派传承者为娘定埃增。摩诃衍为第三派。②意喜旺波在顿、渐两派矛盾激化之时，被赤松德赞从修行地请回，他建议赞普请寂护的弟子莲花戒前来作为和"渐门派"的代表，和摩诃衍辩论。至关重要的是：

> 在嘎玛拉希（莲花戒——作者注）未抵达这里时，益希旺波对于和尚见解及菩提萨埵见解即渐门之理论两者是什么情况，均全

---

① [日]矢崎正见：《西藏佛教史考》，张建世译，西藏人民出版社1990年版，第33页。

② 林崇安：《西藏佛教后弘期之源流与思想》，载《西藏研究会讯》第4期，转引自林冠群《唐代吐蕃史论集》，中国藏学出版社2006年版，第363页。

部做了奉禀。天子（墀松德赞）对此业已通达，极为喜悦，并（向益希旺波）顶礼，同时一再言道："益希旺波是我的轨范师"。旋即向益希旺波叩首礼足①。

也就是说，在双方辩论之前，意喜旺波已经向赤松德赞剖析了双方的观点，作为"渐门派"的代表人物，他的陈述不可能不代表个人立场。《禅定目矩》中提到汉地禅宗系统在吐蕃"由于僧人益西旺波的障难"，其传承消失。② 也可以说，赤松德赞此后在这件事上的立场，就是意喜旺波本人的立场。更为至关重要的是由拔·塞囊（即意喜旺波）所撰的《拔协》是藏族后世史书的重要史源，后世对"顿渐之诤"的记载和《拔协》中的记载出入不大，这就使得历史的真相更加扑朔迷离。

另外，与意喜旺波相关联的寂护和莲花戒一系僧人，他们都是赤松德赞所邀请，并且一进入吐蕃就直接被引荐给赞普本人。摩诃衍虽然也是受吐蕃赞普召请进入拉萨传法，但他并未和赞普本人发生过多的联系，他的追随者中间甚至还有一些和赞普有争斗的大贵族，比如达扎路恭（ta-ra-klu-gon，也译作达诺鲁恭），达扎路恭在藏文史书中最初是以一个坚定的本教徒的身份出现的。他参加过"佛本论诤"，并且在赤松德赞修拟建桑耶寺之时，因为仇视佛法，他当时：

> 以马鞭抽地，说道："修寺庙是佛教事务，我不喜欢，我要奉行苯波教！"国王对聂桑说："你把违抗我的命令的达诺鲁恭放逐到北方荒原去！"于是由两个解差用草绳把达诺鲁恭捆起来，拿刺条鞭打着放逐到北方去了③。

"顿渐之诤"中，达扎路恭又成为"顿门派"的弟子，站在摩诃衍

---

① 《〈贤者喜宴〉摘译》（十），《西藏民族学院学报》1983年第1期。
② 参见尹邦志、张炜明《桑耶寺的香火——〈禅定目炬〉和〈拔协〉对吐蕃宗论起因的不同叙述》，《西南民族大学学报》2008年第12期。
③ 《拔协》，第30页。

的阵营中参加辩论。之所以发生这样的变化，是因为他在"王室压力下，改宗佛教"，而且后来还"参与兴建桑耶寺，署名兴佛证盟诏敕，誓言信奉佛教，并曾于七八二至七八三年获任大相"①。基于此，研究者也认为在"顿渐之诤"中，赞普站在"渐门派"一边，而一些旧贵族，如达扎路恭、娘定埃增则支持禅宗。这样，"顿渐之诤"就变成了赞普与贵族之间权利之争的又一表现形式②。

"顿渐之诤"结束后，吐蕃将印度佛教作为佛教输入的主要源头，汉地佛教对吐蕃佛教的影响力减弱，大量汉僧在吐蕃活动的现象消失。所以，也有学者认为这是吐蕃"脱离中国文化圈"的标志：

> 吐蕃尝试加入中国文化圈的努力，应自文成公主和亲的前后，亦即公元640年前后开始，其间虽断断续续，例如吐蕃于公元787年平凉劫盟，唐蕃外交关系中断，直至公元803年方恢复外交关系。此段期间唐蕃的文化交流，基本上处于停滞状态。唯独佛教仍有所接触往返。直到794年"顿渐之诤"，汉僧摩诃衍被放回敦煌以后，吐蕃文化转向印度大乘佛教文化发展，疏离与中国文化的关系。因此，吐蕃加入中国文化圈的努力，自公元640年前后至公元794年为止，持续了近150年③。

但是，这一观点显然不够客观，因为824年，吐蕃还在遣使向唐廷求取五台山图；热巴坚时期（815—838），管·法成等人还在将汉语佛经翻译成藏文经书，乃至于在赤德松赞和热巴坚修建的大型寺院中，都部分地仿照了汉式建筑。赤德松赞修建的寺院中，最著名的当属噶琼寺（skar-chung），噶琼寺共分九层，底层按照藏式风格修建，二、三层按照于阗风格修建，四、五、六层按照汉族风格修建，最上面的三层按照

---

① 《唐代吐蕃史论集》，第337页。
② 索南才让：《关于吐蕃佛教研究的两个问题——顿渐之诤和朗达玛"灭佛"》，《西藏民族学院学报》2003年第5期。
③ 林冠群：《唐代吐蕃历史与文化论集》，中国藏学出版社2007年版，第374页。

印度风格修建。① 热巴坚修建的最大的寺院——伍祥多贝美札西根佩寺（von-shangs-rdo-dpe-med-dkra-shis-dge-vpel-gyi-gtsug-lag-khang，即吉祥无比善胜寺）也是九层，其中也掺杂了许多汉地文化因素，其"神殿顶部有汉式大屋顶、金顶及玉龙等等"②。即便是赤松德赞本人在晚年时对汉地佛教的认同感也并未丧失，他说：

> 过去某时，听了顿门派之言，众人都不学习佛法亦不求取佛教经书了。最初，得到的只是那些未曾用心记住的印度佛教经书，当把这些经书翻译完的时候，那烂陀寺中的印度佛教经书被火焚了。佛经不全了，于是才到汉地取得，此后当满一千二百年而佛教经书齐全完整时，要将那些以前未曾翻译的汉地之佛教经书铭记在心啊！③

所以，摩诃衍在"顿渐之净"中失利，并没有消除吐蕃对汉地佛教文化地位、价值、重要性等的认同，汉僧在吐蕃活动的高潮过去之后，汉地佛教文化依旧是吐蕃心慕的对象。敦煌人李明振在《陇西李氏再修功德碑》提到"亡叔僧妙牟，在蕃，以行高才峻，远迩瞻依，名达戎王赞普，追召特留在内，兼假临坛供奉之号"④。李明振是归义军政权开创者张议潮的重要助手，碑文立于唐昭宗乾宁元年（894），这距离"顿渐之净"已经足足百年，而妙牟作为汉族僧人还被征召到吐蕃宫廷，并且在吐蕃很受器重。

二　净众、保唐禅在吐蕃的传播

净众、保唐禅是形成于西蜀的一个禅宗派别。这一派肇始于智诜（609—702）。宗密《禅源诸诠集都序》把当时的各种禅宗流派分为十

---

① 参见《五部遗教》之《国王遗教》，转引自［法］海瑟·噶尔美《早期汉藏艺术》，熊文彬译，河北教育出版社2001年版，第9页。
② 《〈贤者喜宴〉摘译（十三）》，《西藏民族学院学报》1984年第1期。
③ 《〈贤者喜宴〉摘译（十二）》，《西藏民族学院学报》1983年第4期。
④ 转引自《吐蕃僧诤记》，第296页。

室，又统为三宗，智诜在十室中被称为"南诜"（按：诜，原作"侁"）与北宗神秀、保唐、宣什禅派都被归于"息妄修心宗"①。智诜的嗣法弟子为处寂（669—736），俗姓唐，被称为"唐和尚"（唐和上）。处寂门下的著名弟子为无相（684—762，又称金和尚），此人为新罗王子，他以净众寺为中心先后传法二十余年。其禅法的主要内容便是著名的三句语：无忆，无念，莫忘（这个"忘"字又被后来的弟子改为"妄"）。大意当是要求人们采取自然无为的态度对待修行，不要记忆回想过去的经历景象；不要思念、追求未来将要发生的事情；经常保持这种状态，而不要求执意地忘记什么②。无相的嗣法弟子为无住（714—774），俗姓李，其传法基地为保唐寺，禅法以"无念"为主，要求排除对一切内外事物的思辨、分别的心理活动，在思想中断除一切是非差别观念。无住禅法的重心已向南宗倾斜，反对北宗的"看净"法。在无住之后，净众一系逐渐湮没在南宗禅的主流之中了。这样从智诜到无住，净众、保唐一系的禅法完成了从北宗到南宗的演变。

　　反映净众、保唐禅历史的著作主要为《历代法宝记》，此书当是保唐寺无住于774年去世后不久，由其弟子编撰的。

　　记载净众、保唐禅传入吐蕃的最直接的藏文史料就是《拔协》。据《拔协》记载，赤德祖赞时桑喜到唐朝求法，返回吐蕃路经益州（成都）时，在益州见到金和尚无相，并住了3个月，跟无相学习佛法。③这一资料被许多学者（尤其是国外学者）反复使用，成为许多论著中的重要证据。④

　　但这一史料仍有孤证的嫌疑，到20世纪初，在敦煌发现的藏文净

---

① 杨曾文：《唐五代禅宗史》，中国社会科学出版社1995年版，第216页。
② 同上书，第219页。
③ 《拔协》，四川民族出版社1990年10月版所附的92页的藏文部分。原书第7页的汉译文以音译为主，不准确。
④ 如美国佛学研究者Dr. Mc Ra 的 *The Northern School and The Formation of Eealy Ch'an*（《北宗与早期禅的形成》）、日本学者小畠宏允的《西藏的禅宗和〈历代法宝记〉》、山口瑞凤《西藏佛教与新罗金和尚》（载《新罗佛教研究》东京，1973年）、今枝由郎的《有关吐蕃僧净会的藏文文献》（1975年发表于《亚细亚学报》）、意大利学者图齐于1958年出版的《小品佛典》、张广达的《唐代禅宗的传入吐蕃及有关的敦煌文书》（《学林漫录》三集），等等。

众、保唐禅的著作《历代法宝记》顺利地解决了这一问题。随这部文献一起发现的还有对其的一些引用资料，而"藏语禅宗文献在引用这本书时，其题目不叫《历代法宝记》，而称作《无住师禅经》《第七祖禅经》或《无住禅师教说》"①。更重要的是现在汉文《历代法宝记》写成于774年以后，此后敦煌随即被吐蕃围困长达10年之久（777—787），与中原的联系断绝，《历代法宝记》直接传入敦煌的可能性很小。"这样的话，使我们不得不重视按剑南——吐蕃——敦煌的顺序传播的可能性，这也符合禅宗典籍向西藏本土渗透的事实。"② 也就是说，《历代法宝记》很可能已经传入了吐蕃腹地，这种可能性的另外一个佐证就是在宁玛派的伏藏文献中，许多地方将禅宗所认可的祖师——达摩祖师，写成"菩提达摩多罗"③，这种写法只有《历代法宝记》中才有，而宁玛派的文献是在吐蕃腹地形成的。

除了《历代法宝记》，禅宗初祖达摩的《二入四行论》在吐蕃的传播，也是依恃净众、保唐的力量。《二入四行论》的藏文写本和其他藏文写本不同之处就在于敦煌发现了其内容很不全面的引用文书，但在吐蕃腹地的宁玛派文献《禅定灯明论》和《五部遗教》中所发现的藏译内容，却相当的全备，几乎是其全部内容。这就说明《二入四行论》的流传中心是在吐蕃腹地，流传线路是由中心向四周扩散（之所以这样强调，是因为仅凭敦煌的藏文文献，是不足以说明吐蕃腹地佛教流传情况的，敦煌虽在当时隶属吐蕃，但时间毕竟只有短短的六十多年，而且远离吐蕃中心）。更为重要的是，在《二入四行论》中，菩提达摩也被称作"菩提达摩多罗"，所以也应当属于保唐派僧人所集，这也和无住不承认自己的禅法师承智诜、处寂，而是直接溯源于达摩禅这条线索是暗合的。而摩诃衍入藏后，也对这部分内容进行了讲解④，这其中的

---

① ［日］木村隆德：《敦煌出土藏文禅宗文献的性质》，李德龙译，载《国外藏学译文集》第十二辑，西藏人民出版社1995年版，第104页。
② ［日］冲本克己：《敦煌出土的藏文禅宗文献的内容》，李德龙译，载《国外藏学译文集》第八辑，西藏人民出版社1992年版，第208页。
③ 才让：《从〈五部遗教〉看禅宗在吐蕃的传播和影响》，《西藏研究》2002年第1期。
④ 同上。

原因应该是：其一，禅宗各宗各派都以达摩祖师作为共尊之祖；其二，此乃为业已存在的禅宗文书，摩诃衍作为禅师，对其作出阐释在吐蕃僧人看来是天经地义的。

净众、保唐禅在吐蕃流传的痕迹还能从另外一个资料——藏文无住语录的出现而得到彰显。如上所述，无住为净众、保唐系最后的一个著名人物，也是该派的集大成者。在藏文禅宗文献的诸禅师教义论说中，无住的"论说之多，仅次于摩诃衍"①。《五部遗教·大臣遗教》将无住的"无忆是戒，无念是定，莫忘是惠"译作"不想是戒，不念是定，不生幻心是慧"②，最大限度地靠近了原意。

根据《拔协》记载，吐蕃使者桑喜第一次跟随无相学习佛法是在赤德祖赞派他到唐朝取经的返程中，而此时主持吐蕃僧诤的赤松德赞刚刚继位，大约在755年，所以净众、保唐禅传入吐蕃是在摩诃衍进入吐蕃之前，这也就意味着这一派别是传入吐蕃的第一个禅宗派别。法国学者戴密微甚至认为："以《历代法宝记》为代表的传说从八世纪起就由四川传入了吐蕃，这甚至还在吐蕃征服敦煌（可能是787年）之前，也在摩诃衍奉诏抵达吐蕃布教真宗和拉萨僧诤会（792—795）之前，这部文献也可能被译成了藏文。"③ 也就是认为《历代法宝记》的内容先于该书被译成藏文之前就传入了西藏。

四 吐蕃的其他禅宗僧人

伴随着摩诃衍和妙牟等这些汉族僧人在吐蕃的活动，吐蕃同时还另外出现了许多修习汉地禅宗的藏汉僧人。《五部遗教》中录下姓名的、当时在吐蕃活动的禅师就有三十多人，包括：顿门堪布久培（ston-mun-mkhan-po-mjug-sbus）、堪布阿丹海（mkhan-po-a-dhan-her）、堪布摩诃衍（mkhan-po-ma-hva-yan）、堪布降魔藏（mkhan-po-bdud-vdul-snying-po）、

---

① 《敦煌出土藏文禅宗文献的性质》，载《国外藏学研究译文集》第十二辑，第93页。
② 《从〈五部遗教〉看禅宗在吐蕃的传播和影响》，《西藏研究》2002年第1期。
③ ［法］戴密微：《从敦煌写本看汉族佛教传入吐蕃的历史——日文近作简析》，载苏鸣远（M. Soymié）主编《敦煌研究论文集》，日内瓦—巴黎1979年版。

顿门堪布坤混禅师（cig-car-mkhan-po-kun-hun-shen）、堪布慈禅师（mkhan-po-dzi-shin-sha）、堪布博普禅师（mkhan-po-sbab-shan-shis）、堪布迪照（mkhan-po-des-vdrevo）、堪布提悟禅师（mkhan-po-devu-shan-shis）、堪布桑堂禅师（mkhan-po-zangs-thang-shan-shis）、堪布和世禅师（mkhan-po-ha-zer-shan-shis）、堪布圣珠（mkhan-po-avarya-rakshi）、迦罗衍堪布（mkhan-po-ka-la-yan）、堪布普救（mkhan-po-bu-chus）、堪布克禅师（mkhan-po-kha-shan-shis）、堪布恰禅师（mkhan-po-ja-shan-shis）、堪布智禅师（mkhan-po-vdre-shan-shis）、堪布甘禅师（mkhan-po-kan-shan-shis）、堪布佐禅师（mkhan-po-dzo-shan-shis）、堪布吉禅师（mkhan-po-ki-shan-shis）、堪布秀久禅师（mkhan-po-hyevu-gyevu-shan-shis）、堪布吉禅师（mkhan-po-gyi-shan-shis）、堪布齐禅师（mkhan-po-ci-shan-shis）、堪布普渡禅师（mkhan-po-phog-tog-shan-shis）、堪布泽禅师（mkhan-po-dza-shan-shis）、堪布颜禅师（mkhan-po-yan-shan-shis）、堪布韩禅师（mkhan-po-han-shan-shis）、堪布辛禅师（mkhan-po-shin-shan-shis）、堪布谢凯禅师（mkhan-po-hye-khas-shan-shis）、堪布郎禅师（mkhan-po-lang-shan-shis）、堪布麻禅师（mkhan-po-ma-shan-shis）等[①]。而参与了"顿渐之诤"的、较为著名的藏汉禅师有：

甲·梅果（rgya-me-mgo）。由于此人名字之前冠以"甲"（汉）一字，所以他是个汉族人无疑。他在赤松德赞的身边出现得较早（在赞普作为王子刚成年之时），曾任"文书"一职。在桑喜对赞普宣讲了从汉族带回的《十善法经》等经典时，赤松德赞曾命令桑喜、甲·梅果和阿年达一起秘密翻译来自汉地和芒域的经典，但此事因被当时的权臣玛尚仲巴杰察觉并阻止而宣告流产。桑耶寺建成后，赞普组织译经，甲·梅果也是其中的得力干将。后来在"顿门派"和"渐门派"分歧初现、赤松德赞表现出支持"渐门派"的意向时，禅宗方面出现了许多过激的行为以示抗议，其中"汉和尚在自己头上点火"[②]，确切地说

[①] 参见《〈贤者喜宴〉摘译（十）》，黄颢注40。
[②] 《拔协》，第48页。

是点着了自己的头并因此而丧命。这一点敦煌汉文写本《顿悟大乘正理诀·叙》中也说禅宗僧人"或头燃炽火，或身解霜刀"。① 这里提到的"汉和尚"指的就是甲·梅果，所以，甲·梅果是赤松德赞时期在吐蕃比较活跃的禅宗僧人之一。

娘·夏米（nyang-sha-mi）。这显然是一个娘氏家族的人。娘·夏米也是赤松德赞时期较为著名的僧人，也是一个很早就具有佛教倾向的人，所以在"佛本"辩论时，他成为佛教方面的代表，充当寂护的助手②。根据《奈巴教法史》记载，后来著名的僧相娘·定埃增是娘·夏米的兄长，他俩都从"唐朝和尚"习过禅法。在"顿渐"两派矛盾不断激化时，他和甲·梅果一起属于"或头燃炽火，或身解霜刀"者，藏文史料中说他割掉了自己的生殖器而身亡。

王妃没卢氏。没卢氏是吐蕃一个古老的家族，这个家族中早在松赞干布时期就有很著名的人物出现。根据藏文史料，这位王妃名叫甲茂赞（rgyal-mo-btsan），王锡所撰的《顿悟大乘正理诀·叙》中说："皇后没卢氏，一自虎诚，划然开悟。剃除绀发，披挂缁衣。朗戒珠于情田，洞禅宗于定水。"③ 所以，没卢氏是一位虔诚的禅宗信徒，她在出家后改名为菩提主（byang-chub-rje，音译为降秋杰），习学禅宗。王妃没卢氏出家以后也是当时吐蕃佛教界一位活跃的人物，她曾修建格吉寺（dge-rgyas-kyi-gtsug-lag-khang），并在赤松德赞组织人力开始大规模翻译佛经时，没卢氏妃负责译经者的膳食供给工作，"在格如林（ke-ru-kleng）设置厨房，为三百名僧人提供十三种膳食"④。现在桑耶寺和昌珠寺留存下来的寺钟就是由没卢妃施造的，铭文明确地记载了这一点。桑耶寺钟的钟文是：

---

① 《吐蕃僧诤记》，第58页。
② 尽管在"佛本之诤"中，参与者的名字为 nyang-sho-ma（娘·肖玛或娘·雪玛），但索南才让教授在《从谐拉康碑文看钵阐布娘定埃增桑波的地位》（《西藏研究》2009年第5期）一文中认为"娘·雪玛就是娘·夏米，为同一人名的两种写法。"
③ 《吐蕃僧诤记》，第48页。"虎城"是"虔诚"的误写。
④ 巴卧·祖拉陈哇：《〈贤者喜宴〉摘译（八）》，黄颢译注，《西藏民族学院学报》1982年第3期。

> 王妃甲茂赞母子二人,为供奉十方三宝之故,铸造此钟,以此福德之力,祈愿天神赞普赤松德赞父子、眷属,具六十种妙音,证无上之菩提。

昌珠寺钟的钟文是:

> 令一切众生齐皈善业之故,特铸造此大钟。钟声有如天神鼓乐,嘹亮于浩渺虚空,此亦增天神赞普赤德松赞之住世寿元也。施主为王妃菩提氏,并由唐廷汉比丘大宝(仁钦)监铸①。

昌珠寺钟由汉族僧人监制,这更进一步表明了没卢氏妃和汉地佛教密切的关系。在"顿渐之诤"中,"觉姆降秋杰"作为一个出身地位显赫的禅宗僧人,是摩诃衍的重要随从者。

这些禅宗僧人在吐蕃活动的结果是禅宗在吐蕃受到重视,很多禅宗典籍被收入藏文佛经目录中。通过对藏文禅宗文献的检索,可以看到大约812年编录成的丹噶目录中,禅宗经典、禅宗语录、包括一系列禅宗伪经,已经被列为单独的一门,说明禅宗典籍已经在藏文佛典中占据了应有的地位,其中包括与保唐宗有关的《历代法宝记》《诸经要抄》与北宗禅有关的《正理决》《五方便》《楞伽师资记》②。

第三节 唐蕃佛教的互为认知、影响

唐蕃佛教的互为认知

通过以上的诸多途径,唐蕃佛教的互相认知和交流不断加深。吐蕃向唐求五台山图就是明显的一例。"穆宗长庆四年九月甲子,灵武节度

---

① 《吐蕃金石录》,第186、192页。
② 张广达:《唐代禅宗的传入吐蕃及有关的敦煌文书》,《学林漫录》(三集),中华书局1981年版,第51页。

使李进诚奏,吐蕃遣使求五台山图,山在代州,多浮图之迹,西戎尚此教,故来求之。"①穆宗长庆四年是824年。求五台山图说明了吐蕃对唐朝佛教发展详情的了解和对汉地佛教的认可,因为五台山对吐蕃僧人而言,不仅是"多浮图之迹",更为重要的是它是文殊菩萨的道场。吐蕃求取五台山图,在藏文典籍《拔协》等中也有记载,只是时间不同。根据《拔协》记载,赤德祖赞晚年派桑喜和另外四人作为使臣携带信函、礼品,到中原求取汉族经典,桑喜在回吐蕃途中,又求取了五台山图。当他们回到吐蕃时,赤德祖赞已经于755年前后去世。所以,桑喜求取五台山图在755年之前,这和穆宗时吐蕃使臣求取五台山图的时间前后相差70年左右。

  吐蕃应当是通过敦煌了解五台山的。许多敦煌的僧人曾经朝拜过五台山,他们返回敦煌后,"讲唱、叙述、描绘亲眼所见的五台圣迹,敦煌藏经洞保存下来的许多有关五台山的文书,如《五台山行记》《五台圣境赞》《五台山曲子》等,清楚地反映了敦煌佛教与五台山佛教之间密切的往来关系"②。五台山信仰传入吐蕃后,吐蕃迅速将自己的历史文化与五台山联系起来:《月王药诊》被认为是文殊菩萨在五台山亲讲的;松赞干布和赤松德赞都被认为到过五台山③。

  此外,伴随着唐蕃盟誓时佛教仪式的介入,吐蕃的佛像也传入汉地。"清水会盟"最后的仪式是吐蕃大臣"请镒就坛之西南隅佛幄中焚香为誓",这里提到的是"佛幄"而并非寺院。"长庆会盟"在吐蕃的地点是哲堆园,这个地方在会盟后才建立了一座寺院。所以,盟会中出现的佛像就是为临时搭建佛幄安置的,也就是说吐蕃方为了整个仪式,从别处带来佛像,来见证双方的会盟。这一点在《酉阳杂俎》中也得到证实,《酉阳杂俎》中提到唐代长安的静域寺中,有一座非常古

---

① 《宋本册府元龟》卷999,第4041页下栏。
② 扎洛:《吐蕃求〈五台山图〉史事杂考》,《民族研究》1998年第1期。
③ 参见《汉藏史集》,第88、107页。《汉藏史集》记载:吐蕃之王与十六名大臣一起前往汉地的五台山,为敬献汉地守护神祇、完成迎娶公主时许下的诺言、表示对盟誓的尊重,兴建了许多寺院。

老的"蕃神",在贞元年(785—805)之前,"西蕃两度盟,皆载此神立于坛而誓。相传当时颇有灵"①。这里的贞元以前的盟誓,有好几次,其中一次就是与"清水会盟"同一年在京城举行的会盟,这次会盟虽然因为史家没有详载而被许多研究者所忽略,但实际上这次会盟时曾经"告太庙",因此规格比较高,以至于在长庆元年会盟前,大臣欲效法此前的做法再次告庙,但没有成行。这次在德宗建中末年(783)举行的会盟是在长安城最西面的延平门举行的。最初预定在丰邑坊的坛所举行,但"以丰邑坊盟坛在京城之内非便,请卜坛于京城之西。其礼如清水之仪"②。既然此次盟誓的礼仪和"清水之盟"一致,那肯定也有仪式最后在佛像前上香誓告的行为,而这个佛像应该说就是《酉阳杂俎》中所说的贞元前盟誓时,西蕃所载之佛像。但《酉阳杂俎》中所提到的两次盟誓中另外一次就不能确定了。

《酉阳杂俎》因为有"当时颇有灵"③的介绍在里面,那这尊佛像肯定曾经一度受到汉族百姓的狂热膜拜。

二 经典互译

随着双方佛教交流的深入,一批汉文佛教典籍被译成藏文,同时,也有部分藏文佛教典籍被译成汉文。关于汉、藏文佛典互译的确切时间,一般认为出现于赤德祖赞时,藏文史书普遍认为此时从汉地翻译了《金光明经》和《毗奈耶分品疏》等经典:

《雅隆尊者教法史》中载:"自汉地,更希译有《金光明经》、《律分别》。"④

《汉藏史集》中载:"又由汉人格谢哇翻译了《金光明经》、《业缘智慧经》,比吉赞巴锡拉翻译了许多医药书籍。"⑤

---

① (唐)段成式:《酉阳杂俎》,中华书局1981年版,第259页。
② 《旧唐书》卷196下,第5248页。
③ 《酉阳杂俎》,第259页。
④ 释迦仁钦德:《雅隆尊者教法史》,汤池安译,西藏人民出版社1989年版,第39页。
⑤ 《汉藏史集》,第95页。

《西藏王统记》中载:"从唐京师翻译《金光明经》、《毗奈耶分品疏》、《白孜旆陀罗室利》和医学典籍甚多。"①

这里能确定的是各个史家均认为在赤德祖赞时从汉文翻译过《金光明经》,但在布顿大师《佛教史大宝藏论》所编纂的大藏经目录中,《金光明经》的确是从汉文译成藏文的,这从经典的来源上是与藏文的史料记载吻合的,只是翻译者却是管·法成(vgos-lo-tsav-ba-chos-grub)。管·法成是9世纪热巴坚时代吐蕃著名的佛学翻译家。他精通藏、汉、梵三种文字,所翻译的经典,按照《藏传佛教高僧传略》记载,"藏汉典籍可靠者有23种,其中汉译藏的有《大宝积经被甲庄严会》《楞伽阿跋多罗宝经》《贤愚经》《解深密经疏》等14种,藏译汉的有《般若波罗蜜多心经》《诸星母陀罗尼经》等5种"②。

但按照王尧先生的观点,管·法成所译的经典及著述数量远多于此,可分为三大类:第一部分是由汉文译为藏文的经籍,包括:《金光明最胜王经》《解深密经疏》《楞伽阿波多罗宝经》《入楞伽经》《善恶因果经》《贤愚经》《大宝积经被甲庄严会第七》《大宝积经佛为阿难说处胎会第十三》《大宝积经净信童女会第四十》《佛说时非时经》《锡杖经》《执持锡杖普行轨则》《千手千眼陀罗尼经》《十一面神咒心经》《观音陀罗尼经》《百字论颂》《百字论释》《缘生三十颂》《缘生三十颂释》《八转声颂》,共计20部。

第二部分是由藏文译为汉文的经籍,包括:《般若波罗蜜多心经》《诸星母陀罗尼经》《萨婆多宗五事论》《菩萨律仪二十颂》《释迦牟尼如来像法灭尽之记》,共计5部。

第三部分为法成本人所讲经论,包括《大乘四法经论及广释开决记》《大乘稻竿经随听手镜记》《四分戒本疏》《叹诸佛如来无染着德赞》《瑜伽师地论讲义录》,这部分著述都是在汉僧协作之下完成的,如他在沙州永康寺所述的《大乘稻竿经随听手镜记》及《四分戒本

---

① 《西藏王统记》,第115页。
② 拉科·益西多杰编译:《藏传佛教高僧传略》,青海人民出版社1992年版,第10—11页。

疏》，就是汉僧比丘福渐听后协助阅勘而成。唐代唯识宗的重要经籍《瑜伽师地论讲义录》，就是他在沙州开元寺讲的，由汉僧谈迅、法镜、明照、一真、恒安等十余位记录整理而成的，共计5部。①

管·法成本身就是一个融汇藏汉佛教于一身的人物，在他的著述和讲经中，无论是藏文还是汉文，都有明显的同类汉、藏经典互证的特性，例如，他将藏文佛典中的唯识学著作与汉文佛典中的唯识学著作互相引证，在汉文译注中大量引用了印度僧人和吐蕃僧人的论述，在他的《瑜伽师地论讲义录》中，多次出现"故蕃本云……"、"若于蕃本……"的字样，可见他在讲述此论时，充分利用了掌握两种文字的有利条件，以藏汉两种文本对比讲述。即使在吐蕃势力退出河西之后，管·法成的这种授课方法仍未改变②。管·法成对沟通唐蕃佛教做出了重要的贡献，这一点得到了陈寅恪的高度评价："夫成公之于吐蕃，亦犹慈恩之于震旦，今天下莫不知有玄奘，法成则名字湮没者且千载。迄至今日，钩索故籍，仅乃得之。同为沟通东西学术，一代文化所讬命之人，而其后世声闻之显晦，殊异若此，殆有幸有不幸与！"③

那么，《雅隆尊者教法史》和《汉藏史集》中分别提到的翻译《金光明经》的更希（keng-shi）、格谢哇（ker-she-ba）如何理解呢？在所有详细记录了吐蕃时代译师名录的史书中（主要指《佛教史大宝藏论》和《贤者喜宴》），都没有这两个人。实际上，更希和格谢哇并不是两个人的名字，而是吐蕃对唐"京师"的一种翻译。"京师"在吐蕃时代的藏语中见到的写法有"keng-shi"、"ke-ma-shi"等写法，前者出现在《雅隆尊者教法史》中，后者出现在《西藏王统记》中。非常有趣的是在《雅隆尊者教法史》中，汉译者在不同的地方将"keng-shi"或译为"京师"，或译为"更希"④。但即便这样，《雅隆尊者教法史》汉译者并没

---

① 参见王尧《藏族翻译家管·法成对民族文化交流的贡献》，载《敦煌古藏文文献论文集》，上海古籍出版社2007年版，第554页。
② 赵晓星：《敦煌落蕃旧事》，民族出版社2004年版，第180页。
③ 陈寅恪：《金明馆丛稿二编》，生活·读书·新知三联书店2001年版，第288—289页。
④ 《雅隆尊者教法史》，第42页译为"京师"，第39页译为"更希"。

有说这是一个人名,只是说"自汉地,更希译有《金光明经》、《律分别》",现在看来这是说从汉地京师译来了《金光明经》、《律分别》。至于《藏汉史集》汉译本所说的"格谢哇"(ker-she-ba),就是错将"格谢"(ker-she,"京师"的一个变体写法)当成一个人了。这样贯通下来,也就和《西藏王统记》的"从唐京师翻译《金光明经》、《毗奈耶分品疏》、《白孜旆陀罗室利》和医学典籍甚多"的说法一致了①。

按照藏族史书的记载,在吐蕃从事藏汉翻译工作的不仅仅只有管·法成,早在松赞干布时期,《贤者喜宴》中就提到曾邀请天竺、尼泊尔、汉地的僧人翻译佛经,其中汉地的僧人名为玛哈德瓦茨(ma-hva-de-wa-tshe,又译为大寿天),但在《丹珠尔目录》中,此人又被说成是摩诃衍那(大乘和尚),加之松赞干布时期佛经翻译问题又存在较多疑点,所以大寿天的存在与否也是有疑问的。

赤松德赞从崇信本教的大臣手中夺取大权并建立桑耶寺后,开始组织较大规模的译经活动。当时组成了两个译经团:一个是负责从印译藏的,另一个是负责从汉译藏的。前者以益喜旺波(即拔·塞囊)为首,后者则包括"阐卡莱贡、拉隆禄恭、果恭维恭及琼波孜孜"②,并且还迎请了一个汉地僧人玛果莱(ma-ko-le)参与。在《莲花生传》提到翻译汉地佛经的人就更多了,他们主要是"帕桑、和尚玛哈热咱、和尚德哇、和尚摩诃衍、汉地学者哈热纳波、和尚玛哈苏扎。此外还有汉地学者桑西"③。

据《贤者喜宴》记载:《大拔协》中有一种说法是:首先翻译了汉地佛经。④ 而《五部遗教》中说在桑耶寺"另有汉地的纸卷佛经,这些系和尚摩诃衍译自汉地的佛典,多达十二个檐木箱"⑤。摩诃衍不仅翻译了汉地的佛教经典,而且为了准备和莲花戒经行辩论,还"请来广

---

① 参见朱丽霞《吐蕃时代佛经翻译考辨》,《宗教学研究》2008年第4期。
② 《〈贤者喜宴〉摘译(八)》,《西藏民族学院学报》1982年第3期。
③ 同上文,黄颢注51。
④ 同上文。
⑤ 《〈贤者喜宴〉摘译(七)》,《西藏民族学院学报》1982年第2期。

本般若经等深奥显宗经典进行讲习,宣说不需法行而以睡眠可成佛的说教,著《静虑眠轮论》及阐述此论的《断诤静虑答复书》《再答书》二书,并著以这种理论为根据的《见之表相论》、用经教成立论点的《八十经根据论》等"①。但是,在后世的藏文大藏经中,看不到摩诃衍所翻译的佛经,这大概是由于在"顿渐之诤"后,对汉地佛教典籍有一定程度的破坏,赤松德赞"将汉地之诸种经书聚集起来,于桑耶寺埋作伏藏"②。也就是说,汉文的经论被收集起来加以埋藏,这在大多数藏族史书中都做了记载,只是《如意宝树史》中说"收集和尚的经籍,作为伏藏埋藏"③。如果详加考察,应该是将摩诃衍本人的译作和著述埋藏了起来,因为摩诃衍之后,汉族僧人依然活动在吐蕃,汉地佛教在西藏的传播虽然随着"顿渐之诤"的结束而受到削弱,但并不是完全终结了。

三 吐蕃的禅宗思想及影响

(一)摩诃衍的思想

有关摩诃衍的禅学思想,《顿悟大乘正理决》记载最为丰富和详尽。《顿悟大乘正理决》是关于"吐蕃僧诤"的敦煌汉文写本,通过对双方观点的梳理,可以看出摩诃衍的主张大致集中在以下几个方面。

第一,成佛的第一步在于看心、除妄念。"吐蕃僧诤"中,印度僧人的第一个问题就是:"今看心,除习气,出何经文?"④印度僧人对这个问题如此重视,据此判断这是摩诃衍在吐蕃宣传的一个重要观点。除了在开篇,"看心"这个问题后来还被多次提及,摩诃衍在自己呈给吐蕃赞普的奏章中也有这样的陈述"其习禅者令看心"⑤。"看心"是北宗禅的一个重要修习方法,北宗禅的创始人神秀的《大乘无生方便门》

---

① 布顿:《布顿佛教史》,蒲文成译,台北大千出版社2006年版,第201页。
② 《〈贤者喜宴〉摘译(十一)》,《西藏民族学院学报》1983年第2期,黄颢注42。
③ 《如意宝树史》,第295页。
④ 《吐蕃僧诤记》,第59页。
⑤ 同上书,第196页。

中就有"看心若净名净心地"的句子。"看心"就是对心性的观察、探求,"看心"的目的是除妄念烦恼,回归本净的心体。因为"一切众生缘无量劫以来常不离得三毒烦恼无始心想习气妄想,所以流浪生死不得解脱"①。所以应除妄念,但这也并不是最终目的,这个问题的最后指向是"心神住金刚地,即无一念"(此乃摩诃衍引《金刚三昧经》之经文),也就是不动心、不起分别的无念状态。第二,离相或无相。摩诃衍反复征引《金刚经》中的"离一切诸相即名诸佛"来论证他的观点。离相或无相也就是"无住"或出离分别,后世又将他的这一思想总结为"无分别"。摩诃衍认为:"佛从无量劫来已离得不得。心且无心无思,犹如明镜。无心无思,离得不得。但随众生应物现形,水喻、宝喻、日月等喻皆互同等。"② 看心与离相都是修心,只是前者强调内观,后者强调心面对外境时的状态,即不起分别、如如不动。

在这两大原则下,双方还关涉到一些具体的问题:如对语言、六波罗蜜、二谛、顿悟等的看法。对于语言,摩诃衍引《楞伽经》云:大慧诸修多罗,随顺一切众生心说,而非真实在于言中③。他认为言语是为了教化众生的方便法门,不能执着,因为真如不在言说之中。对于六大波罗蜜,摩诃衍反复引《思益经》中的"千万亿劫行道于法性不增不减",否定了传统佛教所认为的修持种种善法对于明心见性必要性,进而认为"六波罗蜜等为方便显胜义,故非是不要。如胜义离言说,六波罗蜜及诸法门,不可说言要与不要"④。也就是说,六波罗蜜也是显现胜义谛的方便法门,从这个意义上看,六波罗蜜是需要的。但从胜义谛性方面来看,万法的本性都是言说道断,为了把握法性,应该摒除一切分别和外相。在终极立场上,不能纠结于以六波罗蜜为代表的诸多法门的"要与不要"的问题了。同样,对于顿渐之分,摩诃衍也认为

---

① 《吐蕃僧诤记》,第74页。
② 同上书,第111页。
③ 同上书,第84页。
④ 同上书,第113页。

"若离一切想、妄想,渐顿不可得"①。总而言之,摩诃衍认为六波罗蜜等都是方便说法,是为钝根者所设,对他们来说,方便说法就相当于药之于病人,船之于渡者,而对于解脱者来说则无所谓要与不要,恰如无病之人不言要不要药。

对于摩诃衍在这次僧诤中的主张,除了敦煌汉文写本以外,后世藏族学者也多有论及,《贤者喜宴》对摩诃衍那的观点作了如是记载:

> 凡一切均因思维而生,并以善业恶业而得善趣恶趣之果,此又循环往复。凡事无所思又无所作为,生此念后即可解脱矣!此种见解即凡事无所思也。对于布施之十法行,其所行是:向无识者、智力差者、天资愚钝者宣讲众生之善业。先是,对于修心者,悟性强者,犹如黑白二云均可遮蔽太阳一样,亦被善恶二者所蔽。故所谓凡事无思、无分别、无伺察,此即无所得,由是顿悟者则与十地相等也②。

这一记载和《吐蕃僧诤记》中所录的敦煌写本的记载大体吻合,但前者不及后者全面,虽也提到了无思、无分别,但也可以看出,摩诃衍思想中最让后世西藏僧人骇然的就是他将善业、恶业的作用等价齐观(黑白二云均可遮蔽太阳)。因为几乎所有的藏族史著都成书于12世纪以后,这时佛教观念已经深入民心,尤其是因果报应之说。所以在后世的藏文史料中,摩诃衍的这一主张被极力铺陈,受到持续批判。但摩诃衍的这些主张是约胜义谛而言的,从终极上看,从究竟上看,万法性空平等,离言说、离分别。但落实到修行实践上,则佛教所有的法门都是需要的,这也就是他自己所说的"缘凡夫众生力微,据修行理,与六波罗蜜且不相违。其六波罗蜜与诸善要行不行者,前后所对者是约胜义,不言行不行。论世间法,乃至三归依一合掌,发愿大小诸善,上下

---

① 《吐蕃僧诤记》,第101页。
② 《〈贤者喜宴〉摘译(十一)》,《西藏民族学院学报》1983年第2期。

尽皆为说，悉令修行"①。禅宗一贯认为解脱的根本是彻见清净的心体，在这个意义上，布施、行善等确实只能是钝根者、初学者入佛门的方便法，摩诃衍的主张必须在这个意义上理解方比较贴近他本人的原意。

那么，摩诃衍所提倡的"无分别"是否与"修善"对立呢？摩诃衍呈给赤松德赞的第三道表疏中，很集中地探讨了这个问题。在"表疏"的起首，摩诃衍提道：

> 其六波罗蜜等及诸善要修不修，恩敕屡诘，兼师僧寮亦论六波罗蜜等诸善，自身不行，弟子及余人亦不教修行，诸弟子互学如是。复有人奏闻。

"师僧寮"即指"婆罗门僧"，即印度僧人。通过摩诃衍的奏疏，可以看出当时印度僧人在这个问题上对摩诃衍的主张已经产生误解，并且将这种误解上达天庭，因而赤松德赞就此问题数次追问摩诃衍。摩诃衍对这个问题的回答就是上文所说的：

> 其六波罗蜜与诸善要行不行者，前后所对者是约胜义，不言行不行。论世间法，乃至三归依一合掌，发愿大小诸善，上下尽皆为说，悉令修行②。

摩诃衍将佛法分为两个层面：胜义和世俗，就胜义层面而言，因以"无分别"为终极宗旨，所以不分别"修"与"不修"；就世俗层面而言，大小诸善都要修行。这两个层面一体两面，不存在以"胜义"危害"世俗"的问题。为了进一步说明这个问题，他更为详细地阐释了自己禅门弟子的作为：

---

① 《吐蕃僧诤记》，第195页。
② 同上。

> 亦曾于京中以上三处闻法,信受弟子约有五千余人,现令弟子沙弥未能修禅,已教诵得《楞伽》一部、《维摩》一部,每日长诵。摩诃衍向此所教弟子今者各问所见解,缘布施事由,若有人乞身头目及须诸物等,誓愿尽舍,除十八事外,少有人畜直一钱物当直。亦有除声闻戒外,更持菩萨戒,及行十二头陀。兼坚固复信胜义、精进、坐禅,仍长习陀罗尼,为利益众生出家,供养三宝,转诵修善①。

所以,摩诃衍的禅门弟子,在坐禅的同时,兼修诵经、布施、持戒、诵咒、供养三宝等法门,并非只修"无分别智",这已经被摩诃衍本人讲述得十分清楚了。但近千年来,藏族史书一直诟病摩诃衍"无分别说"对善法的毁坏,这实际上是在对摩诃衍禅学思想了解不够全面的背景下,产生的误解。

(二)吐蕃禅宗思想对后世西藏佛教的影响

摩诃衍在"僧诤"后退出吐蕃腹地,但并没有阻止其思想在藏传佛教各派中的流传,这一点也是藏族僧人直言不讳的,土观说"心要派汉人呼为宗门就其实义与迦举已相同,即大手印的表示传承"②。阿芒·贡确坚赞大师说:"大手印及大圆满之名称虽不同,修习者们在修习时任何亦不作意与汉地摩诃衍那之(思想)相同。"③ 萨班在《分辨三律仪论》中也持这种观点,他认为萨迦派中也有禅宗的影子。也就是说,西藏的许多大德们认为宁玛派、噶举派,甚至萨迦派中有大量的禅宗思想遗存。

虽然如此,但吐蕃民众对这些先后传入吐蕃的禅宗内容,进行了消化、吸收,并非不加甄别地全盘接受,例如标号为S709的敦煌藏文禅宗著作《禅书》,标题下有"奉(圣)神赞普赤松德赞之命撰写"的

---

① 《吐蕃僧诤记》,第200—201页。
② 《土观宗派源流》,第222页。这里所说的"宗门",指禅宗。
③ 阿芒·贡确坚赞:《萨迦、宁玛、噶举诸宗派见地之差别略议》第46页,转引自班班多杰《藏传佛教思想史纲》,上海三联书店1992年版,第127页。

条目，其写作时间应该是赤松德赞在世的8世纪后半叶，属于初期用藏语写成的禅宗文献。宣传的是所谓"如来禅"的教义，大致内容为：

> 何起初心，受最上智之教，入大瑜伽者，先应知一切结果不在心外，知此则全净内心。然无体之象依因组合，有生与不生。不应判断或议论末端之事。（中略）入如来禅者，孩童之心、意、识全无，因其永住最上智，自觉圣智之安乐①。

这里面所说的净心无体、无心意识等，后来在宁玛派中也部分地出现了。它标志着吐蕃僧人已经开始用自己的语言、自己的思维模式来解释禅宗的内容。关于解释学在文化传播中的作用，葛兆光先生有一段精辟的论述：按照解释学（Hermeneutics）的说法，一切解释"原不过是解释者的不言自明，无可争议的先入之见"，而文化的继承、移植、改造又恰恰基于这种解释之中，当人们对历史遗留下来的文本或异域传来的文本所代表的"文化"进行这种带有"先入之见"的解释时，文本与解释者之间就构成了一种关系，这关系使文本所象征的文化遗产转换成解释所象征的新的文化成果，就像中国古人常说的那句话一样，解释如丹头一点，顿时点铁成金②。概言之，解释就意味着在自取所需的基础上，一种新的文化成果的产生。从这个角度看，《禅书》对吐蕃自己的禅宗思想的产生有着里程碑的意义。之所以作"吐蕃自己的禅宗思想"这样的界定，是由于禅宗虽然是最具汉文化特征的佛教派别，但其传入吐蕃，并不是一次简单地"移植"，而必须理解为一次"嫁接"。

到了9世纪成书的《大瑜伽修习义》（敦煌文书编号P818、S705）和《无所得一法论》（敦煌文书编号P21、P116、P118、P822、P823、S703、S707）都属于同一性质的藏人著作。根据这三部著作及其他相关文书的内容，日本学者推断围绕着它们，在当时的吐蕃出现了一个修习

---

① 《敦煌出土藏文禅宗文献的性质》，载《国外藏学研究译文集》第十二辑，第100页。
② 葛兆光：《考槃在涧》，辽宁教育出版社1996年版，第158页。

禅宗（指吐蕃式的禅宗）的派别——大瑜伽派（大成就派），他们传习的内容主要来自于禅宗，但已经出现了将禅宗和密宗结合起来的倾向①。这种发生在当时的禅密结合的倾向在《五部遗教》中也能体现出来。因为"《五部遗教》中禅宗文献的收录和对禅宗的评价，显示出了禅密融合的迹象。……认为禅宗是一种深奥的教法，甚至认为是密宗法门。《大臣遗教》第12章《渐门》中说'和尚摩诃衍讲述了禅定和瑜伽中的深奥诸法，以及殊胜瑜伽界明四合、唯一深奥之六续、心鬘二十、无心十八。'……从《五部遗教》的倾向看，对禅宗完全是一种吸纳，鲜有批评和指责，可见宁玛派早期教法体系形成时禅宗对其产生过重大的影响"②。所以有理由说大瑜伽派其实就是汉地禅宗思想向宁玛派思想的一个过渡，只是关于该派的资料稀少，其他更深入的研究还难以展开。

面对汉地禅宗的不同派别，宁玛派中的禅宗思想的渊源在哪里呢？从总体上看，宁玛派中的禅宗思想并非单传一门一派，而是进行了一定的杂糅：在立论基础上，倾向于北宗，但解脱论的部分又偏向于净众、保唐禅。这一点突出地体现在其对心体的认识上，北宗禅所言之心以"真心"为体性，以心体离念为觉，是依有一本觉之心体为前提的。而南宗禅所说的心主要以众生现实心为基础，所谓本觉的心体，并非离开众生当下一念心而另有一本体。宁玛派延续的正是前者，它认为妄心与觉性存在差别，"说心是随无明之力，起种种杂念，这个客尘的分别，则名为心。不随无明之力所染，远离二取戏论，照了此明空而又无有可取的空寂者，名为觉性"③。也是认为在心念之外别有一觉性，而且这种又被等同了自然智慧的觉性，"无来无去，无始无终，甚为希有。众生无量劫来须臾未离，不变不坏"④。也就是认为在众生心之外存在一本体性的"真心"，这一"真心"就相当于真如佛性，不生不灭。

---

① 详细内容可参阅《敦煌出土藏文禅宗文献的性质》和《敦煌出土的藏文禅宗文献的内容》。
② 《从〈五部遗教〉看禅宗在吐蕃的传播和影响》，《西藏研究》2002年第1期。
③ 《土观宗派源流》，第40页。
④ 刘立千：《藏传佛教各派教义及密宗漫谈》，民族出版社2000年版，第21页。

但在修行论上，宁玛派则更接近于净众、保唐禅，甚至于接近南宗禅，因为净众、保唐禅的后期，逐渐融向南宗禅。具体地说，宁玛派认为，"这个当下觉性，坦然放下之时，泯除善恶无记种种分别，空寂湛然，犹如晴空的中央，此则说之为道行"①。也就是任由心性舒卷，对一切善恶诸法都不作分别，不染万法，使心体恢复空寂湛然的本来状态，也就是达到了佛的境界。强调的是一种无执着的方式，只要当下一念不执，心便可超然物外，自由无碍，达到解脱。这里的不执着，既指妄也指净。而并非北宗的离妄显真，离妄显真的终极目的指向的是"净心"。

但是宁玛派到底是一个藏传佛教派别，它对禅宗思想的杂糅也是有限的，比如以"体空性不空"来释心性，在"明空双运"中，给光明以物质性的内容等，都极具藏传佛教特色。

在格鲁派兴起之前，摩诃衍的"无分别"说在西藏佛教界依旧十分盛行，据稍晚于宗喀巴的萨迦派学者高然巴·索南僧格（go-ram-pa-bsod-nams-seng-ge，1429—1489）记载，这种观点是由"以翻译月称著作而知名的尼玛扎创立的，其弟子有香·唐夏巴·意希迥乃（zhang-thang-zag-pa-ye-shes-vbyung-gnas）和玛恰·降曲尊珠（rma-bya-byang-chub-brtsun-vgrub）、噶当派的罗丹喜饶（blo-ldan-shes-rab，1059—1109）、噶举派的玛尔巴（mar-pa，1012—1197）和米拉日巴（mi-la-ras-pa，1040—1123）、萨迦派的札巴坚赞（grags-pa-rgyal-mtshan，1147—1216）、萨迦班智达（1182—1251）、仁达瓦（即宗喀巴的老师之一）等许多学者都持这种见解"②。可以说，这里提到的人物，都是宗喀巴之前西藏佛教界极负盛名的各派高僧，由此，"无分别"说当时在西藏佛教界的流行是不言而喻了。甚至连宗喀巴本人也曾经"心中颇满足于全无所许和不取任何境界之见"③。

---

① 《土观宗派源流》，第41页。
② [日]松本史朗：《宗喀巴中观思想研究》，褚俊杰译，载《国外藏学研究译文集》第八辑，第287页。
③ 《土观宗派源流》，第140页。只是此处又认为"无分别"说是尼玛扎创立的。

第二章　宋代藏汉佛教交流

宋代汉地佛教继续向前发展，但在精神风貌上发生了变化，日本学者将唐武宗灭佛前的佛教称为"哲理本位的学问佛教"，将宋代的佛教称为"实践佛教"，而且，这一阶段的佛教被认为完全从印度佛教中蜕变出来，形成中国独特的"民众佛教"①。与此同时，西藏佛教"后弘期"开启，西藏佛教进入了真正的蓬勃发展时期。"后弘期"也是真正具有西藏民族特色的佛教的形成时期。赵宋王朝中，北宋与西藏有所接触，南宋则与西藏几乎没有发生关联。虽然如此，北宋与西藏腹地几乎没有接触，而与分布在今天青海、甘肃的吐蕃部落则有较为密切的关系，这一地区是"后弘期"佛教"下路弘传"的中心。在吐蕃腹地，因为末代赞普达玛（dar-ma，约838—842年在位）的灭佛活动，佛教受到沉重打击，但与此同时，安多藏区的佛教却"呈蓬勃发展态势，9—11世纪的整整300年间，安多藏区的佛教十分繁荣，吐蕃王城青唐城成为一座规模宏大的佛教之城"②。安多藏区与北宋接界，宋代藏汉佛教交流正是在这种背景下发展起来的。北宋时期，藏汉佛教间的交流，肇始于双方僧人间的往来。

第一节　藏汉僧人之间的往来

通过各种记载可以看出，到了北宋时期，河湟地区的西藏佛教已经取

---

① ［日］高雄义坚等：《宋代佛教史研究、中国佛教史论集》，陈季菁等译，台北华宇出版社1987年版，第12页。

② 汤开建：《宋金时期安多吐蕃部落史研究》，上海古籍出版社2007年版，第420页。

得了长足的发展。当时盘踞在这一代的吐蕃①部落建立起了一个重要的政权——唃厮啰②，这是当时甘青藏族地区所建立的地方政权中有较大影响的一个。唃厮啰的首府在青唐，即今天的西宁，其辖地"占河湟间二千余里"。唃厮啰政权与佛教的关系极为密切，其政治中心青唐城不仅已有"屋至千余楹"的寺庙，而且僧人的社会地位非常高，西藏后来政教合一的雏形开始萌芽，"有大事必集僧决之，僧丽［罹］法无不免者。城中之屋，佛舍居半。维国主殿及佛舍以瓦，余虽主之宫室，亦土覆之"③。这在北宋、唃厮啰使者互相往来的过程中，已为宋代社会所熟知。而且，唃厮啰政权中几任重要的统治者无一例外地与僧人亲善。《续资治通鉴长编》卷二百二十六中说"董毡、木征多与僧亲善"④，董毡是唃厮啰政权的第二代统治者，木征则是唃厮啰的孙子，董毡的侄子。唃厮啰政权的第三代继承人阿里骨也非常崇信佛教，史书中说他"尤好营塔寺，勤于土功"，第四代统治者瞎征也大兴土木，广建寺院，"役民滋甚"⑤。

不仅如此，在当时的吐蕃诸部中，僧人因为识文断字，并且熟知天文历算、医学等知识，成为社会上受人尊崇的阶层。而僧人也利用自己的身份，调解各部落之间的矛盾，平息地方纠纷，逐渐地被一些部落推举为首领。大中祥符九年（1016），北宋与吐蕃发生了争夺陇西的"三都谷"战役，吐蕃方面的指挥者是李立遵，他曾经是僧人，而参加战役的也有僧人。到了熙宁年间（1068—1077），僧人结吴叱腊直接统领着一个人数较多的部落。

随着北宋与沿边藏族部落之间交往的频繁，僧人在宋蕃之间也起着越来越重要的作用，他们或者充当贡使，或担当招抚吐蕃部落首领的特使，或者直接参与了边界的军事斗争。

---

① 尽管北宋时期，吐蕃王朝已经瓦解，但在汉地史书中，还是称藏地为"吐蕃"。
② 唃厮啰既是吐蕃部落政权的名称，也是其第一代统治者的名字。唃厮啰政权的存在时间大致为1008—1104年间，统治者共六代，分别为唃厮啰、董毡、阿里骨、瞎征、陇拶、小陇拶。
③ （宋）李远：《青唐录》，马忠辑注，《青海地方旧志五种》，青海人民出版社1989年版，第10页。
④ （宋）李焘：《续资治通鉴长编》卷226，中华书局1985年标点本，第5501—5502页。
⑤ 同上书，卷507，第12091页。

第二章 宋代藏汉佛教交流

一 作为贡使的僧人

唃厮啰与北宋王朝时战时和，在唃厮啰政权与北宋关系良好的时候，唃厮啰就会称臣修贡。根据不完全统计，从唃厮啰本人第一次（1015）向宋朝贡，到其政权崩溃（1104）的90年间，唃厮啰及属下河湟吐蕃大首领向宋朝进贡45次，而宋朝对他们回赐或封赐则有150余次之多①。唃厮啰派出的贡使中，有一部分是僧人。

吐蕃僧人与朝贡事件相关联的记载，最早出现在开宝六年（973），这一年，"凉州令步奏官僧吝毡声、逋胜拉蠋二人求通道于泾州以申朝贡，诏泾州令牙将至凉州慰抚之"②。

之后，僧人作为贡使，越来越多地出现在各类记载中：

大中祥符四年（1011），"西凉府六谷都首领厮铎督遣僧蔺毡单来贡，赐紫方袍"③。

天禧三年（1019）二月，唃厮啰、李立遵派遣僧景遵等入贡。④

庆历四年（1044），蕤川首领瞎毡派遣僧人进贡名马。⑤

治平元年（1064），"秦凤路经略司言，西蕃唃厮啰进奉首领沈遵太师乞换汉官。其沈遵元系磨角下蕃僧，每月支彩一匹，乞与换本族正军主，请受依旧，从之"⑥。

吐蕃部落之所以会派僧人进贡，最主要的原因是因为僧人是当时吐蕃社会中的知识阶层，他们见多识广，有较强的应对能力，而朝贡——赐赏本身就是一种变相的政治活动和经济贸易活动，这需要贡使通过自己的应对，争取本民族利益的最大化。而且，他们有时还要接受北宋皇帝或者大臣对于吐蕃民情等的询问，这也需要贡使应对得体。《续资治通鉴长编》记载：宋神宗在元丰七年（1084）手诏李宪"尔宜亲阅其

---

① 祝启源：《唃厮啰——宋代藏族政权》，青海人民出版社1988年版，第228页。
② 《宋史》卷492，中华书局1985年版，第14153页。
③ 《续资治通鉴长编》卷76，第1739页。
④ 同上书，卷93，第2137页。
⑤ 同上书，卷153，第3726页。
⑥ （清）徐松辑：《宋会要辑稿》（八），中华书局1957年影印本，第7820页下栏。

实,加意潜谋审念之。又得译录到温锡心等蕃字,及遣来蕃僧禄尊口陈边谋,甚悉。苟真如来约,是大利也"① 就是一例。加之贡使在某种程度上代表进贡民族的形象,中原地区在藏民族的眼中是文殊菩萨的教化之地,属于文教事业很发达的地区,因此,派出有一定文化素养的贡使也是很正常的。当然,这也是藏族僧人社会地位提高的折射,贡使必定是社会上地位较为尊贵者。现代的学者认为吐蕃首领派僧人朝贡的理由有两个:

> 一是僧人在吐蕃社会中的权威和威望,外来的力量首先应当加强这个阶层的权威和威望,他们也应该先于当地俗民首先接触外来者,实现上述神话结构上的权威和威望的等级衔接;这一外来的力量才不至于颠覆当地的权力和等级结构。事实证明,这样做是和宋廷衔接的。二是基于他们对宋廷的判断:宋廷是信仰佛教的。宋地不仅有大量的佛教寺院和僧尼,宋廷对沿边地带的寺庙如此重视,不予破坏;非但不破坏,还拨出专门的经费修缮;更进一步说,宋廷派往吐蕃的重要的和关键的使臣差不多都是僧侣。既然宋廷如此重视通过佛教使者来和我进行沟通,我当然也应派出同样级别和性质的使者。派不出,是一种丢份的事;不派,表明和对方有隔阂。在身份和交通宋廷的双重需求下,吐蕃派遣贡僧远赴宋廷势在必行。②

另外,北宋也派遣一部分归服的"蕃僧"到吐蕃部落中,完成各种各样的任务,见于史书记载的有:元符二年(1099),"经略司遣蕃僧往青唐及乔家族上下体问"。宋孝宗时,"蕃僧六彪同王嗣祖联络吐蕃图金"。嘉定七年(1214),"蕃僧减波巴波等赍蜡书二丸至西和州宕昌寨,议攻金"③。

---

① 《续资治通鉴长编》卷349,第8376页。
② 陈波:《朝廷与藏传佛教》,载香港中文大学中华文化研究所编《二十一世纪》,2007年8月号,总第102期。
③ 《宋金时期安多吐蕃部落史研究》,第441页。

除了派遣僧侣作为贡使,沿边的吐蕃部落还要求给一些重要的僧人赐师号、金字牌、授紫衣。元丰二年(1079),"董毡贡奉大首领景青宜党令支等辞……因奏本土永宁寨赐紫蕃僧实宁巴、李锡新等已授紫衣,愿赐师号……上令谕押伴官具奏以闻,皆从其请"①。

此外,大中祥符八年(1015),北宋著名边将曹玮上书说泾原掌事蕃僧哩硕琳布齐等四人,乞赐紫方袍、师号,朝廷满足了其请求。天禧三年(1019),朝廷下诏赐秦州永宁寨蕃僧策凌班珠尔、伊朗颇斡二人紫衣,这是因为曹玮上书说这二人"屡经指使故"。天禧四年,赐故秦州蕃僧努卜诺尔弟子莽布玛喇干紫衣,"以本州钤辖言其干事故"。至和元年(1054),秦凤经略司上书请求对瞎毡之兄、僧人遵锥格赐紫衣,每月赐给小彩一匹,散茶三斤。②据统计,终北宋一朝,接受中原王朝赐紫衣、师号、金字牌者共有13例,涉及僧人16名。③

从上面的史实可以看出,凡是被北宋政府赐紫衣、师号的藏区僧人,几乎都是对宋朝的边政有所裨益的僧人,或者是在吐蕃部落中拥有实权的僧人。这部分僧人通过边臣请求中央政府封赠行为,反映出他们对北宋中央王权的认可、重视。另外,赐紫色袈裟或者法衣是肇始于武则天时代的、对汉族僧人的特殊恩遇,而宋代吐蕃的僧人已经熟知了汉地的这一传统,并且主动要求与汉地僧侣取得相同的待遇,反映出藏族僧人对汉地文化传统的认同与回归。

二 北宋道经吐蕃求法的汉地僧人

入宋以后,经过吐蕃地界西去求法的僧人主要有继业。乾德四年(966年),僧人行勤等157人向宋太祖赵匡胤上书,请求允准往西域求佛书,获准。这个大规模的往天竺取经的僧团,宋朝范成大所作之《吴船录》有较为详细的记载,其中说到有一僧人名叫继业,"姓王氏,

---

① 《续资治通鉴长编》卷298,第7256—7257页。
② 《续资治通鉴长编》卷84,第1917页;卷93,第2135页;卷96,第2229页;卷176,第4258页。
③ 参见《宋金时期安多吐蕃部落史研究》,第443—444页。

耀州人,隶东京天寿院。乾德二年,诏沙门三百人,入天竺求舍利及贝多叶书,业预遣中。至开宝九年,始归寺。所藏涅槃经一函,四十二卷。业于每卷后,分记西域行程,虽不甚详,然地里大略可考"。① 《吴船录》中所说的"乾德二年"(964),《宋史》、《宋会要辑稿》都写作"乾德四年";"三百人"同样也被写作"一百五十七人"。他们循西域道入印度,巡游了包括那烂陀寺在内的中天竺的佛教遗迹。在返回时,继业循吐蕃道,经由桑耶寺而到达阶州,最后在峨眉山落脚建寺,终老于此。《西域行程》在讲述继业的归途时说:

> 自此渡河,北至毗耶离城,有维摩方丈故迹。又至拘尸那城及多罗聚落。逾大山数重,至泥波罗国。又至摩逾里,过雪岭,至三耶寺,由故道自此入阶州。太祖已晏驾,太宗即位,业诣阙进所得梵夹、舍利等,诏择名山修习。登峨眉,北望牛心,众峰环翊,遂作庵居,已而为寺,业年八十而终。②

在这条返回路线中,"三耶寺"指的就是桑耶寺,摩逾里是指芒域地区,今西藏日喀则地区吉隆之南部,这里自古以来是西藏通往尼泊尔的一条重要通道。③ 所以,继业是从尼泊尔越过喜马拉雅山脉,进入西藏,顺便游历了桑耶寺后,才从昌都、甘孜地方到了阶州。桑耶寺是西藏历史上第一座佛、法、僧都具备的寺院,即便在达玛灭佛期间,也没有被摧毁。"后弘期"伊始,桑耶寺再次成为卫藏地区的佛教中心之一。继业游历桑耶寺的举动,显示出桑耶寺的声誉已经远播到汉僧之中。

此外,《宋史·吐蕃传》记载,乾德四年,"知西凉府折逋葛支上言:有回鹘二百余人、汉僧六十余人自朔方路来,为部落劫略。僧云欲往天竺取经,并送达甘州讫。诏褒答之"。④ 这里所说的汉僧,被学者

---

① (宋)范成大:《吴船录》,中华书局1985年标点本,第204页。
② 《继业西域行程》,《大正藏》第51册,第982页中。
③ 祝启源:《唃厮啰政权对维护中西交通线的贡献》,《中国藏学》1998年第1期。
④ 《宋史》卷492,第14153页。

认为很可能就是行勤一行中的一部分僧人①。凉州（西凉府）、甘州在北宋时，城中居民主要是吐蕃部落，确切地说，是汉人"吐蕃化"后形成的部落，他们"例会汉言，颇识文字"②，对行勤一行了解西藏佛教提供了方便。

唐宋时期，在"蕃尼古道"上的汉地僧人络绎不绝，季羡林先生评述道："在短时间内有这样多的人走尼波罗道是空前的也是绝后的。"③但这些僧人在西藏的具体活动则鲜有记载，究其原因，一则是因为北宋同期，西藏的史书匮乏，所以很难留下详细的记载。二则是由于语言不通，这批汉僧在吐蕃也许并没有太多的活动，只是一些匆匆过客而已。

但是，无论怎样，如此多的僧人途经吐蕃，增进了吐蕃对汉地佛教文化兴盛程度的了解。

三 智缘与吐蕃诸部宗教势力

因"蕃僧"的特殊身份及其对西藏政治重要影响，北宋王朝便利用吐蕃"重僧"的特点，借助蕃僧为其服务。乾兴元年（1022）十一月，宗哥唃厮啰、李立遵遣人到泾原路部署司要求内附，宋朝持有戒心，于是"遣蕃僧一人及先捕得谍者抹啰，与来使同入宗哥"④刺探虚实，以资边务防备。一些吐蕃僧人因此而受到宋的嘉奖。北宋王朝也利用吐蕃重僧习俗，借助汉僧为其服务，其中非常著名的就是智缘。

智缘在《宋史》中有专门的传记：

> 僧智缘，随州人，善医。嘉祐末，召至京师，舍于相国寺。每察脉，知人贵贱、祸福、休咎，诊父之脉而能道其子吉凶，所言若

---

① 参见黄胜璋《〈西天路竟〉笺证》，《敦煌学辑刊》1984年第2期。
② 《续资治通鉴长编》卷51，第1122页。
③ 季羡林：《中印文化关系史论文集》，生活·读书·新知三联书店1982年版，第87页。
④ 《续资治通鉴长编》卷99，第2302页。

神，士大夫争造之。王珪与王安石在翰林，珪疑古无此，安石曰："昔医和诊晋侯，而知其良臣将死。夫良臣之命乃见于其君之脉，则视父知子，亦何足怪哉！"

熙宁中，王韶谋取青唐，上言蕃族重僧，而僧结吴叱腊主部帐甚众，请智缘与俱至边。神宗召见，赐白金，遣乘传而西，遂称"经略大师"。智缘有辩口，径入蕃中，说结吴叱腊归化，而他族俞龙珂、禹藏讷令支等皆因以书款。韶颇忌恶之，言其挠边事，召还，以为右街首坐，卒。①

《宋史》并未提到智缘的生卒年，所以，我们只知道智缘是随州（今湖北随州市）人，嘉祐末年（1062年前后）被征召到汴梁的相国寺。智缘在前往熙河之前，以"善医"而闻名，《东轩笔录》卷七说他"尝以医术供奉仁宗、英宗"②。因此，智缘并非一般意义上的擅长医术，他能为宋仁宗、英宗诊病，可见其医术非常高超，或者说是以医术高超而闻名于当时，并进而为朝廷所知所用。熙宁四年（1071），王韶前往熙河地区时，携带智缘一同前往，目的在于招纳当地的吐蕃部落，而且最后也取得了成功。智缘被派往藏汉边界的原因是因为"蕃族重僧"，这是依俗化导的策略。

智缘到熙河以后，果然不负众望，直接说服作为吐蕃部落首领之一的僧人结吴叱腊归附宋廷。结吴叱腊当时是宋蕃边界上一个重要的僧人，《续资治通鉴长编》中记载：

先是，蕃僧结吴叱腊及康藏星罗结两人者潜迎董裕，诣武胜军，立文法，谋姻夏国，有并吞诸羌意。③

根据《西夏书事》记载，董裕向西夏请求联姻在熙宁三年（1070）

---

① 《宋史》卷462，第13524页。
② （宋）魏泰：《东轩笔录》卷7，中华书局1983年版，第82页。
③ 《续资治通鉴长编》卷213，第5188页。

六月。董裕有时也被写作董容、董谷，他是唃厮啰政权第二代统治者董毡的族弟，一向和董毡不和，所以结吴叱腊和康藏星罗结正是看到了这一点，将其迎往武胜军（临洮），目的是吞并藏族的其他部落。结吴叱腊有这样的想法，表明其势力不弱，而且他也有取代董毡政权的意图。这样一个人物能在智缘的游说下顺利归附，可以对其他吐蕃首领起到示范的作用，进而对北宋熙河地区的形势产生重要的影响。

除了结吴叱腊，《宋史》说"他族俞龙珂、禹藏讷令支等皆因以书款"，《续资治通鉴长编》的一条注中则说"瞎药、俞龙珂、裕勒藏、纳克凌结与巴勒凌结等族帐，皆因智缘以蕃字来输款"。① 这两条资料中提到的俞龙珂是青唐族②的大首领，而青唐族是当地吐蕃大部族，有部众12万人。俞龙珂在归附宋朝以后，被赐名包顺。

禹藏讷令支在《宋史》中仅出现了这一次，因而所指不详，也有可能是《续资治通鉴长编》中"裕勒藏、纳克凌结"的缩略写法。裕勒藏纳克凌结是兰州一带吐蕃部落的首领。

至于瞎药归顺宋朝则和智缘有一定的关系。瞎药是俞龙珂的兄长，同时也是河州吐蕃大首领木征的谋士。木征虽然是唃厮啰的长孙，但因其父瞎毡失宠，唃厮啰将政权传给幼子董毡，所以瞎毡到木征这一支遂成为唃厮啰政权之外的吐蕃部落。关于瞎药与木征的关系，《宋史·吐蕃传》中说：

> 瞎毡死，木征不能自立，青唐族酋瞎药鸡啰及僧鹿遵迎之居洮州，欲立以服洮、岷、叠、宕、武胜军诸羌。秦州以其近边，逐之，乃还河州，后徙安江城，董毡欲羁属之，不能有也。③

可见，木征在其父之后，因为无法自立，所以被瞎药及另外一名僧

---

① 《续资治通鉴长编》卷226，第5504页。
② 此处的青唐族，并非指青唐城（西宁）的吐蕃族，而是指熙河地区古渭寨境内的青唐族。
③ 《宋史》卷492，第14167页。

人鹿遵拥立，作为一面旗子，试图号令洮州近边的吐蕃部落。不仅如此，瞎药还将妹妹嫁给木征为妻，双方有姻亲关系。而木征归顺宋朝，按照《宋史》的记载则和智缘有直接关系：

> 王韶经略熙河，遣僧智缘往说之，啖以厚利，因随以兵；前后杀其老弱数千，焚族帐万数，得腹心酋领十余人，又禽其妻子，皆不杀。遂以熙宁七年四月举洮、河二州来降，赐以姓名，拜荣州团练使。①

导致木征归顺朝廷的原因可能最主要的是宋朝的军事行动，但此前智缘已经和木征有过接触，并以厚利相诱了。《宋会要辑稿》明确地记载了这件事情："熙宁初，王韶领洮河安抚司，李宪为之助，自古谓[渭]寨接青唐武始郡，招纳蕃部，与通市易，募人营田，遣僧智缘，啖木征以厚利，因以兵往，未能得其要领。"② 虽然木征在归附前已经和瞎药分裂，但在智缘的前期活动中，则必然和瞎药也有过接触，故而《续资治通鉴长编》才将瞎药以"蕃字来输款"的功劳归在智缘身上。

巴勒凌结则有可能是兰州一带吐蕃首领巴令谒。

熙宁五年（1072），智缘因为在宋蕃边界的突出表现，在王安石的支持下，很快获得了一个尊号。关于这个尊号的来源和具体名称，不同的史书记载略有出入。按照《宋史》记载，这个尊号为"经略大师"，并且肯定是朝廷封赠的。《续资治通鉴长编》的记载略有不同："昔熙宁中，王韶开拓熙河，王安石使其门僧智缘随韶，诱说木征，时人号为'安抚大师'。"③ 这条记载中，智缘的称号不仅有所变动，而且好像这个称号并非来自官方，而是来自民间。《东轩笔录》上则说"自称经略大师"。综合起来判断，这个尊号应该是朝廷的封赠。但朝廷给智缘尊号的目的一方面是酬其功劳，另一方面是为了让他在招抚吐蕃部落时筹

---

① 《宋史》卷492，第14168页。
② 《宋会要辑稿》（八），第7824页下栏。
③ 《续资治通鉴长编》卷465，第11124页。

码更重，因为王安石在提到这件事时说："蛮夷见王灵所加则乡服，乡服则易附。"①

除了智缘，另外一个以僧人身份出使吐蕃的就是刘涣。《清波杂志》卷十中讲："康定二年，刘涣奉使入西羌，招纳唃厮啰族部。蕃法，唯僧人所过不被拘留，资给饮食。涣乃落发僧衣以行。"②

四 当巴桑结与汉地佛教

一般认为，北宋时期，西藏腹地的佛教与汉地的佛教联系中断，而甘青边地的佛教则与汉地佛教之间的联系较为紧密，但汉地的佛教与西藏腹地的佛教并非全无关系，这主要体现在希解派和觉域派的传承上师——当巴桑结（dam-pa-sangs-rgyas，？—1117）与汉地佛教的关系中。当巴桑结是南印度高僧，他先后数次进入西藏传播教法，并由此发展出了希解派和觉域派的教法。据当巴桑结的传记记载，他晚年曾经到过五台山，并在前往五台山的路上，遇见了文殊菩萨化身的老仙人，他要求当巴桑结一天之内前往印度金刚座（rdo-rje-gdan），拿回《尊胜母陀罗尼经》（rnam-par-rgyal-mvi-gzungs），消除当地正在盛行的瘟疫，当巴桑结表示金刚座太远，一天之内根本无法到达，于是：

> 老仙人说："到上面的山洞去吧！那有。"尊者就朝上走，来到岩洞之后，金刚座刹那显现，礼绕后取了《尊胜陀罗尼经》，息灭了当地的瘟疫。后来这个岩洞被称为金刚窟。其遗址至今还在，有关此事的记载石碑也还在，只不过尊者在那个叫当巴桑吉而是用梵名佛陀波利。

> 此后尊者真实的在五台山刹土中，拜见了文殊菩萨及其眷属，并在五台山住修。示现了能定住太阳等种种成就，汉地的国王大臣们对尊者非常信敬。圣当巴桑吉将汉地很多有缘的众生安置在安乐

---

① 《续资治通鉴长编》卷230，第5595页。
② （宋）周煇：《清波杂志校注》，刘永翔校注，中华书局1994年校注本，第426页。

道上，并修建了则刚萨拉寺（tsi-tsu-sa-ra）。

……

在五台山保存着圣当巴桑吉和文殊菩萨见面的布置及在尊者莅临的岩洞"金刚窟"中作有一碑铭，上面刻记有尊者的事迹，现在朝拜五台山的人还能清楚地看见，据说圣当巴桑吉在汉地住十二年。对于尊者到中土汉地有说是入藏第四次后去的也有说是第五次以后去中土的，说法不一①。

这段引文来自于确吉桑格所做的《当巴桑吉传》（成书于19世纪末），其所记载的当巴桑结事迹与唐代罽宾国佛陀波利的事迹几乎如出一辙。《大正藏》中所收的《佛顶尊胜陀罗尼经序》也提到唐高宗仪凤元年（676），佛陀波利到五台山遇见文殊菩萨化身，命其回国取回《佛顶尊胜陀罗尼经》。当巴桑结藏文传记中也明确地提到"只不过尊者在那不叫当巴桑吉而是用梵名佛陀波利"。不仅如此，在《当巴桑吉传》中，当巴桑结还和吐蕃时代参与"顿渐之诤"的印度高僧莲花戒、禅宗祖师菩提达摩身份事迹纠合在一起，并提到他在人间住了570年，如此一来，当巴桑结在跨越唐宋、并且实现身份的自由转化在逻辑上就成为可能。

但是，在目前所见的藏族史料中，只有这部传记和《安多政教史》（成书于1865年）明确提到当巴桑结到过五台山，也就是说直到19世纪中后期，当巴桑结去过五台山的说法才出现在藏史中。其他藏族史籍如成书于1476—1478年间的《青史》、成书于1801年的《土观宗派源流》都只提到当巴桑结到过汉地②。而成书更早的《汉藏史集》（成书于1434年）则提到当巴桑结只到过西藏三次，当然也就不存在第五次

---

① 确吉桑格：《当巴桑吉传》，法灯译，福建莆田广化寺佛经流通处印，第39页。同时参见《pha-dam-pa-dang-ma-cig-lab-sgron-gyi-rnam-thar-bzhugs-so》（《帕当巴和玛吉拉尊传》藏文本），青海人民出版社1992年版，第49页。根据这个传记，一些学者认为当巴桑结的确到过五台山，如德吉卓玛的《帕·丹巴桑杰生平事迹考述》（《中国藏学》2014年第2期）。
② 桂·勋努贝《青史》（藏文）提道：第五次是从此地（藏地）去汉地，居住12年后，返回定日（四川民族出版社1985年版，第1019页）。《土观宗派源流》（第88页）中则称："当巴入藏凡五次，在第五次时又从藏地游历到了汉土，所以在汉地名声亦大。"

第二章 宋代藏汉佛教交流

到达汉地之说①。所以,当巴桑结是否到过汉地仍然是存疑的,但他的教法传到汉地是肯定的,最为有力的证据就是在《俄藏黑水城文献》中,留存下了和当巴桑结教法有关的汉文文献:《四字空行母记文卷上》和《甘露中流中有身要门》。即便如此,这些材料"仍难作为帕当巴桑杰来过汉地的直接证据,但至少说明他的教法(或曰小黑足师/少黑法师的教法)已经在西夏时代的汉文化圈中流传"②。

因此,藏文史籍中记载宋朝时,当巴桑结去过五台山只能理解为后世的穿凿附会③,《佛顶尊胜陀罗尼经》在唐代已经译出,到宋时"文殊菩萨"还要求当巴桑结去取回这部经就没有任何必要性。另外"金刚窟"在唐代就存在,不可能直到宋朝时,当巴桑结取出经书的山洞才被称为"金刚窟"。《当巴桑吉传》中还有一种说法是:"帕·丹巴桑杰第四次来到西藏后,经多康上、下部,为信众传授了适宜于各自的各种教法后,前往五台山游方,教化中土群生,并修建了数座佛殿或寺庙,之后,返回印度。"④"多康"指今甘、青、川、滇藏区,当巴桑结在这一带传法应该是真实的。据《安多政教史》记载,在青海的贵德地区还有一座摇铃塔(mchod-rten-dril-gsil-ma),里面有他的锡杖,他从这里"飞行"去了五台山。所以,无论是在《当巴桑吉传》还是在《安多政教史》中,当巴桑结在青海之后的去向都成了荒诞不经的情节。据此,他也有可能是圆寂在了甘青藏汉交界区,然后被附会为去了五台山。在藏文当巴桑结的传记中,佛陀波利故事的代入,是藏传佛教五台山情结的继续展开。当巴桑结既然到过汉人居住区,他的教法也被译成了汉文,而五台山又是汉地佛教的代表,那么,当巴桑结"顺理成章"地就"去了五台山"。

除了僧人之间的往来外,大中祥符七年(1014),在归义军节度使

---

① 参见《汉藏史集》,第279页。
② 孙鹏浩:《有关帕当巴桑杰的西夏汉文密教文献四篇》,载沈卫荣主编《文本中的历史——藏传佛教在西域和中原的传播》,中国藏学出版社2012年版,第96页。
③ 德吉卓玛在《帕·丹巴桑杰生平事迹考述》(《中国藏学》2014年第2期)中则认为"帕·丹巴桑杰从藏地前往汉地布道传教确信无疑"。
④ 《帕当巴和玛吉拉尊传》(藏文),第37页。

曹贤顺的请求之下，朝廷对吐蕃地方"仍赐以金字藏经及茶、药等"。①敕赐藏经可以更直接、更正面地推进双方佛教的认同与交流。

第二节 广仁禅寺与藏汉佛教交流

从宋朝的角度看，由于唃厮啰等吐蕃部落"其国大抵吐蕃遗俗也。……尊释氏"②，宋朝便因势利导，"以蕃俗佞佛，故以佛事怀柔之"③，借助宗教羁縻吐蕃诸部，具体措施之一就是"乃敕数州皆建佛寺"④。熙宁五年（1072）十月，熙州建"大威德禅院"；六年（1073）十月，河州建"广德禅院"；同年十一月，熙州又新建"东山禅院"与"东湖禅院"，并赐名为"慈云"与"慧日"；元丰七年（1084）八月，岷州又新建"广仁禅院"。数年之间，汉藏交界区佛寺接踵而起，其目的就是想用"塔庙的威严"来改变吐蕃民风，求得与北宋王朝的文化认同，取得牵制西夏的效果。为达到这一目的，广仁禅院修成后，"给官田五顷，岁度僧一人"⑤。史料中虽无明确记载这些寺院所弘传的教法属于汉传佛教还是藏传佛教，但留存下来的《广仁禅院碑》却给我们提供了有力的证据。通过此碑文，可以肯定的是以广仁禅院为代表的汉藏边界地带的寺院，所弘传的佛教既不属于纯粹的藏传佛教，也不属于纯粹的汉传佛教，而是处于汉藏民族交融地带的、典型的汉藏交融的佛教，这是因为：

其一，碑文中描述"西羌"僧人们："其诵贝叶傍行之书，虽侏离缺舌之不可辨，其音朗然，如千丈之水赴壑而不知止"，显然，僧人们念诵的是和汉文经书不同的藏文或梵文经书。另外，值得注意的是《广仁禅院碑》的撰写者王钦臣，并没有深入吐蕃腹地的经历，他所记

---

① 《续资治通鉴长编》卷82，第1871页。
② 《宋史》卷251，第14163页。
③ （民国）张维：《陇右金石录》卷3，民国三十二年甘肃省文献征集委员会排印本。
④ 《新修广仁禅院记》，载甘肃省岷县志编纂委员会办公室编：《岷州志校注》，岷县印刷厂1988年版，第286—287页。
⑤ 《续资治通鉴长编》卷254，第6211页。

载的就是北宋汉藏边地的佛教发展情况,通过他的记载可以看出当地藏传佛教已经非常兴盛了,僧人念经"其音朗然,如千丈之水赴壑而不知止",这种气势显然不是少数僧人念经时所能具备的,它反映出当时这一地区的藏族僧人人数已比较多了。其二,广仁禅院在修建的过程中,"赵醇忠、包顺、包诚,皆郡之酋豪,凡施财造像,三人之力居多",这里提到的赵醇忠、包顺、包诚都是岷州当地的藏族首领。其中,赵醇忠的藏文名字为巴毡角,是唃厮啰的孙子,木征的弟弟,熙宁六年投降王韶,赐名赵醇忠,这是唃厮啰后代中十分重要的一支。包顺即俞龙珂,青唐大首领,熙宁四年(1071),率领十二万人降宋,因羡慕包拯之忠诚,请求赐姓包。其三,碑文中提到建此寺是因为当地僧人"知佛而不知戒,则塔庙尊严以示之",因而此寺成为藏族僧人严守戒律的一个场所。其四,广仁禅院中弘传的佛教,也深受汉地佛教的影响,这主要因为主修该寺的僧人海渊虽为岷州人,但是,他是一个"其道信于一方,远近归慕者众"的汉僧[①]。另外,从碑文中我们还可以看出,当时此地藏传佛教发展具有明显的特点:宗教活动以个人的念经、坐禅为主,寺院数量也极少(碑文中提到僧人在秋冬之间,安坐于庐室之中),注重坐禅的修行方式,应该也与汉地佛教影响分不开。

第三节 汉地罗汉信仰对西藏罗汉信仰的影响

随着汉藏两地佛教界交往日益紧密,两地佛教文化上的交流也在不断深入。其中,较为突出的就是宋代汉地非常盛行的罗汉信仰传入西藏。西藏罗汉信仰在"前弘期"并不发达,遗存下来的艺术作品也寥寥无几。到了"后弘期"形势发生变化,罗汉信仰在西藏开始兴盛,几乎所有的寺院里都开始出现罗汉雕像、壁画,罗汉也成为唐卡的主要素材。西藏罗汉信仰的兴盛除了受阿底峡尊者的影响之外,汉地罗汉信仰的兴盛也对其产生了重要影响。在汉地,"两宋之间,罗汉观念最为

---

① 《新修广仁禅院记》,《岷州志校注》,第286页。

发达，五百罗汉信仰臻于鼎盛……造像亦直承唐风，且兼受西竺影响"①。据记载，"后弘期"伊始，宋代十六罗汉就由汉地传入西藏，这和开创"后弘期"的重要人物之一——鲁梅粗掣喜饶（klu-mes-tsul-khrims-shes-rab）有密切关系。按照《西藏宗教艺术》的观点：

> 当鲁梅仲群访问汉地期间，他已画好了十八幅唐卡。其中除了鲁梅以汉地十六尊者雕塑像做模特绘制的十六尊者以外，还有一幅释迦牟尼像唐卡和一幅居士羯摩扎拉像唐卡。这些唐卡是鲁梅仲群一天一幅绘制而成的，在他返回时将十八幅唐卡带回了西藏，供奉在查叶尔巴寺。鲁梅仲群还带回了一部从汉地文书部获取的《弥勒授记经》抄本和一份汉地皇帝邀请十六尊者入中原讲法的邀请信抄件。②

内容相似的记载也出现在《如意宝树史》中，只是详略程度有所不同。鲁梅大约在975年从安多返回卫藏③，鲁梅在安多的活动区域虽然只是在今天的青海，但当时此地汉藏佛教都在弘传，鲁梅受戒时就有汉族僧人作尊证师，所以他带回有汉地风格的十六罗汉像也很正常。

鲁梅将十六罗汉像带入西藏后，西藏的十六罗汉信仰也逐渐盛行起来。在佛教造像艺术方面，公元12世纪前后，罗汉造像开始在寺院里逐渐增多，桑耶寺、昌珠寺、赛嘎古多寺、提吉寺、拉木龙寺、扎囊寺等都保存着这一时期的罗汉壁画。在信仰方面，随着罗汉造像的传入，罗汉供养法也兴盛起来，《如意宝树史》中说："那塘寺内亦塑有十六罗汉像，且供养兴盛，秦一切知和洛扎二人曾著十六罗汉'三修文'。十六罗汉修法之传承为阿底峡、唯识班琼、俄·绛曲迥乃、博多哇、夏尔哇、甲文巴坚巴、象沟次巴、玉哇热敦、桑杰岗巴、秦·南喀扎巴、

---

① 沈柏村：《罗汉信仰及其造像艺术》，《青海社会科学》1997年第3期。
② 扎雅：《西藏宗教艺术》，谢继胜译，西藏人民出版社1989年版，第157页。
③ 王森：《西藏佛教发展史略》，中国社会科学出版社1997年版，第27页。

久敦、江若绛本、秦·洛桑扎巴等。"①

因为与汉地罗汉信仰存在着密切的关系，西藏的罗汉信仰从表现形式到内容都打上了汉地佛教的烙印。11世纪扎塘寺壁画中的罗汉，宽袍广袖，衣褶流畅细密，脸庞面容也更多地具有"中国人的面相特征"（the Chinese phionmey）②。所以，如果将这些罗汉像与两宋时期内地人物绘画相比，不难发现它们的相似之处，人物五官的刻画，胡须毛发的处理，这些微妙的细节往往可以体现出内地人物画艺术手法的影响痕迹。而西藏"后弘期"早期佛画中的汉地艺术因素，可以从西北地区释道绘画中寻找其渊源，典型的例证就是有一幅流落国外的宋朝僧人的图像，僧人须发的画法与扎塘寺如出一辙③。西藏壁画、唐卡等佛教艺术中对罗汉的塑造形式，从宋代开始就受汉地佛教艺术的影响，并且，随着汉藏佛教的交流，其汉族因素越来越多。

另外，西藏罗汉信仰由十六罗汉增至十八罗汉，也深受汉地佛教的影响。在汉地，7世纪玄奘翻译的《大阿罗汉难提蜜多罗所说法住记》（简称《法住记》）是十六罗汉信仰的基础。《法住记》译出后，十六罗汉信仰日渐隆盛，9—10世纪，又发展出十八罗汉及五百罗汉的信仰。十六罗汉演变为十八罗汉，根据周叔迦的观点，主要"是从绘画方面造成功的"。根据周叔迦的介绍，现在所知最早的十八罗汉像是前蜀（907—925）简州金水张玄画的十八阿罗汉，苏轼得之于儋耳（今海南境内），于是题了十八首赞，但未标出罗汉名称。其次是贯休（832—912）画的十八阿罗汉，苏轼自海南归，过清远峡宝林寺见之，为之作赞十八首，每首标出罗汉名称，于十六罗汉外第十七为庆友尊者，即《法住记》的作者，第十八为宾头卢尊者，即十六罗汉中宾度

---

① 《如意宝树史》，第506页。

② Michael Heness: *A Unique Treasure of Early Tibetan Art: The Eleventh Century Wall Paintings of Drathang Gonpa*. Orientation, Vol. 25. No. 6, June 1994（米歇尔·汉斯：《早期西藏艺术的唯一瑰宝——11世纪的扎塘寺壁画》，《东方文化》1994年第6期）。这里所说的"中国人"，指的是汉地中原人氏。

③ 张亚莎：《11世纪西藏的佛教艺术——从扎塘寺壁画研究出发》，中国藏学出版社2008年版，第95页。

罗跋啰惰阇的重出①。也就是说，从唐末五代开始，汉地十八罗汉的信仰已经逐渐盛行，宋代达到极盛。苏轼和宋代的葛胜仲都设供礼奉十八罗汉，葛胜仲的《丹阳集》卷九也收录了一则《十八罗汉赞并序》。释惠洪的《石门文字禅》卷十八中收的《绣释迦像并十八罗汉赞并序》中提到的最后两位罗汉也是庆友和宾头卢尊者。

十六罗汉演化到十八罗汉的原因还不是很清楚，一种较为普遍的说法是十八由"九九"组成，而九为中国的吉数，这也算是应民族心理而产生的。但汉地罗汉数字上的推演很快也影响了西藏，西藏佛教的罗汉信仰也由最初的十六罗汉增至十八罗汉。西藏十八罗汉出现的时间，据研究者推断，应该在14世纪之前，"因为14世纪的唐卡和断代在1435年的藏文绘本的罗汉中已经有布袋和尚造型的和尚和达摩多罗，所以，布袋和尚演变为藏地十八罗汉中的'和尚'应在此之前"。② 也就是大概在元代。

西藏十八罗汉中增加的后两位为达摩多罗与和尚尊者，他们与汉地佛教的联系更加密切。许多研究者认为达摩多罗就是汉地禅宗的初祖菩提达摩，尽管这一观点也被一些研究者质疑，但"可以确定的是，藏传佛教罗汉图像中'达摩多罗'的得名源于吐蕃时期与保唐禅相关的禅宗信仰，然而仅仅是名称而已"。③ 至于和尚尊者，主要有两种解读：一种认为他是摩诃衍。戴密微认为其名字在"藏族人中则以摩诃衍和尚或大乘和尚之名而为人所熟悉，他是敦煌的一名汉人，曾向吐蕃传播被称为禅宗的汉传佛教，并于8世纪末的汉—印僧诤会期间捍卫过禅宗教理"。④ 中国部分学者采纳了这一观点，并评述说"从前弘期被尊为十八罗汉之一，到后弘期被贬为异端邪说的代表，和尚摩诃衍于西藏之

---

① 《周叔迦佛学论著集》，中华书局1991年版，第708页。
② 谢继胜、高贺福：《杭州飞来峰藏传石刻造像的风格渊源与历史文化价值》，《西藏研究》2003年第2期。
③ 谢继胜：《伏虎罗汉、行脚僧、宝胜如来与达摩多罗——11至13世纪中国多民族美术关系史个案分析》，《故宫博物院院刊》2009年第1期。
④ 戴密微：《达摩多罗考》，郑炳林主编：《法国藏学精粹》（②），耿昇译，甘肃人民出版社2011年版，第334页。

地位和形象可谓一落千丈。而造成这种变化的原因显然不在于和尚摩诃衍本身，而是西藏后弘期史家有意创造传统的结果"①。

另一种解读认为他是布袋和尚，桑杰扎西在《藏传佛教绘画中的十八罗汉艺术》一文中，许多地方提到十八罗汉中的末位罗汉时，直接称其为"布袋和尚"。布袋和尚本为五代后梁时期的契此和尚，因"常以杖荷布囊入鄽肆"②而被称为"布袋和尚"，两宋时期对他的崇拜开始兴盛起来。布袋和尚在汉地受到崇拜的根本原因是他被视作弥勒菩萨的化身，"北宋之后，各式各样的弥勒图像均让位于布袋和尚的形象，至此弥勒图像的发展走向了完全世俗化与中国化的终极"③。

哈香（和尚）尊者到底是摩诃衍还是布袋和尚呢？结合各种资料，可以肯定地说他一定是布袋和尚，其原因主要有两点。

第一，西藏的罗汉信仰始于"后弘期"，而"后弘期"所有的西藏史书和佛教典籍中，摩诃衍早已经被盖棺定论，他已经是异端的代名词和象征，甚至成为西藏佛教内部派别间互相攻击的工具。从布顿大师、宗喀巴大师一直到《如意宝树史》的作者松巴堪钦·益西班觉，都对摩诃衍及其教法持严厉批判的态度。在这种背景下，摩诃衍根本不可能跻身于十八罗汉之列，再受到西藏僧俗的顶礼膜拜。

第二，各种艺术作品中，哈香（和尚）尊者的形象都与汉地布袋和尚的形象非常接近，即胖硕、上身半裸、倚坐。比较典型的代表是公元15世纪出现的江孜风格的唐卡《释迦牟尼二弟子与十八罗汉》以及《哈香》（布袋和尚）。前一幅唐卡中的布袋和尚被认为融合了大黑天神造型的体态特征，显得健壮，而不是汉式的肥胖，"是藏族化了的布袋和尚"。后一幅唐卡中的布袋和尚则被视为"中原艺术的翻版"，形象

---

① 沈卫荣：《西藏文文献中的和尚摩诃衍及其教法——一个创造出来的传统》，《新史学》第16卷第1期。这里的论述实际上有一个基础性的错误：西藏先有十六罗汉信仰，然后才出现十八罗汉信仰，而且十六罗汉信仰也是"后弘期"之初才出现的，十八罗汉信仰出现得就更晚了，遑论在"前弘期"摩诃衍就成为十八罗汉了。

② （宋）赞宁：《宋高僧传》卷21，中华书局1987年标点本，第553页。

③ 王忠林：《可能与必然——论弥勒图像的转型与定型》，《世界宗教文化》2010年第6期。

特征是肥胖、嬉笑，背景也是汉式的山水画法，"如果不是面部有一双白多黑少的藏式大眼睛的话，我们几乎将它认作是汉族艺术家的作品被带入了西藏"①。建于15世纪中叶的贡嘎曲德寺中的哈香尊者，虽然没有了汉地布袋和尚的布袋，但大肚子的形象以及在他周围出现的小儿，则明显来源于汉地布袋和尚以及五子戏弥勒的题材，不过这时的哈香尊者也有了胡须以及夸张的耳环，这都是西藏元素。

当然，汉地佛教因素传入西藏后，西藏人立足于本民族文化的根底，进行了融合与改造。这其中包括西藏虽然采纳了汉地十八罗汉的讲法，但并没有照搬汉地佛教的传统将宾头卢与庆友增列进去，而是有自己固定的十八罗汉体系。而且，和尚尊者虽然采用了汉地布袋弥勒合一的造像，但并没有赋予布袋以弥勒转世的身份，西藏的弥勒菩萨继续采用的是印度式传统形象。在藏传佛教中，布袋和尚被认为是唐朝派到印度迎接十六罗汉的使者，据藏文文献《迎请尊者》记载，唐肃宗派大乘和尚带上信函，前往印度玛伽德哈，邀请十六罗汉到内地传法。讲法完毕，十六罗汉去到了藏地。大概是因为大乘和尚作为邀请十六罗汉的信使，藏传佛教遂将他与十六罗汉一起供奉，组成藏传十八罗汉系列。《如意宝树史》中也有类似的记载，不过迎请者又变成了唐太宗时的王和尚：

> 汉皇唐太宗时，十六罗汉以汉僧相降临中原（入金庆福宫，住哈拉山，由王和尚迎请，达磨达拉做助手，据说从此过五年后觉卧像到内地），安居后，十六罗汉亲自给泥塑罗汉像开光。后来在西藏鲁梅仲群哇曾拜见十六罗汉，并绘于布上。色吉布巴等仿照从汉地迎请而供于雅尔巴的十六罗汉卷轴画像，造十六罗汉像，从此十六罗汉像得以广传。②

---

① 于小冬：《藏传佛教绘画史》，凤凰出版传媒集团、江苏美术出版社2006年版，第158、160页。
② 《如意宝树史》，第505—506页。

综上所述，宋代罗汉信仰对西藏罗汉信仰的影响就在于：首先，宋代汉地罗汉信仰的兴盛刺激了西藏罗汉信仰的发展；其次，汉地罗汉艺术作为西藏罗汉艺术的重要来源之一，使得西藏的罗汉艺术风格从宋以降，就有着浓厚的"汉风"。最后，从北宋开启的汉地罗汉信仰对西藏罗汉信仰的影响持续发酵，到元代终于出现弥勒——布袋形象增列十八罗汉的结果。

总体上，由于宋朝与西藏腹地还没有建立政治关系，宋代藏汉佛教的交流范围受限，而这一阶段恰恰是西藏佛教"后弘期"开启的重要时间，这就减弱了汉地佛教在西藏的影响力。

第三章　元代藏汉佛教交流

随着西藏归附中央王朝，藏族对中原王朝开始产生了更深层次的归属感和认同感，同时，藏传佛教在元朝统治者的支持下，也开始向中原地区传播，元代藏汉佛教之间的交流空前密切，其中，又以藏传佛教在汉地的传播为主。以帝师为代表的西藏僧侣在汉地传法、度僧、建寺、译经，北到上都，南至闽浙，都留下了他们的足迹，藏传佛教在内地蓬勃地发展起来。所以，"元代可谓为喇嘛教时代也"①。

在西藏佛教的诸教派中，萨迦派是元代传入内地的西藏佛教的主力军，法尊法师说："元朝和内地最有关系的西藏佛教，要推萨嘉派为第一了。"② 事实的确如此，有元一代，萨迦派不仅在西藏势力最大，而且也成为元朝统治者最推崇的西藏教派。萨迦派的僧人被封为"帝师"，上至天子，下至百官，都对之顶礼膜拜。普通僧人则身佩金字牌符，通过驿站往来于西藏和中央，藏传佛教在内地空前兴盛。除了萨迦派，噶举派的高僧也有数人在汉地活动。

第一节　帝师与汉地佛教

元朝推崇萨迦派最重要的标志就是在中央设立了帝师一职，并全部由萨迦派的僧人担任，第一个出任帝师的是八思巴。有元一代，包括八

---

① 蒋维乔：《中国佛教史》，上海世纪出版集团2007年版，第185页。
② 《法尊法师佛学论文集》，中国佛教文化研究所1990年印行，第99页。

思巴在内，总共有14位帝师，他们分别是：

1. 八思巴（vphag-pa，1235—1280）。

2. 仁钦坚赞（rin-chen-rgyal-mtshan，1238—1279），他是八思巴的同父异母弟弟，《元史》写作"亦怜真"。

3. 达玛巴拉（Dharmapala，1268—1287），《元史》写作"答儿麻八剌"，他是八思巴的侄子。

4. 意希仁钦（ye-shes-rin-chen，1248—1294），他在1286—1291年间为帝师，是萨迦派的弟子，《元史》写作"亦摄思怜真"。

5. 扎巴俄色（grags-pa-vod-zer，1246—1303），1291年出任帝师，1303年圆寂。他是萨迦派的弟子，《元史》里写作"乞剌斯八斡节儿"。

6. 仁钦坚赞（rin-chen-rgyal-mtshan，1258—1305），他是第四任帝师意希仁钦的弟弟，《元史》写作"辇真坚藏"。

7. 桑杰贝（sangs-rgyas-dpal，1267—1314），他是第五任帝师扎巴俄色的侄子，在1304—1314年间为帝师，《元史》中写作"相家班"。

8. 贡噶罗追坚赞贝桑波（kun-dgav-blo-gros-rgyal-mtshan-dpal-bzang-po，1299—1327），他是八思巴侄子达尼钦波（bdag-nyid-chen-po-bzang-po-dpal）的儿子，《元史》中写作"公哥罗古罗思监藏班藏卜"。

9. 第九任帝师为旺出儿监藏，藏文史籍中，没有关于此人的记载。据《元史·释老传》记载，延祐二年，"公哥罗古罗思监藏班藏卜嗣，至治三年卒。旺出儿监藏嗣，泰定二年卒。公哥列思八冲纳思监藏班藏卜嗣"。① 但《释老传》该段记载在时间上有误。第八任帝师贡噶罗追坚赞于泰定四年（1327）圆寂，而其继任者则于泰定二年（1325）先于前任卒，与理不合。实际上是贡噶罗追坚赞于1322年奉诏回藏受戒，不久，亦即大约于次年旺出儿监藏即在大都受命代摄帝师之职，两人均以帝师身份同时分别出现在西藏和大都。②

---

① 《元史》卷202，中华书局1976年点校本，第4519页。
② 详见陈庆英《帝师八思巴传》，中国藏学出版社2007年版，第195页。

10. 贡噶勒必迥乃坚赞贝桑波（kun-dgav-legs-pavi-vbyung-gnas-rgyal-mtshan-bpal-bzang-po，1308—1330）他是第八任帝师贡噶罗追坚赞贝桑波的弟弟，《元史》中写作"公哥列思八冲纳思监藏班藏卜"。他于1325年起任泰定帝帝师。

11. 仁钦扎（rin-chen-grags），1329—1331间出任帝师，他是《元史·释老传》中所记载的最后一任帝师。《元史》中写作"辇真吃剌失思"。

12. 贡噶坚赞贝桑波（kun-dgav-rgyal-mtshan-dpal-bzang-po，1310—1359），他是第十任帝师的一母胞弟，从1331年起，他历任文宗、宁宗、顺帝三朝帝师共27年。《佛祖通载》记顺帝"六月初八日登宝位，改元统元年，礼请公哥儿监藏班藏卜为帝师"。①

13. 索南洛追（bsod-nams-blo-gros，1332—1362），他是达尼钦波的孙子，1361年元顺帝派金字使臣到西藏封他为帝师，索南洛追随即前往大都。

14. 喃加巴藏卜，他是《明史》中提到的元朝的摄帝师，他于1372年归顺明朝，并被封为"炽盛佛宝国师"，赐玉印。但藏文史料中并没有他的记载。

元代的帝师不仅仅作为帝王之师存在，也不仅仅是一个尊号，他们在管理西藏佛教事务的同时，也对汉地佛教进行了切实有效的扶持与管理，包括参与佛道辩论、褒奖和举荐汉地佛教人才、保护汉地佛教寺院财产和修缮白马寺等。通过这些行为，汉藏佛教间的互相认可、沟通、交流得到加强。

1269年，八思巴因为造字有功，被忽必烈封为"帝师"，这是元代设立帝师一职的开始。元朝政府赐给八思巴一个非常复杂的封号，关于这个封号，史料记载颇有分歧，《南村辍耕录》中记为"皇天之下一人之上开教宣文辅治大圣至德普觉真智佑国如意大宝法王西天佛子大元帝师板的达巴思八八合失"。明代噶举派僧人的封号继承其中的"大宝法

---

① （元）释念常：《佛祖通载》，江苏广陵古籍刻印社1993年影印本，第430页。

王"的名号，所不同的是在封号的最后加入了"领天下释教"这样带有实质性意义的标称。清代对五世达赖的封号末尾也有"所领天下释教"的字样。但非常有趣的是元代帝师的封号中虽然没有"领天下释教"的字样，帝师实际上却担任着管理汉地和西藏佛教事务的职责，明、清两朝对西藏高僧的封号中虽有"所领天下释教"的字样，但明代的大宝法王、清代的达赖喇嘛实际上并无权管理汉地佛教事务。帝师对汉地佛教事务的管理也被汉文史料所记载，《佛祖通载》中说八思巴在1260年被尊为国师，"任中原法主，统天下教门"。① 帝师作为"中原法主"，除了对汉地佛教进行例行的管理之外，还以汉地佛教的兴盛为己任，扶持汉地佛教的发展。在某种意义上来看，帝师对汉地佛教是在扶持中进行管理，或者扶持就是管理的重要方式。通过帝师的扶持与管理，元代汉地佛教以有序的模式持续发展，汉藏佛教在同一个时代、同一片国土中和合共生。从八思巴开始，元代历任帝师对汉地佛教的扶持与管理主要表现在以下几个方面。

一 参与佛道辩论

金元时期，经过丘处机、尹志平等人的努力，道教发展进入全盛时期，到元宪宗初年，全真教在"通都大邑，宫观相望，星弁肩摩，霞裾武接，以至深山岩谷，十百为居，草衣木食，怡然有巢许之风，虽髫童樵汲者，亦皆进德业，谈道性，无妄语。一时教风之盛，自三代而下未有如此时也"②。随着道教势力的强大，道教和佛教之间的冲突开始变得激烈。道教一方面雕版刻印《老子化胡经》，"轻蔑释教而自重其教"③，从精神层面打击佛教。同时，在当时出现的三教碑中，将太上老君塑在正中，将释迦牟尼、孔子塑在两边，通过具象化的方式抬高道

---

① 《敕修百丈清规》《释鉴稽古略续集》《历代释氏资鉴》《补续高僧传》中都有同样或者类似的记载。
② （宋）陈显微注：《关尹子文始真经》，载《续修四库全书》，上海古籍出版社2002年影印本，子部，第1292册，第78页。
③ 《佛祖通载》，第386页。

教地位,贬低佛教地位。另一方面,道教方面侵吞佛教的田产、寺院,打击佛教的存在基础。早在丘处机时代,道士"毁夫子庙为道观及毁拆佛像,夺种田圃,改寺院为庵观者甚众"①,到元宪宗时,大概吞并佛寺四百八十余处。面对道教的全面围攻,佛教方面开始反击,当时的少林寺住持福裕(1203—1275)上诉到蒙哥处,蒙哥命佛道两家于忽必烈处辩论是非,结果道家败北,蒙哥下令"焚伪经四十五部"②。

但是,以全真教为代表的道教方面并没有很好地执行这一决定,既没有很快地焚毁相关道藏及经版,也没有将抢占佛家的寺产全部归还。这引起了僧人更大的不满,那摩国师和少林长老福裕再次去蒙古汗王处告状。蒙哥将此事委托给忽必烈。1258年,忽必烈"令大集九流名士,再加考论。俾僧道两路邪正分明"③。这次辩论盛况空前,参加者除了那摩国师和少林福裕外,还有"拔合思八国师、西蕃国师、河西国僧、外五路僧、大理国僧"等共三百余人。全真教方面则有张志敬、樊志应等二百余人。同时,还有儒士窦默、姚枢等二百余人参与做证明。这就是发生在蒙元时期的佛道之间著名的一次大论辩。因为主要是围绕《老子化胡经》内容的真伪问题展开的论辩,所以被称为"至元辩伪"。

八思巴以及另外一个著名的藏传佛教僧人——胆巴(元仁宗追封其为"大觉普惠广照无上胆巴帝师")都先后参与了这次"辩伪"活动。八思巴在这次辩伪活动中起了重要的作用,甚至可以说是决定性的作用,这主要表现在:其一,八思巴引用了频婆娑罗王的赞佛偈"天上天下无如佛,十方世界亦无比。世间所有我尽见,一切无有如佛者"质问道士:频婆娑罗王说此偈时,老子安在?"道不能对"。其二,八思巴追问道士所拿出的《史记》以及《道德经》中有无"老子化胡"之说,道士皆给予了否定,于是八思巴说:"史记中既无,道德经中又无,其为伪妄明矣!"④道士对八思巴的这个说法不能组织有效反击,

---

① 耶律楚材:《西游录》卷下,向达校注,中华书局1981年校注本,第16页。
② 《佛祖通载》,第386页。
③ 《辩伪录》卷3,《大正藏》第52卷,第765页下栏。
④ 《佛祖通载》,第386页。

因此被尚书姚枢判定论诤失败。

这次"辩伪"活动虽然是由以福裕为代表的汉地禅宗僧人推动的，但是当佛教面临攻击时，以国师八思巴（以后成为帝师）为代表的藏族僧人也能挺身而出，反映了汉藏僧人之间高度的认同感和协作精神。另外，这次"辩伪"的胜利对元代佛教界来说，不仅仅意味着理论的胜利，更重要的是改变了佛教当时所面临的困境，因为道士辩论失败后，"上命如约行罚，遣近臣脱欢将道者樊志应等十有七人，诣龙光寺削发为僧。焚伪经四十五部，天下佛寺为道流所据者二百三十七枢，至是悉命归之"。①

八思巴参与"至元辩伪"的史实不仅记载于《佛祖通载》等汉文史籍中，而且也被八思巴自己写成了《调伏外道大师记》②，留在了藏文典籍中，成为藏汉佛教界互相帮扶的有力证明。

元代的帝师除了八思巴，胆巴也参与到解决佛教与道教"辩伪"的后续遗留问题的工作中。据《佛祖通载》记：

> 辛巳岁，师得道藏《化胡经》并八十一化图，幻惑妄诞。师乃叹曰：以邪惑正如此者！遂奏闻。召教禅大德及翰林承制等，诣长春宫辩证。诏下诸路除《道德经》外，其余伪文尽令焚毁。③

"辛巳"指1281年。也就是说到1281年，《老子化胡经》的经版等并没有被全部焚毁，胆巴又组织人和道教方面辩论，忽必烈再次下旨彻查道教对"伪经"的焚毁情况，这和胆巴的全力推动是分不开的。

---

① 《佛祖通载》，第386页。
② 全文的内容如下：如是，以前在汉地出生之太上老君，据说在母胎中住了82年，出生后性喜寂静，努力修定，获得预知世间及神幻等成就，并使其弟子们亦入于此道。其教法与外道数论师的教法相同，信奉其教的被称为神仙的道士们为数甚多。因见其教法危害善逝佛陀之教法，尊人主忽必烈破斥此邪门外道之命，八思巴于阳土马年仲夏五月二十三日以清净正见驳倒长期修炼神仙之法，精通其术之道士一十七名，使其出家为僧时，特记于此。（参见王启龙《八思巴评传》）。
③ 《佛祖通载》，第416页。

到了元代，儒释道三教在思想层面的合流已是不争的事实，但随着金元时期全真教的兴盛，作为两个宗教团体，佛道斗争还是很激烈的。整个的"辩伪"活动前后持续了二十余年，到至元十七年（1280），双方甚至上升成小型的武力斗争：因为道教提点甘志泉占据佛教方面的吉祥院而不归还，于是僧人出面据理力争，但结果是"长春宫道流谋害僧录广渊，聚徒持挺殴击僧徒"①。所以，八思巴、胆巴先后参与佛道辩论，在一定程度上挫败了道教对佛教的强势进攻态势，毋庸置疑，这为元代汉地佛教争取了更多的生存空间和发展空间。

二 褒荐汉地佛教界人才

佛教的良性发展，离不开对僧才的重视和培育。元代历任帝师以促进汉藏佛教的发展为己任，自然也十分重视对汉地高僧大德的护持，方式主要包括：

1. 赐给汉族有名望的僧人尊号。根据汉文史料的记载，元代有许多僧人都得到了帝师颁赐的名号，如元末明初最著名的禅宗僧人楚石梵琦（1296—1370），帝师赐其"佛日普照慧辩"的名号。《楚石梵琦禅师语录》记载："至元乙亥，迁杭之报国。至正甲申，迁嘉兴郡之本觉。丁亥，帝师锡号曰：佛日普照慧辩禅师。"②《语录》中所说的丁亥年是元顺帝至正七年（1347），此时任帝师的是第十二任帝师贡噶坚赞贝桑波，他还在萨迦时，就被元朝政府封为"靖国公"、"国师"，并被赐金印。贡噶坚赞贝桑波是元代在位时间最长的帝师（27年），因而也是参与汉地佛教事务时间最长的帝师，他对楚石梵琦的封赠，是其行使帝师权力的标志，也是对汉地佛教界高僧的尊崇。《释鉴稽古略续集》中也提到"帝师嘉其行业，赐以佛日普照慧辩之号"③。

除了楚石梵琦，元代被帝师封赠了名号的僧人还有：

---

① 《佛祖通载》，第386页。
② 《楚石梵琦禅师语录》卷20，《卍续藏经》第71册，第660页上栏。
③ 《释鉴稽古略续集》卷2，《大正藏》第49册，第923页下栏。

第三章 元代藏汉佛教交流

虚堂禅师，名号：弘教普济

杰峯禅师，名号：佛智弘辩

觉原禅师，名号：净觉妙辩

孤峯禅师，名号：圆明定慧

西白法师，名号：圆通普济

东溟法师，名号：妙应普济

如庵法师，名号：佛心弘辩

了庵禅师，名号：慈云普济

必才法师，名号：佛鉴圆照大师

正遼法师，名号：佛日普照

龙川和尚，名号：扶宗弘教

……①

对这些封赠了名号而其中又特别有名望者，帝师还给予额外的赏赐，以示恩宠，对虚堂禅师"有绛袍毳帽之赐"②，对东溟法师"赐以金襕法服"③，对昙芳守忠禅师"馈以土蕃所贡御米"、并"馈茜帽禅衣段疋表里各一所"④。

2. 举荐有德能的僧人出任名山巨刹的住持，充分发挥他们的才能，让他们为维护汉地佛教的兴盛各尽其能。大德五年（1301）前后，五台山的大万圣佑国寺（也写作佑国寺）建成，据《佛祖通载》记载，元成宗下诏让当时的帝师迦罗斯巴（grags-pa-vod-zer，1246—1303）⑤负责择选住持。就在帝师迦罗斯巴物色人选之时，恰逢元代著名的华严宗僧人、时任白马寺主持的仲华文才（1241—1302）从洛阳前往谒见帝师，帝师"喜曰：'佑国寺得其人矣'"！在帝师的推荐下，成宗下诏文才以"释源宗主"的身份兼居佑国寺。最初，仲华文才曾在帝师面

---

① 详见《大正藏》《卍续藏经》中各位僧人的传记。
② 《释鉴稽古略续集》卷2，《大正藏》第49册，第922页下栏。
③ 同上书，第930页中栏。
④ 《昙芳和尚语录》卷下，《卍续藏经》第71册，第178页上栏。
⑤ 迦罗斯巴为第五任帝师扎巴俄色（《元史·释老传》里写作乞剌斯八斡节儿），详细内容参见朱丽霞《白马寺与元代帝师关系述略》，《西藏研究》2008年第2期。

前对此任命有推辞之意，帝师劝之曰："此上命也，上于此事用心至焉，非女其谁与居？此吾教所系，女其勉之。"① 可见，迦罗斯巴对他十分看重，将他视为天下名僧之冠。"吾教"二字也显示出在帝师眼中，汉藏佛教本就不分彼此。

此外，据《荣禄大夫大司空大都大庆寿禅寺住持长老佛心普慧大禅师北溪延公塔铭》记载元仁宗、英宗两朝的禅宗名宿——智延和尚也与当时的帝师颇有渊源：

> 上每幸庆寿，数顾而与之语。特授荣禄大夫、大司空、领临济宗事。前后赐以金玉、佛像、经卷及它珍玩之物数十事。秘府所蓄名画，凡涉于佛氏故事者，悉出以示之。英宗皇帝以禅师先朝旧德，每入见，必赐坐，访以道要。命于永福寺与诸尊宿校勘三岁（三岁，疑为三藏——作者注），将镂铜为板以传后。……禅师久居大刹，年老倦于应接，投偈拂衣而退。帝师闻之曰："方今扶植教门不过数人，安可听其去。"亟使追之，既至，勉之曰："若之去，则高矣，其如教门何？庆寿之大，岂不足容一榻？厌于人事，少休其间可也。"禅师乃还居于西堂。②

在这则记载中，因为智延素有名望，又为帝王所敬重，所以帝师将其视为汉地"扶植教门"的少数精英，在其隐退时，急速派人前去追回，可见帝师对汉地佛教发展的重视。此处提到的帝师活动于元仁宗和英宗时期，符合条件的当为第八任帝师贡噶罗追坚赞贝桑波。据《元史·释老传》记载，延祐二年（1315），"公哥罗古罗思监藏班藏卜嗣，至治三年卒。"延祐二年是元仁宗即位的第四年，至治三年（1323）为英宗在位的最后一年，贡噶罗追坚赞贝桑波恰好是横跨元仁宗和英宗两朝的帝师，也就是力挽智延的帝师。

---

① 《佛祖通载》，第 415 页。
② （元）黄溍：《金华黄先生文集》卷 41，元刻本，第 2 页。

三 保护、修缮汉地佛教寺院

寺产是寺庙赖以生存的基础,帝师以维护汉地佛教的发展为己任,自然也会尽力保护寺产。帝师对汉地佛教寺院及其财产的保护,主要是通过颁发法旨的方式进行的。根据《元代白话碑集录》记载,元代帝师在汉地颁布的法旨主要有:

	时间	对象	发布者	内容
1	至元二十一年(1284)	大都崇国寺	—	令收般若院作下院
2	牛儿年(1301)三月	郑州大觉禅寺	吃剌思巴斡节儿	保护寺产
3	牛儿大德五年(1301)四月	大明川祁林院	吃剌思巴斡节儿	祁林院为五台山大寿宁寺下院,保护其寺产
4	蛇儿年(1305)	泰安州长清县大灵岩寺	管着儿咸藏	保护寺产
5	大德十年(1306)	灵岩寺下院净然神宝寺	—	保护寺产
6	鸡儿年(1321)十月	河南浚县天宁寺	公哥罗师监藏班藏卜	保护寺产
7	鼠儿年(1336)	—	公哥罗师监藏班藏卜	重编百丈清规

表中除第一、七条外,其余都和保护寺产有关。至正二十一年的帝师法旨碑虽然没有指出帝师的名号,但对照历任帝师在位的时间,1284年任帝师的应该是第三任帝师达玛巴拉。大德十年颁布法旨的则应该是第七任帝师桑杰贝。所以,从目前资料来看,共有五位帝师(达玛巴拉、扎巴俄色、仁钦坚赞、桑杰贝、贡噶罗追坚赞贝桑波)在汉地颁布法旨对汉传佛教进行管理,地域主要集中在北方,涉及的方面主要是保护寺产不受侵吞、蚕食。

不仅如此,在帝师的支持下,汉地"释源"——白马寺在元代得到修复。白马寺被认为是中国汉地的第一座寺院,因而此寺对汉地佛教来说意义非比寻常,某种意义上就是汉地佛教的标志和代表。北宋末年发生"靖康之变",金人劫掠焚烧了白马寺,白马寺"寺与浮图俱废"。① 到了元代，在龙川行育（？—1293）任白马寺住持时，他在八思巴、胆巴的支持下，对白马寺进行了大规模的重修。

八思巴与行育的关系，也是藏汉佛教界关系的缩影。"至元辩伪"时，行育也参与其中，他在这次辩论中的突出表现，引起了八思巴的注意和重视。事后，在八思巴的举荐下，行育受封为"扶宗弘教大师"。现在留存下来的、嵌于白马寺上僧院西院壁间的"七古诗"明确地记载了这中间的前因后果。该诗说：

> 龙川大士僧中雄，
> 名响夙昔闻天聪。
> 诏命殿上坐持论，
> 慈音涌出琉璃筒。
> 众流截断具真见，
> 有敌不敢当机锋。
> 帝师欢喜上奏请，
> 赐号弘教扶其宗。②

到至元七年（1270），八思巴被封为帝师、大宝法王后，他"集郡国教释诸僧，登坛演法"③。其间，八思巴询问众人汉地佛法传入中国始于何时、首先在哪一个寺庙出现时，在座的行育便以汉明帝"永平求法"的事情回复，这中间自然要提到汉明帝修建的白马寺，借此机会，行育提出重建白马寺的请求。八思巴"嘉纳"，并将行育的请求上奏元世祖，元世祖下令让行育总理修寺事务。这样，在八思巴的干预下，白马寺重建工程得以启动。后因费用不足，行育大概无法独自解决

---

① 《重修释迦舍利塔记》，载《洛阳市志》第15卷，中州古籍出版社1996年版，第66页。
② 同上书，第67页。
③ 《大元重修释源大白马寺赐田功德之碑》，载《洛阳市志》第15卷，中州古籍出版社1996年版，第70页。

这个问题，八思巴又让胆巴监理其事。胆巴上书请求以大护国仁王寺的田租作为兴修白马寺的工程费用，得到批准。到大德四年（1300），白马寺完工，前后历经20余年。①

重建的白马寺"位置尊严，绘塑精妙，盖与都城万安、兴教、仁王三大刹比绩焉"②。也就是说，此时的白马寺被认为和大都的著名寺院万安寺、兴教寺、大仁王护国寺不相上下了。

白马寺建成后，胆巴又力主将大护国仁王寺借与修建白马寺田租的土地赏赐给白马寺，成为白马寺的恒产，对白马寺在元代的发展提供了强大的、持续的经济支持。所以，元代白马寺的兴盛、发展与八思巴、胆巴的全力支持密不可分。③

此外，帝师对汉地佛教的管理还包括制订僧侣轨范以及参与有关寺院田产纳税的经济问题的管理等。制订僧侣轨范主要指的是：1336年，帝师贡噶罗追坚赞贝桑波降法旨重新编写《百丈清规》。由唐代百丈怀海（720—814）禅师制定的《百丈清规》，一直是历代汉地寺院的基本法规。到了元代，由于"各寺里近年来将那清规增减不一"，所以到元顺帝至元年间（1335—1340），朝廷下令重编《百丈清规》。这件事显然朝廷非常重视，所以在至元元年（1335）元顺帝先下圣旨，至元二年（1336）帝师又下法旨重申这件事。贡噶罗追坚赞贝桑波在法旨中说："众和尚每体着皇帝圣心，兴隆三宝，好生遵守清规，修行办道，专与上位祈福祝寿，报答圣恩，弘扬佛法者。"④元顺帝时编成的"清规"又被称为《敕修百丈清规》，它被认为是历代禅宗清规的总结和集大成者，是禅林中最详备、最完善的清规。贡噶罗追坚赞贝桑波下法旨

---

① 八思巴、胆巴支持修建白马寺的详情，参见朱丽霞《白马寺与元代帝师关系述略》，《西藏研究》2008年第2期。

② 《河朔访古记》卷下，《大元重修释源大白马寺赐田功德之碑》，中华书局1991年版，第42页。

③ 八思巴和胆巴在白马寺重建中所起到的重要作用，明确记载于白马寺流传下来的石碑、塔铭中，如《龙川和尚遗嘱记》《大元重修释源大白马寺赐田功德碑》《扶宗弘教大师奉诏修白马寺纪实》《龙川和尚塔志》等。

④ 蔡美彪编著：《元代白话碑集录》，科学出版社1955年版，第110页。

要求僧人遵守清规，并以宗教领袖的身份强调了清规的重要性，为新修的《百丈清规》的推行提供了进一步的保证。

帝师介入寺院田产纳税的问题主要指的是元仁宗皇庆元年（1312），中书省上奏的关于僧道、也里可温、答失蛮纳税粮的问题，由于当时各行政部门意见不一，所以就提到了元成宗羊儿年（1295），宣政院官员和第五任帝师扎巴俄色商议"除亡宋时分旧有常住并奉世祖皇帝圣旨做常住与来的地外，其余归附之后诸人舍施、或典买来的、一切影占的，依旧纳税粮者"①的前例。最后的决定从皇庆元年开始，僧道诸人所占土地依照1295年帝师扎巴俄色定下来的政策执行，即除了宋朝灭亡时寺院所有的田产，以及被元世祖指令属于寺院的田地之外，所有僧道诸人所拥有的田产都必须纳税。这个政策主要是在帝师扎巴俄色主导下形成的，可见帝师对汉地僧人的管理十分广泛，甚至涉及元代汉地寺院经济问题。

元代帝师对汉地佛教的扶持与管理得到汉地僧人高度拥护与支持。汉地佛教文献中大量的关于帝师给僧人赐尊号、给寺院赐寺额的记载就是明证，这说明汉地佛教界将帝师的重视视为莫大的荣耀，故而记载下来留存后世。而且，元代许多禅师上堂讲法时，拈香祝祷，首先祝祷皇帝，接着就是祝祷帝师。如元代著名的楚石梵琦禅师：

> 遂升座拈香云：此一瓣香，天上天下，世出世间，并属照临，皆承恩力，爇向炉中，端为祝延今上皇帝：圣躬万岁万万岁，陛下恭愿，乃圣乃神，乃武乃文，四海咸歌有道，自西自东，自南自北，八方尽乐无为。次拈香云：此一瓣香，奉为皇天之下、一人之上、西天佛子、大元帝师大宝法王，资培福慧。②

昙芳守忠禅师上堂也是：

---

① 《通制条格》，黄时鉴点校，浙江古籍出版社1986年点校本，第332页。
② 《楚石梵琦禅师语录》卷4，《卍续藏经》第71册，第562页中栏。

第三章 元代藏汉佛教交流

拈香云：此一瓣香，爇向宝炉，端为祝延大元圣主今上皇帝圣躬，万岁万岁万万岁。钦愿陛下：圣明如日月，睿算等乾坤，八方歌有道之君，四海乐无为之化。次拈香云：此香爇向炉中，供养皇天之下、一人之上、西天佛子、大元帝师大和尚殿下，恭愿：长为佛法之栋梁，永作皇朝之师范。①

由此可见，元代禅宗僧人上堂祝祷帝师是比较普遍的现象，帝师的影响力已经渗透到汉地僧人每一天的宗教生活中，甚至被视为佛法的栋梁，皇朝的师范，他们对帝师的敬拜仅次于皇帝，这体现出帝师在他们心目中的地位的确是"皇天之下、一人之上"。所以，元代历任帝师在汉地佛教界的影响力甚至远远超过了其在西藏的影响。帝师作为汉地佛教的护持者和管理者，已经完全被汉地僧人接纳和认同，他们真切地认为"皇元帝师佛法主，佛法得主僧得所，僧徒得所禅诵勤，永赞丕图传万古"②，民族的界限在这里被突破和超越。不仅如此，在汉地僧人的禅机应答中，帝师甚至成为话头：

僧问：西天佛子、大元帝师，声震五天，化敷八表，正与么时，谁是知恩者？师云：法雷普震群龙喜，慧日纔开大地明。③

这种汉地僧人发自肺腑的、自然而然的赞美，说明帝师对汉地佛教的扶持对于汉地佛教的生存和发展确实至关重要，也由此引发了汉地僧人对帝师的感激之情。

总之，元代帝师对汉地佛教的扶持与管理，使得汉藏佛教得以和合共生，不仅为汉藏佛教的发展争取了更为广阔的空间，也增加了汉藏佛教界的互为了解、互为认同，更为重要的是增加了汉藏两个民族的认同感和一体性。

---

① 《昙芳守忠禅师语录》卷1，《卍续藏经》第71册，第166页中栏。
② 《金山即休了和尚拾遗集》，《卍续藏经》第71册，第106页下栏。
③ 《月江正印禅师语录》卷1，《卍续藏经》第71册，第111页下栏。

当然，除了扶持与管理汉地佛教之外，帝师也是藏传佛教在汉地主要的传播者，其方式主要有：收徒传法、著书立说、主持佛事活动等。在授徒传法方面，作为帝师，其最重要的弟子当然是皇帝以及皇室成员，据《南村辍耕录》记载："累朝皇帝，先受佛戒九次，方正大宝。"①"九次"的说法虽然未必属实，但帝王随帝师受戒则是肯定的，《元史·释老传》中说："虽帝后妃主，皆因受戒而为之膜拜，正衙朝会，百官班列，而帝师亦或专席于坐隅。"② 除此之外，僧人中也有随帝师学法者，元代著名的僧人慧印（1270—1337）在至治元年（1321），"从帝师受秘密之诀"③，也就是跟随帝师习学藏传佛教密法。

著书立说方面最典型的代表就是八思巴为真金太子所写的《彰所知论》。此外，八思巴还写了《给皇帝所授教诫集》《给忽必烈皇帝所授佛经要义》《授王子迭里哥儿不花之教诫》《授皇子忙哥剌之教诫——吉祥串珠》《授王子铁木儿不花教诫——月亮之光》等。④ 因此，就八思巴而言，教授王室成员佛法是其必须承担的一项重要任务，而且在进行这项工作时，他因人而异，所写的东西非常具有针对性，显示出他在这项事务上的自觉性与热忱。

主持佛事活动方面，《元史》中对此记载的就更多了：至元二十二年（1285），"命帝师也怜八合失、甲自罗二思八等递藏佛事于万安、兴教、庆寿等寺，凡一十九会"。⑤ 至元二十六年（1289），"命帝师及西僧作佛事坐静二十会"⑥。至元二十七年（1290），"命帝师西僧递作佛事坐静于万寿山厚载门、荼罕脑儿、圣寿万安寺、桓州南屏庵、双泉等所，凡七十二会"⑦。泰定元年（1324）十月，"丙子，命帝师作佛事于延春阁"⑧。

---

① （明）陶宗仪：《南村辍耕录》卷2，中华书局1959年标点本，第20页。
② 《元史》卷222，第4521页。
③ （明）释镇澄：《清凉山志》卷3，江苏广陵古籍刻印社1997年影印本，第135页。
④ 陈庆英：《帝师八思巴传》，第186—187页。
⑤ 《元史》卷13，第283页。
⑥ 同上书，卷15，第329页。
⑦ 同上书，卷16，第343页。
⑧ 同上书，卷29，第651页。

第二节　佛经的翻译与对勘

一　藏文佛经的写译

元代写、译西藏佛经也成为藏传佛教在内地传播的一个重要方式。元朝由皇室成员施刊的藏文佛经还留存下来一部分，这些文献大多珍藏于各个寺院和图书馆，包括西藏的哲蚌寺、色拉寺、切卡寺、江孜寺、夏鲁寺、贝蚌寺、噶妥寺、西藏图书馆和北京民族文化宫等地方。据考订，目前发现的共有六组，分别是：

第一组为《正理宝藏》，共190页，从至元二十一年（1284）开始，先后由察必皇后和阔阔真皇后施刊于大圣寿万安寺，随后，卜鲁罕皇后再次施刊200部。

第二组共由6部经典组成，分别为《经庄严论》，共232页；《中观根本注》，共188页；《大乘阿毗达磨集论》，共188页；《俱舍论》；《量抉择论》，共128页。《正理宝藏》。这是大德二年（1299），卜鲁罕皇后按照第五任帝师扎巴俄色之意施刊于大圣寿万安寺的。

第三组为《三律仪论说》，共72页，与第二组经书的施刊者、施刊时间、地点相同。

第四组为《八支要义》（《四部医典》），共319页，由亦乞烈皇后施刊于1311年。

第五组为《金光明经》，共89页，由元仁宗施刊于1313—1314年。

第六组由3部经典组成，分别为《时轮摄略经》，共80页；《时轮经·无垢光广释》，共346页；《无垢光广释摄义》，共38页，至正十一年（1351），由元顺帝依帝师贡噶罗追坚赞贝桑波之请施刊于大都。[①]

可见，元朝皇室成员施刊西藏佛经的行为几乎终元一代都在持续。在这些佛教经论中，《正理宝藏》《三律仪论说》都是萨迦派萨迦班智

---

① 相关内容可参见熊文彬《元代皇室成员施刊的藏文佛经》，《中国藏学》2009年第3期；西热桑布《藏文"原版"考》，《中国藏学》2009年第1期。

达贡噶坚赞（1182—1251）所著，其中前者属于因明类著作，后者属于佛教律仪类著作。这些经论刊印之后，就分发给僧人诵读。

除了在大都刊印藏文佛经之外，蒙元时代雕刻的一部分汉文经卷流入西藏，藏在萨迦寺北寺图书馆（差贝拉康），共包括31种佛经，共555卷。主要包括以《大般若波罗蜜多经》为主的般若类经典和以《佛说无量寿经》为代表的净土类经典以及《华严经》《法华经》《金光明经》等。这些佛经雕刻于1256年，由燕京人张从禄与妻女出资刻成的，先藏在燕京的大宝集寺，至于如何辗转流落到萨迦寺则难以详细考证。①

另外，元代还部分地翻译了西藏的佛经。按照周叔迦《宋元明清译经图记》所作的考辨，元朝百余年间，参与佛经翻译者共有8人，译出经论集等16部，20卷。这8人当中的第一个便是八思巴。列在他名下的有《彰所知论》二卷、《根本说一切有部出家授近圆羯磨仪轨》一卷、《根本说一切有部比丘习学略法》一卷。但是，《彰所知论》乃是八思巴所著，由其弟子沙啰巴翻译的。八思巴翻译了说一切有部的戒律这件事也记在《元史》中，按照《元史》中的说法，至元十七年（1280），"敕镂版印造帝师八合思八新译《戒本》五百部，颁降诸路僧人"②。但事实上，《元史》里提到的"戒本"只是由八思巴集记而成的，其译者是翰林承旨弹压孙、诸路释门总统合台萨哩都通、翰林学士安藏。《根本说一切有部比丘习学略法》附在其后，合台萨哩都通翻译成汉文。

元代最著名的翻译家是沙啰巴（1259—1314）。关于他的出生地说法不一，或谓其为河西人，或谓其为秦州人，家族为积宁氏（《大明高僧传》里称西国积宁人）。年幼时即跟随着栗赫③学习佛法，并颇为通晓藏语，当时有一名为剌温卜者，善焰曼德迦（大威德金刚）密法，八思巴便让他前去学习，所以，沙啰巴在密法方面也有所收获。沙啰巴

---

① 宿白：《藏传佛教寺院考古》，文物出版社1996年版，第225—227页。
② 《元史》卷11，第228页。
③ 据王启龙在《八思巴评传》第243页考证，此人是八思巴的弟弟恰那多吉。

到了"总丱之岁,依帝师发思巴薙染为僧",元世祖向八思巴请教佛法时,让他做翻译,"辞致明辨允惬圣衷",因而被封为大辩广智法师。八思巴圆寂后,帝师扎巴俄色再次将他举荐给世祖,世祖"诏译诸密要"。1295年前后,沙啰巴赴江浙任江浙释教总统,整肃僧纪僧风,后又改任福建等处释教总统。

沙啰巴翻译的经典就数量而言,只有五部八卷:《佛顶大白伞盖陀罗尼经》一卷、《佛说坏相金刚陀罗尼经》一卷、《佛说文殊菩萨最胜真实名义经》一卷、《药师琉璃光王七佛本愿功德经念诵仪轨供养法》三卷、《药师琉璃光王七佛本愿功德经念诵仪轨》二卷,但其译文质量很高。延祐元年(1314),他圆寂后,门人弟子"相与建塔以表其藏",塔成后由寿安山云麓洪公(法洪)所作铭文对其译风给予了高度的评价:

> 佛法之传必资翻译,故译梵为华,或敌对名物,或唯以义,必博通经论,善两方之言,始能为之。是以道安尝谓:翻译微言有五失本三不易,故非能者不足以有为也。所以传列十科,翻译居首者,岂非以其为之难功之大乎!予尝以诏与京邑诸公校旧藏典,历观自古翻译之家,以义译经如秦之罗什,译论唐之奘公。十数人之作,所谓禹吾无间然矣。其余或指义暧昧,或文辞疏拙。夫义之暧昧,盖译者之未尽文,或疏拙润色之失也。因思安公之言,以谓以弥天之高,尚称不易,今之译者何其易哉?自季叶以来,译场久废,能者盖寡,岂意人物凋残之际乃见公乎!观其所译可谓能者哉。①

除了以上几部经,他还翻译了八思巴为真金太子所写的《彰所知论》,该论后来被收入了汉文大藏经。元仁宗时,沙啰巴被安置在庆寿寺,仁宗下诏将他所翻译的经典刻版印行。关于这一点,《佛说文殊菩萨最胜真实名义经》最后说:

---

① 以上引文均见《佛祖通载》,第422—423页。

皇太子令旨：江南白云宗送经来的沈宗摄回去，有将最胜真实名义经，佛说白伞盖陀罗尼经，佛说坏相金刚陀罗尼经，这经本好生刊板印造，交大藏经里入去流通者。敬此敬惟。①

沙啰巴翻译的经典是出自于梵文经典还是藏文经典，目前所见的史料中并没有明确指出。但在对西藏的药师佛信仰研究过程中发现，由沙啰巴所翻译的《药师琉璃光王七佛本愿功德经念诵仪轨》乃是首先进入西藏传法的印度著名僧人寂护的《七如来往昔誓愿广分别修诵仪轨、经文摄略》（de-bzhin-gshegs-pa-bdun-gyi-sngon-gyi-smon-lam-gyi-khyad-par-rgyas-pavi-gzungs-bklag-pavi-cho-ga-mdo-sde-las-btus-pa）的藏文本的汉译。沙啰巴所提到的经本的作者"善护尊者"被认为是"寂护"梵文名字 Śāntarakṣita 的意译。② 据此，沙啰巴所译经本为藏文，或者说部分为藏文的可能性极大。因此，沙啰巴对元代汉藏佛教交流所起的作用不仅在于他的藏僧身份，更重要的是他的翻译活动也在汉藏佛教间架起了桥梁。

二 藏汉佛经勘同

在翻译经典的同时，元代汉藏高僧还合作进行了两地的佛经"勘同"或者说对勘工作。所谓的"勘同"，"并非指版本学所说的校雠，而是指议定、审核不同译本——尤其是不同语文之译著——之间的异同"③。这次对勘工作是由元世祖促成的。忽必烈在宫中时常召见汉藏高僧大德请教和讨论佛法，在这一过程中，对汉藏佛教教义以及经咒音义的差异产生了疑惑，因而决定开展汉藏佛经的对勘工作。《佛祖通载》中说："帝见西僧经教与汉僧经教音韵不同，疑其有异，命两土名

---

① 《大正藏》第20册，第826页上栏。
② 参见陈智音《寂护与药师信仰在西藏的开端》，载李国庆、邵东方主编《天禄论丛：北美华人东亚图书馆员文集》2010卷，广西师范大学出版社2010年版。
③ 释法贤：《〈至元法宝勘同总录〉之探究》，台北法光出版社2005年版，第1页。

德对辩。"①

《至元法宝勘同总录》序中说:"大佛法由汉唐以迄于今,揭日月于齐明,致乾坤于泰定,弘济群迷。出生众有。不可得而云:喻大元天子,佛身现世间,佛心治天下,万几之暇余,讨论教典,与帝师语,诏诸讲主。以西蕃大教目录,对勘东土经藏部帙之有无,卷轴之多寡。"② 所以,这次对勘的主要出发点在于揭示双方经藏的有无、多寡情况。"至元法宝勘同"开始于至元二十二年(1285),结束于至元二十四年(1287),地点是在大都的大兴教寺。参加对勘的有汉族、藏族、维吾尔族以及印度人,共 27 人(汉 15 人、藏 6 人、维吾尔 4 人、印度 2 人),其中:

总集一人,由顺德府开元寺佛日光教大师、讲论沙门庆吉祥担任。

编修一人,由平滦路水岩寺传法辅教大师、讲论沙门恩吉祥担任。

译西蕃语二人,由北庭都护府人、通二国言音、解显密教迦鲁拏答思(Kys-lin-thvan-dya-shiv)和翰林学士、承旨、中奉大夫弹压孙担任。

译畏兀儿语一人,由翰林学士、嘉议大夫脱印(Tho-yin)都统充任。

证西天语一人,由北庭都护府通显密教、讲经律论沙门斋牙答思(Dsha-ya-da-sa)担任。

设执笔三人:海吉祥(大都大宝集寺讲经沙门,传法潮音妙辩大师)、温吉祥(真定府兴化寺讲经沙门,传法通玄大师)、牙识汉养阿(行工部郎中、奉训大夫)。

校勘五人:湍吉祥(大都大悯忠寺讲经沙门,传法通辩大师)、习吉祥(大都大昊天寺讲经沙门,传法玄悟大师)、澂吉祥(大都弘法寺讲论沙门,通显密教演秘大师)、应吉祥(大都大圣寿万安寺讲律沙门,临坛大德崇教大师)、温古祥(上都黄梅寺讲经沙门,通慧大师)。

校证二人:演吉祥(定演,大都大崇国寺讲经沙门,临坛大德圆融崇教大师)、庆吉祥(济宁路金山寺讲论沙门,妙辩通义大师)。

---

① 《佛祖通载》,第 414 页。
② 《至元法宝勘同总录》卷 1,转引自赵改萍《元明时期藏传佛教在内地的发展及影响》,中国社会科学出版社 2009 年版,第 113 页。

证义六人：理吉祥（大都大圣寿万安寺沙门，传大乘戒临坛大德）、行吉祥（行育，宣授江淮释教都总摄，扶宗弘教大师）、拣吉祥（知拣，大都大圣寿万安寺沙门，都总统，佛觉普安大师）、昭吉祥（宣授诸路释教都总统，道通真智大禅师）、远丹巴（yon-ton-dpal，宣授诸路释教都总统，西蕃讲主）、吃罗思八藏布（grags-pa-nod-zer，西蕃传显密教讲经律论沙门）。

译语证义二人：安藏（skal-bzan，翰林学士，承旨，正奉大夫）、合台萨哩（资德大夫，释教都总统，正宗弘教大师）。

校勘证义二人：速端然（su-tvan-bzhan，西蕃通显密教讲经律论赐衣沙门）、湛阳宜思（vjam-dbyans-vod-zer，传显密教讲经律论赐衣沙门）。

证明三人：尾麻罗室利（印度班智达）、叶辇国师（八思巴的弟子）、达哩麻八罗阿罗吃答（达玛巴拉）帝师。

对勘主要是在汉藏两种文字经典之间，但也以梵文和维吾尔文经典来校勘佐证。对勘的藏经，汉文主要依据《开元释教录》《大唐贞元续开元释教录》《大中祥符法宝录》《景祐新修法宝录》《弘法入藏录》等。藏文当主要依据萨迦所藏的那塘版藏文大藏经及吐蕃时代编撰的三大经录（《丹噶尔目录》《旁唐目录》《钦浦目录》）①。

对勘工作的内容很多，总结起来则主要在两个方面：其一，对勘汉藏经典的有无、缺失情况，并加以注明；其二，对汉藏皆有的经典，"勘出同异差别，包括卷帙、品数之多少，及全译、摘译之广略不同，分类之不同，经名之异同，并以藏译本标出汉译本的梵文经名，等等。另外，在汉藏对勘的同时，又勘出汉文经典的异译本之间的异同"②，将存疑的经籍另行抄录。对勘的结果就是十大卷的《至元法宝勘同总录》的完成。

---

① 也有研究者认为萨迦寺所藏那塘版大藏经此时还没有编成，因此对勘的藏文藏经主要是吐蕃时代编成的三大经录（参见索朗桑姆《〈至元法宝勘同总录〉研究》，中央民族大学2015年硕士学位论文）。

② 吕建福：《中国密教史》，中国社会科学出版社1995年版，第535页。

这次对勘活动促进了藏汉佛教之间的广泛交流。首先，参与的人员有各个民族、地域的僧人，这本身就是各个民族佛教精英之间的一次正面大碰撞。其次，通过至元佛经对勘，汉藏两个民族的僧人对彼此经律论的大致情况有了较为明晰的认识。所以，这次佛教对勘"是汉、藏两族人民文化交流的历史丰碑。它为博大精深、源远流长的中华传统文化增添了新的光彩，从思想文化领域体现了中华民族多样一体格局"①。《至元法宝勘同总录》在以往三藏二乘的分法基础上，将大乘经藏分为显、密二部，密教内部又分为陀罗尼和仪轨两部分。这种分法不仅反映出藏文大藏经分法类型对汉地编排经录的影响，也反映出元代对密教经典的重视。

第三节　汉地藏传佛教的佛事活动

在元代，每逢祭祀祖先、皇室成员生病、遇到重大的军事活动及天灾时，都要举行各种藏传佛教的佛事活动，也就是说皇室"凡大婚、出行，凡百兴作，无不受戒，亦无不作好事。凡祈雨、祈风、止雨、镇雷、荧星、修疫、超度等，均须番僧佛事祈祷"②。列入《元史·释老传》中的藏传佛教佛事活动就有几十种之多，具体内容如下表③。

序号	《元史》音译	藏文转写	《元史》汉译
1	镇雷阿蓝纳四	byin rlabs rab [tu] gnas [pa]	庆赞
2	思满蓝	sman bla	药师坛
3	捌黑串卜	chos skyongs chen po	护城
4	朵儿禅	gtor [ma] chen [po]	大施食
5	朵儿只列朵四	rdo rje mdos	美妙金刚回遮施食

---

① 孙悟湖：《"对勘东土经藏"：元代汉藏文化交流史上的壮举》，《中国社会科学报》2013年10月18日第A06版。
② 王启龙：《藏传佛教在元代政治中的作用与影响》，《西藏研究》2001年第4期。
③ 王启龙：《八思巴评传》，民族出版社1998年版，第192—194页。

续表

序号	《元史》音译	藏文转写	《元史》汉译
6	察儿哥朵四	vchar kavi mdos	回遮
7	笼哥儿	rlung vkhor	风轮
8	嗒朵四	bzavi mdos	作施食
9	出朵儿	chu gtor [ma]	出水济六道
10	党剌朵四	thang lha mdos	回遮施食
11	典朵儿	gtan gtor [ma]	常川施食
12	坐静（鲁朝）	gtso chen (klu bcos)	狮子吼道场
13	黑牙蛮答哥	Krisna-yamantaka	黑狱帝王
14	搠思江朵儿麻	chos skyong gtor ma	护江①神施食
15	赤思古林搠	phyivi sku rim chos	自受主戒
16	镇雷坐静 吃剌察坐静	byin rlabs gtso chen	秘密坐静
17	斟惹	vjam dbyangs	文殊菩萨
18	古林朵四	sku rim mdos	至尊大黑神回遮施食
19	歇白咱剌	Hevajra	大喜乐
20	必思禅	punya gzung chen	无量寿
21	睹思哥儿	gdugs dkar	白伞盖咒
22	收札沙剌	bsrung bya ([lngavi] tsa kra) tsa kra	五护陀罗尼经
23	阿昔答撒答昔里	Astasahasrika	八千颂般若经
24	撒思纳屯	lha srung gzungs	大理天神咒
25	阔儿弗卜屯	vkhor lo chen po gzungs	大轮金刚咒
26	且八迷屯②	tshe dpag med gzungs	无量寿经
27	亦思罗八	vod zer pa vod zer can ma	最胜王经
28	撒思纳屯	同 24	护神咒
29	南占屯	[rdo rje] rnam [par] vjos [pavi] gzungs	坏相金刚
30	卜鲁八	[rdo rje] phur pa	咒法
31	擦擦	tsha tsha	以泥作小浮屠
32	答儿刚	star khang gtor khang	—

① "江"应为"法"。
② 《八思巴评传》中写作"尼"，但根据藏文应译为"屯"。

虽然《元史·释老传》中对所记的藏传佛教佛事也给出了相应的汉语译文，但语焉不详的地方颇多，这导致在许多佛事活动的解读上存在巨大分歧，目前，仍然以日本学者野上俊静的《元史释老传研究》最为权威。

1. 镇雷阿蓝纳四，汉译庆赞，按照《丁福保佛学大词典》解释为"新调佛像经卷及堂塔等时之法事也。庆喜成功，赞善根之义"。

2. 思满蓝，汉译"药师坛"则是设立药师坛城，祈请供奉药师佛等，以达到除灾祛病、资生延寿的目的。元代对"药师坛"很重视，沙啰巴为此还奉旨翻译了《药师琉璃光王七佛本愿功德经念诵仪轨》两卷、《药师琉璃光王七佛本愿功德经念诵仪轨供养法》一卷。药师七佛是萨迦派的本尊大法之一，其具体的修法是：

> 修炼者观想在自己面前虚空中，出现药师佛，全身蓝色，胸前现一蓝色种子字"吽"，放光射入自己身中。
> 继观想自己正金刚跏趺坐，头顶上则坐有蓝色的药师佛。在蓝色药师佛顶上复有两尊白色药师佛重叠而坐。
> 在第三尊药师佛顶上复有两尊粉红色药师佛重叠而坐。
> 在第五尊药师佛顶上复有两尊黄色药师佛重叠而坐。
> 这样在修炼者顶上坐有蓝、白、白、粉红、粉红、黄、黄等药师七佛。
> 观想自己分身为无数人，在七佛坛前以供品作虔诚供养。
> 继而，观想顶上药师佛第七尊化入第六尊，第六尊化入第五尊，第五尊化入第四尊，第四尊化入第三尊，第三尊化入第二尊，第二尊再化入蓝色药师佛身中。
> 此时，蓝色药师佛放光，自我顶上往下溶入我身中，我也随之化成蓝色，而业障疾苦也随之往下排出体外，我即成为清净的琉璃色身。
> 自观顶上"唵"字放白光，喉上"阿"字放红色光，心上"吽"字放蓝色光。念诵如下药师佛心咒（最少一百零八遍）：

达雅塔，俺贝下泽，贝下泽，

玛哈贝下泽，热砸萨穆噶爹，梭哈。

最后，观想自己坐在莲花座上，座上有月轮，月轮上有蓝色药师佛，即与我无二无别，在胸前有"吽"字，放着蓝色的光，光照十方。①

3. 挷思串卜，汉译"护城"，按照藏语"chos-skyongs-chen-po"（"挷思串卜"）翻译来看，其意为"护法"、"大护法"，应该是和护佑、庇护等有关的佛事活动。

4. 朵儿禅，汉译"大施食"一般有两层含义：布施食物给饿鬼和供养斋食给僧人，这里指的是前一种情况。藏语"gtor-ma"，音译为"朵马"，是由糌粑捏成的、用于供施神鬼的食品丸子。

5. 朵儿只列朵四，汉译"美妙金刚回遮施食"的"rdo-rje-mdos"说明这应该是食品做成的各种形状的贡品上供金刚的法事，以达到遮挡、化解各种邪咒外魔的作用。

6. 察儿哥朵四，汉译回遮，"回"即挡回，"遮"即遮断，挡回化解一切逆缘和恶咒邪魔的法事。

7. 笼哥儿，汉译风轮，也就是与由风转动经轮有关的佛事，藏传佛教认为，转经轮有无量的功德，瑜伽士修持七年的功德，不如转动一次经轮的功德，于一大劫中听闻三藏四续的功德，不如转动一次经轮的功德。

8. 嗒朵四，汉译作施食，其藏语"bzavi"是食品的；"mdos"也被译作"灵器"，灵器是供施的代替品，特指用彩钱绕成或用糌粑捏成日用品、牲畜、房屋等模拟物。用以供神者称为上供灵器，用以布施鬼类者称为下施灵器。②

9. 出朵儿，汉译"出水济六道"，藏语"chu-gtor [ma]"字面意思

---

① 尕藏加：《西藏佛教神秘文化——密宗》，西藏人民出版社 1996 年版，第 227—228 页。
② 参见张怡荪编《藏汉大辞典》，民族出版社 1993 年版，第 1387 页。

是"水食子",食子也就是"朵马",水食子是连同水乳等一同施放的供神食子。工珠(蒋贡康慈)仁波切所著的密宗仪轨《水食子》中对此有较为详细的描述:

> 大乘修行法门中,不外乎内养慈悲菩提心,外行上供下施等六度菩萨行,俾以积集福德智慧资粮,期成正觉。而行持之法,则赖量己所能,尽力为之。密法既称方便,当有简便易行之法,收事半功倍之效,普利群生,自他二利。此中以俗称"水供"之施"水食子"最为殊胜,何以故?盖其仅需水及少许米或杂粮即可修供,而能兼及上供、下施。其上供对像有二种,一般为三宝、三根本、护法、神祇及施六道冤亲债主,特别之对象即财神;下施亦二种,一种为一般饿鬼,特别为饿鬼中极受痛苦之焰口饿鬼,因此本法仅以施水,即表达积集资粮——上供三宝三根本,清净业障——回施六道冤亲,求财——水供财神,并以最大之慈悲心下施赢弱受苦之——饿鬼,放焰口——济度焰口饿鬼,其功德自不待言。①

他在《水食子》中也提出该仪轨在元代就传入了汉地,即"出朵儿"。

10. 党剌朵四,汉语为"回遮施食",也就是为制服、调伏、化解邪咒外魔而施放食子、朵马。

11. 典朵儿,汉语所译的"常川施食",常川在元代汉语中通"常",也就是常常、经常、连续不断的意思。常川施食就是长期在神灵或者特定的场所陈列朵马,不会撤除,以达到持续的效果。

12. 坐静(鲁朝),这两个术语在《释老传》中并列出现,并共同使用了一个汉语解释"狮子吼道场",但实质上它们并不是同一个佛事。"坐静"的藏语"gtso-chen"为"大主尊"之意,是"大主尊狮子吼曼荼罗道场"的简称。坐静作为藏传佛教的法事,在《元史》中屡

---

① 参见工珠(蒋贡康慈)仁波切《水食子》,法护译,台湾大藏文化出版社1996年版。

有提及：

至元二十四年（1287）：命西僧监藏宛卜卜思哥等作佛事坐静于大殿、寝殿、万寿山、五台山等寺，凡三十三会。①

至元二十五年（1288）：命亦思麻等七百余人作佛事坐静于玉塔殿、寝殿、万寿山、护国仁王等寺，凡五十四会。②

至元二十六年（1289）：幸大圣寿万安寺，置旃檀佛像，命帝师及西僧作佛事坐静二十会。③

至元二十七年（1290）：命帝师西僧递作佛事坐静于万寿山厚载门、茶罕脑儿、圣寿万安寺、桓州南屏庵、双泉等所，凡七十二会。④

至元二十八年（1291）：令僧罗藏等递作佛事坐静于圣寿万安、涿州寺等所，凡五十度。⑤

泰定元年（1324）六月：丁卯，大崿殿成，作镇雷坐静佛寺。⑥

另外，后面镇雷坐静、吃刺察坐静被译为"秘密坐静"，既然译成汉语，还有"坐静"二字，则还有另外一种可能："坐静"本为汉语，这里的法事名称是汉语、藏语的合体。在整个《元史》中，除了《释老传》中列出了藏传佛教法事的藏文名称外，其他地方提到西藏佛教法事几乎都用汉语的意译，如"厌雷"等，但"坐静"这个词屡次出现，因此，极有可能是汉语。元代戴善甫《翫江亭》中便有"自家牛璘的便是，自从跟的师父出了家，真个快活也。俺出家人闲来坐静，闷来游访，寻仙问道"⑦的句子。但汉地"坐静"一词与禅观相联系，西藏佛教法事"坐静"应该以"坐"为主，也就是在某个地方较长时间的举行特定的法事仪轨。

"鲁朝"，意为"龙病的平复"，即对大主尊狮子吼曼荼罗进行宗教

---

① 《元史》卷14，第303页。
② 同上书，卷15，第318页。
③ 同上书，卷15，第329页。
④ 同上书，卷16，第343页。
⑤ 同上书，卷16，第354页。
⑥ 同上书，卷29，第648页。
⑦ （元）戴善甫：《翫江亭》，涵芬楼藏版第7册。

仪轨，祈愿龙病（癫病）消除，病者康复。但是，"鲁朝"二字的对音，还有其他可能性的两种解释："其一、有可能是藏文 klu-khrod 的音写，意为'龙居'，即念咒祈祷龙王安居，勿伤及世人。《萨迦·贡噶洛卓文集》内有'龙王安住祈请文'（klu-rgyal-brtam-bzhugs-kyi-vdud-gsol-bzhugsso），疑即此。其二、有可能是藏文 dur-khrod 音写，意为'尸林'，系指对尸林之主的朵马供法。《萨迦·贡噶洛卓文集》内有'尸林主之朵马供法'（dur-khrod-bdag-povi-gtorbsngo-bzhugs-so），疑即其详"。①

13. 黑牙蛮答哥，即黑敌阎曼德迦，也译为大黑阎摩敌黑狱帝王。他是无上密乘中，赤、黑、畏怖三大阎摩敌本尊之一，黑牙蛮答哥是汉语"黑"加上梵文 Yamāntaka（阎曼德迦）的组合。阎曼德迦是文殊菩萨的忿怒相，他依旧体现着文殊菩萨的慈悲，"他的慈悲本性主要体现在身后世界，在此他尽管作为至上审判和冷酷无情的狱卒魔怪之主，但同时也致力于对恶趣有情的救度"。② 其通常特征是"肤色蓝黑，一面二臂，右手举金刚蔚蓝棒，左手结期克印并执绢索抓住胸间；獠牙龇咧，三只慧眼，须发红黄，披散飘逸；五顶骨作冠，身挂五十只鲜顶骨，腰系虎裙，身形矮小，腹部下垂，腿右曲左伸，站在红牛之上"。③ 所以，在元代宫廷中做黑牙蛮答哥法事，目的还是救度地狱众生。

14. 搠思江朵儿麻，"搠思江"（chos-skyong）是护法神之意，这个法事就是对护法神进行的供施。

15. 赤思古林搠，元代译作"自受主戒"，也就是信徒在佛像前自己受戒。在云南大理凤仪写经中，就有《吉祥喜乐金刚自受主戒仪》一卷，经中有"大成就帅发思巴辣麻传，持咒沙门达宗著，思吉玲禅译"的题记，这里的发思巴即八思巴，所以，这是元代以后传入大理地区的汉译藏传佛教经典。④ 元代宫廷中所传的"赤思古林搠"也可能

---

① 张云：《〈元史·释老传〉藏汉译名证补》，《欧亚学刊》第 1 辑。
② ［意］图齐：《梵天佛地》第 3 卷第 2 册，上海古籍出版社 2009 年版，第 39—40 页。
③ 久美却吉多杰：《藏传佛教神明大全》，曲甘·完玛多杰译，青海民族出版社 2004 年版，第 155 页。
④ 参见侯冲《中国有无"滇密"的探讨》，《中国佛学》第 1 卷第 1 期，1998 年 10 月。

和八思巴所传的《吉祥喜乐金刚自受主戒仪》有关。

16. 镇雷坐静、吃剌察坐静,镇雷坐静在野上俊静的著作中称为"加持大主尊";吃剌察坐静,"藏文似应为 khrag-tshal(gyi)-gtso-rkyang,意为'血林主尊'。似指无上密乘本尊上乐金刚,也即饮血金刚(khrag-vthung)"。①

17. 斟惹,藏文 vjam-dbyangs 的对音,汉译"文殊菩萨",元代文殊信仰很兴盛,萨迦班智达和八思巴都被认为是文殊菩萨的化身。元代宫廷中的文殊菩萨法事,应该是密教中的文殊法事。

18. 古林朵四,汉译"至尊大黑神回遮施食",古林(sku-rim)是"敬事"、"事奉"之意,朵四(mdos)即施食。如果汉译是准确的,那么这里的藏语无疑有所省略,也就是省略了大黑神。大黑神即大黑天,其梵文名称为 Mahākāla,音译为摩诃葛剌,他是藏传佛教中最重要的护法神之一。从元代开始,大黑天信仰传入汉地,备受皇室崇信,被视为战神、军神、护国神,其信仰和影响一直延续到清代。元代对大黑天信仰与八思巴、胆巴有关,据《汉藏史集》记载至元十一年(1274),八思巴修建摩诃葛剌神殿护佑伯颜攻打南宋:

> 皇帝又对上师八思巴道:"如今遣伯颜领兵攻打蛮子地方如何?"上师回答说:"彼足以胜任。我将为其设法,求得吉兆"。上师遣尼泊尔人阿尼哥,犹如幻化之工匠般出力,在巨州地方兴建一座神殿,内塑护法摩诃葛剌主从之像,由上师亲自为之开光。此依怙像之脸面,朝向南方蛮子地方。并命阿阇黎胆巴贡噶在此护法处修法②。

元代对摩诃葛剌的信仰不仅是皇室行为,其影响也传到民间,《佛祖通载》中就有胆巴修摩诃葛剌神以助国事的记载:

---

① 张云:《〈元史·释老传〉藏汉译名证补》,《欧亚学刊》第1辑。
② 《汉藏史集》,第154页。

初，天兵南下，襄城居民祷真武，降笔云："有大黑神领兵西北方来，吾亦当避。"于是列城望风款附，兵不血刃。至于破常州，多见黑神出入其家，民罔知故，实乃摩诃葛剌神，此云大黑，盖师祖父七世事神甚谨，随祷而应，此助国之验也。乙亥①师具以闻。有旨建神庙于涿之阳，结构瑰丽，神像威严，凡水旱蝗疫，民祷响应。②

《汉藏史集》中提到的"巨州"是《佛祖通载》中的涿州，即今天北京的西南部。元代不仅在大都建造了大黑天殿，而且在许多寺院里还塑造大黑天像，《元代画塑记》记载：元仁宗皇庆二年（1313），在大圣寿万安寺内，塑造大小佛像140尊，其中就包括西北角楼摩诃葛剌等15尊，东西角楼四臂摩诃葛剌等15尊。③ 延祐七年（1320），又下旨在兴和路寺西南角楼内，塑摩诃葛剌佛及伴绕神圣。具体是一尊摩诃葛剌，左右佛母两尊，伴绕神12尊。④ 至治三年（1323），在皇宫内延华阁下徽青亭门内，塑造摩诃葛剌像，规制也是一尊摩诃葛剌像，左右二佛母，眷属12尊。⑤ 泰定三年（1326），在大天源延圣寺的西南角楼塑摩诃葛剌等像15尊。⑥

除了京城大都，元朝从南至北的寺院中都出现过摩诃葛剌的塑像。延祐五年（1318），在全宁路西南方建护国寺，专祠摩诃葛剌，寺院建成后，命柳贯撰文刻于碑以记其事。柳贯在碑文中提道："玛哈噶拉神，汉言大黑神也。初，太祖皇帝肇基龙朔，至于世祖皇帝绥华纠戎，卒成伐功，而隆事玛哈噶拉神，以为国护赖，故又号大护神，列诸六祠，祷辄响应，而西域圣师人弟子丹巴小以其法来国中为上祈祠，因请

---

① 至元十二年，1275年。
② 《佛祖通载》，第416页。
③ 《元代画塑记》，人民美术出版社1964年标点本，第15页。
④ 同上书，第22页。
⑤ 同上。
⑥ 同上书，第23页。

立庙于都城之南涿州，祠既日严而神益以尊。"①

全宁路治所在全宁（今内蒙古翁牛特旗）。元大德元年（1297）置府，七年（1303）升为路（元代的地方行政建置）。辖境相当于今内蒙古西拉木伦河以南、赤峰以北。为鲁国大长公主祥哥剌吉的封邑。护国寺为鲁国大长公主建造，可见摩诃葛剌信仰在皇室成员中很普及。而全宁路就地理位置而言，在大都东北1200余里，在元上都东北部，所以摩诃葛剌崇拜已经北传到元朝极北之地了。

在南方，杭州宝成寺里有塑于至治二年（1322）的摩诃葛剌像，其像雕刻在寺庙左侧的佛龛内，龛侧壁刻有题记："朝廷差来官骠卫上将军左卫亲军指挥使伯家奴，发心喜净财，庄严麻曷葛剌圣相一堂，祈福保佑宅门光显，禄位增高，一切时中吉祥如意者，至治二年□月□日立石。"② 伯家奴雕塑这尊摩诃葛剌像显示出对大黑天的信仰已经普及到官员中间，而信仰的内涵也不再是仅仅将大黑天作为战神，大黑天与其他神灵的作用并没有本质性的区别，都有保佑家宅、增长禄位的作用。《佛祖通载》中提到摩诃葛剌时说"凡水旱蝗疫，民祷响应"，也更加说明了元代摩诃葛剌信仰的普及性、民间性以及汉地化的特点。

19. 歇白咱剌，《元史》中译为"大喜乐"。歇白咱剌是梵文Hevajra的音译，其意为喜金刚，又称呼金刚、欢喜金刚、饮血金刚。所以将Hevajra翻译为"大喜乐"并不准确。③ "欢喜"意思是通过修行所获得的大自在、大自由和大解脱，也就是真正的身心合一的大欢喜境界。喜金刚是萨迦派的重要本尊之一，其造像风格通常是双身、单腿稍弯曲立于莲花座上，左腿向内弯曲，右脚下踩两个仰卧人，象征摄受

---

① 参见张羽新《玛哈噶拉——元朝的护国神——从柳贯〈护国寺碑铭〉谈起》附录，《世界宗教研究》1997年第1期。

② 石青芳：《杭州宝成寺大黑天造像考》，《东南文化》1997年第2期。

③ 卓鸿泽：《"演揲儿"为回鹘语考辨——兼论番教、回教与元、明大内秘术》，载沈卫荣主编《西域历史语言研究集刊》（第1辑），科学出版社2007年版，第230页："歇白咱剌为梵文Havajra的藏文化的读法（藏文将vajra拼读为badzra），华言'喜金刚'，亦非'大喜乐'。"

和降伏的邪恶与无明。欢喜金刚拥抱明妃金刚无我佛母，所以整个造像有慈悲与智慧并重的象征意义。在蒙元时期与明代早期，喜金刚和大黑天是与内地宫廷关系最为密切的两尊佛像。

20. 必思禅，汉译"无量寿"，无量寿佛即阿弥陀佛，这是藏传佛教中与净土法门有关的佛事活动。杭州飞来峰现存的藏传佛教造像中，诸佛造像最多，这其中又以无量寿佛造像为最多，充分显示了元代对无量寿佛的崇拜盛况。

21. 睹思哥儿，汉译"白伞盖咒"，全称《佛顶大白伞盖陀罗尼》，此经被沙啰巴翻译成了汉文，收在《大正藏》中，主要是讲大白伞盖陀罗尼功德的。

22. 收札沙剌，汉译"五护陀罗尼经"。《元史》校勘记中提到"'收札沙剌'显系梵语译音。梵语'五'，佛典中通常译写为'般遮'、'般阇'；'沙剌'即'护'。疑'收'为'般'字之误"。[①]《五护陀罗尼经》由五种陀罗尼合集而成，此经在尼泊尔颇受重视。其中：（1）《大随求陀罗尼经》，是对罪恶、疾病，及其他灾祸的防护；（2）《守护大千国土经》是对恶鬼的防护；（3）《大孔雀经》是对蛇毒的防护；（4）《大寒林陀罗尼经》是对灾星、野兽、毒虫的防护；（5）《大护明大陀罗尼经》是对疾病的防护。《五护陀罗尼经》是元代流传很广泛的一部藏传佛教经典，高昌女尼舍蓝蓝（1269—1332）礼帝师扎巴俄色为师，"黄金缮写番字藏经《般若八千颂》、《五护陀罗尼》十余部及汉字《华严》《楞严》，畏兀字《法华》《金光明》等经二部"。[②]

23. 阿昔答撒答昔里（Astasahasrika），汉译《八千颂般若经》。这也是舍蓝蓝抄写的藏文经书之一。《八千颂般若经》在西藏地位很高，被认为是学习般若性空理论最重要的典籍之一。

24. 撒思纳屯，《元史》中译为"大理天神咒"。按照野上俊静的观点，撒思纳屯的藏文是"lha-srun-gzungs"，为"护法神陀罗尼"之

[①] 《元史》卷202，第4532页。
[②] 《佛祖通载》，第430页。

意，是对众多护法神祈求守护所念的咒语。①

25. 阔儿弗卜屯，汉译"大轮金刚咒"。这个咒语有唐代金刚智的汉译本，其作用是能快速地成就一切坛法和印法，更为重要的是如果诵此咒21遍，然后在无灌顶而自行结手印持诵其他咒法时，就不会构成盗法。大轮金刚菩萨是藏传佛教的重要本尊之一。

26. 且八迷屯，"且八迷"即藏语"tshe-dpag-med-gzungs"的音译，"gzungs"是咒语、陀罗尼，合起来就是"无量寿咒"，此咒以增长寿命为目的。《元史》中译为"无量寿经"。

27. 亦思罗八，汉译"最胜王经"。《最胜王经》全名为《金光明最胜王经》，也就是《金光明经》，亦思罗八应该是其藏文名称"gser-vod-pa"的元代读法。② 古代的佛教大师假借世间之金与光明比喻法性之深妙，故有此经名。《金光明经》有镇护国家的功效，其内容称：诵读流布此经之国土，皆受诸佛保护，得其授记，所求无不圆满。③

28. 撒思纳屯，这是24条的重出。

29. 南占屯，汉译"坏相金刚"。"南占屯"是藏语"rnam-vjos-gzungs"的汉译，所以，准确的意义为"坏相金刚陀罗尼"。坏相金刚也被称为摧破金刚或者摧坏金刚，按照佛教的说法，它是金刚手菩萨依靠佛的加持，入忿怒金刚三昧而生出的尊相，它总集了一切佛除障摧破的威力。持诵《坏相金刚陀罗尼》的主要功德是消除晦气与污秽。《坏相金刚陀罗尼》在元代由沙啰巴从藏文译为汉语，保留在《大藏经》中，这属于萨迦派的摧破金刚传承。

30. 卜鲁八，汉译"咒法"。准确地说，"phur-pa"是"金刚橛"，所以这应该是利用金刚橛镇魔的宗教仪轨。野上俊静则认为是对金刚橛守护神诵念的咒语。

---

① ［日］野上俊静：《〈元史·释老传〉笺注》，载［日］内田吟风等：《北方民族史与蒙古史译文集》，余大钧译，云南人民出版社2003年版，第583页。

② 野上俊静在《元史释老传的研究》中将"亦思罗八"的藏语写为"vod-zer-pa-vod-zer-can-ma"似乎并不准确。

③ 参见陈楠《藏史新考》，中央民族大学出版社2009年版，第59页。

31. 擦擦，汉译"以泥作小浮屠"。"擦擦"这个术语今天还在使用，指的是小型的泥佛像或者泥塔。关于擦擦，图齐总结道："擦擦一般用土和水捏制，有时也添加大喇嘛的身骨。因各种因缘而掺入青稞或小麦也不罕见：它们或用于开光、或用于祈求丰年、或用于还愿。"在词源上，他认为 tsha-tsha 来源于印度的俗语，即梵文的 satchāya，原意为完美的形象或复制。① 擦擦有时也作为佛塔的装藏而置于塔内，所以制作数量惊人，《元史·释老传》中说："作擦擦者，或十万二十万以至三十万。"② 除此而外，还可以供养在寺院的屋顶、玛尼堆上或修习的岩窟内。

32. 答儿刚。这个在《元史》中并没有具体的解释，只提到"其作达尔刚者，或一所二所以至七所"。③"答儿刚"现译为"擦康"（tsha-khang），是指一种专门放置擦擦的小型宗教建筑，状若方形单层房屋，无门，四面或两面辟窗洞（也有不辟窗洞的），内装满擦擦。④ 窗洞一方面可以用来透气，另一方面也供朝拜的人不断往里添加擦擦。

《元史·释老传》中记载的这些佛事，归结起来可以分为四大类：施食、持咒、诵经以及围绕特定的神灵举行的宗教仪轨，其中制作擦擦和建造答儿刚严格意义上不能算是佛事活动，但可能因为这两项活动举行时都伴随着一定的宗教仪轨，因而也被归在"祝釐祷祠"之中了。元代举行的这些佛事活动的目的主要有两大类：护国、佑身。其中护国佛事又以"白伞盖"佛事最为盛大。《元史·祭祀志》中对这一大型佛事活动有详细记载：

> 世祖至元七年，以帝师八思巴之言，于大明殿御座上置白伞盖一，顶用素缎，泥金书梵字于其上，谓镇伏邪魔护安国刹。自后每岁二月十五日，于大明殿启建白伞盖佛事，用诸色仪仗社直，迎引

---

① 《梵天佛地》（第1卷）之《西北印度和西藏西部的塔和擦擦——试论藏族宗教艺术及其意义》，第32—33页。
② 《元史》卷202，第4523页。
③ 同上。
④ 张建林：《藏传佛教后弘期早期擦擦的特征——兼谈吐蕃擦擦》，《中国藏学》2010年第1期增刊。

伞盖，周游皇城内外，云与众生祓除不祥，导引福祉。岁正月十五日，宣政院同中书省奏，请先期中书奉旨移文枢密院，八卫拨伞鼓手一百二十人，殿后军甲马五百人，抬舁监坛汉关羽神轿军及杂用五百人。宣政院所辖官寺三百六十所。掌供应佛像、坛面、幢幡、宝盖、车鼓、头旗三百六十坛，每坛擎执抬舁二十六人、钹鼓僧一十二人。大都路掌供名色金门大社一百二十队，教坊司云和署掌大乐鼓、板杖鼓、筚篥、龙笛、琵琶、筝、篆七色，凡四百人。兴和署掌妓女杂扮队戏一百五十人，祥和署掌杂把戏男女一百五十人，仪凤司掌汉人、回回、河西三色细乐，每色各三队，凡三百二十四人。凡执役者，皆官给铠甲袍服器仗，俱以鲜丽整齐为尚，珠玉金绣，装束奇巧，首尾排列三十余里。都城士女，间阎聚观。礼部官点视诸色队仗，刑部官巡绰喧闹，枢密院官分守城门，而中书省官一员总督视之。先二日，于西镇国寺迎太子游四门，舁高塑像，具仪仗入城。十四日，帝师率梵僧五百人，于大明殿内建佛事。至十五日，恭请伞盖于御座，奉置宝舆，诸仪卫队仗列于殿前，诸色社直暨诸坛面列于崇天门外，迎引出宫。至庆寿寺，具素食，食罢起行，从西宫门外垣海子南岸，入厚载红门，由东华门过延春门而西。帝及后妃公主，于玉德门外，搭金脊吾殿彩楼而观览焉。及诸队仗社直送金伞还宫，复恭置御榻上。帝师僧众作佛事，至十六日罢散。岁以为常，谓之游皇城。或有因事而辍，寻复举行。夏六月中，上京亦如之。①

这次佛事活动就是将置于皇帝御座之上的"镇伏邪魔护安国刹"白伞盖从皇宫迎出，在皇城里巡游，官民瞻礼膜拜。整个活动从准备到结束历经一个月，涉及宣政院、枢密院、中书省、礼部、刑部等部门，直接参与的人达5000多人，社会阶层上至百官，下至妓女杂耍者都参与其中，其影响是可想而知的。"游皇城"每年都要举行一次，且士女

---

① 《元史》卷77，第1926页。

百姓倾城出动观看，它事实上已演变为京城的一个节日。这场规模巨大的佛事活动，给尽可能多的人提供了了解、接近、信仰藏传佛教的机会。一直到元末顺帝至正十二年（1352），《元史》上记载还在"迎白伞盖游皇城"。

根据整个《元史》作一个统计，1293年全年做佛事102种，到1303年增至500余种，主持人和参加者多为萨迦派僧人。这些佛事活动规模巨大，延祐四年（1317）宣徽使汇总了每年内廷佛事活动的花费，总计用面四十三万九千五百斤，油七万九千斤，酥二万一千八百七十斤，蜜二万七千三百斤。① 仁宗皇庆二年（1313），"各寺修佛事日用羊九千四百四十，敕遵旧制，易以疏食"②。这些佛事活动是藏传佛教传播的主要方式之一。

第四节　汉地的藏传佛教寺院

除了举行藏传佛教的佛事活动，元代还在内地修建了许多弘传藏传佛教的寺院。至元二十八年（1291），宣政院奏：天下寺宇四万二千三百一十八区，僧、尼二十一万三千一百四十八人。③ 这么多数量的寺院，虽然汉藏佛教都有，但元代以藏传佛教为胜，这中间也就包括了许多新建的藏传佛教寺院。载在《元史》中的有大护国仁王寺、大圣寿万安寺、大永安寺（香山）、大承天护圣寺、大崇恩福元寺、大天源延圣寺、寿安山寺、大承华普庆寺、大崇国寺、兴国寺等。此外，在宫廷内也有佛寺。

其中著名的大护国仁王寺始建于至元七年（1270），完成于至元十一年（1274），是元代北京修建最早的藏传佛教寺院，寺址在大都城西高梁河畔，因此也被称为"高梁河寺"、"高良河寺"，在《析津志》

---

① 《元史》卷202，第4523页。
② 《元史》卷24，第555页。
③ 《元史》卷16，第354页。

中又被称作西镇国寺和镇国仁王寺。① 按照《顺天府志》记载，该寺"寺宇宏丽雄伟，每岁二月八日大阐佛会，庄严迎奉，万民瞻仰焉"。② 大护国仁王寺是一座和藏族僧人关系密切的寺院，其创建目的和八思巴有关。据《佛祖历代通载》记："帝尝问帝师云：修寺建塔有何功德？帝师云：福荫大千。由是建仁王护国寺，以镇国焉。"③ 大护国仁王寺的设计者为八思巴的弟子阿尼哥，《凉国敏慧公神道碑》中记载："若佑圣庙之肖貌如生，若护国仁王之庄严无上，若西园之玉塔陵空，皆公心匠之权舆。"④

阿尼哥是尼泊尔人，以画像雕塑、刻铸佛像见长。1260年，17岁的阿尼哥带领80名工匠到西藏替八思巴建黄金塔。塔成之后，八思巴将他带入京师，剃度收为弟子，并推荐给元世祖。阿尼哥是元代著名的匠师，"凡两京寺观之像，多出其手"。⑤《凉国敏慧公神道碑》记载了他所建造、设计的主要寺庙：

> 十一年⑥，建乾元寺于上都，制舆仁王寺等。上都国学始成，肖祀夫子十哲，诏公为之。赐宅京师咸宜里，金币皆有差。十三年建寺于涿州，如乾元制……十六年，建圣寿万安寺，浮图初成，有奇光烛天。上临观，大喜，赐京畿良田亩万五千，耕夫指千，牛百，什器备。十七年，建城南寺。二十年，建兴教寺。二十八年，创浑天仪及司天器物。世祖上宾，公于私第为水陆大会四十九日以报。又追写世祖、顺圣二御容，织帧奉安于仁王、万安之别殿。元

---

① 顾寅森：《元大护国仁王寺名称、地址考略》，《元史及民族与边疆研究集刊》（第23辑），第61页。关于大护国仁王寺是否就是西镇国寺，学术界有不同看法，详细分歧可参见包世轩《元大护国仁王寺旧址及相关问题考察》（《北京文博》2001年第2期）、刘之光《元代大护国仁王寺与西镇国寺位置的商榷》（《北京文博》2002年第1期）。
② 《顺天府志》卷7，北京大学出版社1983年影印本，第5—6页。
③ 《大正藏》第49册，第722页中栏。
④ （元）程钜夫：《凉国敏慧公神道碑》，《雪楼集》卷7，《景印文渊阁四库全书》影印本，台湾商务印书馆1983—1986年，集部，第1202册，第84页。
⑤ 《元史》卷203，第4546页。
⑥ 至元十一年，1274年。

贞元年，建三皇庙于京师，又建万圣祐国寺于五台。裕圣临幸，赏白金万两，妻以戚里女囊和尔沁，资送中给。崇真万寿宫成，诏公位置像设。大德五年，建浮图于五台。始构，有祥云瑞光之异。又命织成裕宗、裕圣二御容，奉安于万安寺之左殿。六年，国学文庙成。复命为之肖，位遵先献也。公奉诏感激，益尽心思焉。八年，建东花园寺，铸丈六金身。九年，建圣万寿宁寺，造千手眼菩萨，铸五方如来。于是公已老矣，最其平生所成，凡塔三，大寺九，祠祀二，道宫一。①

八思巴在至元十七年（1280）圆寂后，元朝在护国仁王寺内建大塔，奉藏真身舍利。元贞元年（1295）四月，胆巴出任大护国仁王寺的主持，"奉诏前往大护国仁王寺，敕太府具驾前依仗，百官护送"②。胆巴去世后，元成宗赐沉香及檀香木等火化遗体，并命大都留守送其舍利至大都，于大护国仁王寺庆安塔中供放。日本学者认为大护国仁王寺是历代帝师在京师的住所，也就是藏文史书中所说的"花园大寺"（藏文为：me-tog-ra-bai-sde-chen-po，或写作 me-tog-ra-ba）③，即"梅朵热哇"。这与藏文史书的记载吻合，《萨迦世系史》中说元朝的第三任帝师达玛巴拉在梅朵热哇住了5年，并为八思巴建水晶大舍利塔，后又在水晶大舍利塔处修建了一座大佛殿④，这又和汉文史料里所说的元朝在护国仁王寺内建大塔，奉藏八思巴的真身舍利是吻合的。

大圣寿万安寺就是今天北京阜成门内大街路北的白塔寺，关于其建成时间，历来是有分歧的，这主要源于《元史》记录中的前后矛盾。《元史》卷八中讲在至元九年（1272）建大圣寿万安寺；卷十讲在至元十六年（1279）建圣寿万安寺于京城，并且"敕诸国教师禅师百有八

---

① 《凉国敏慧公神道碑》，《雪楼集》卷7，第84—85页。
② 《佛祖通载》，第417页。
③ 参见［日］中村淳《元大都敕建寺院概述》，宝力格译，《蒙古学信息》2003年第1期。
④ 《萨迦世系史》，第163页。

人，即大都万安寺设斋圆戒，赐衣"①。卷十三中说至元二十二年（1285），"以中卫军四千人伐木五万八千六百，给万安寺修造"。但也就在这一年，"命帝师也怜八合失、甲自罗二思八等递藏佛事于万安、兴教、庆寿等寺凡一十九会"②。卷十五中讲至元二十五年（1288），"甲戌，万安寺成，佛像及窗壁皆金饰之，凡费金五百四十两有奇，水银二百四十斤"③。所以，有关大圣寿万安寺的修建时间，在《元史》中有至元九年、十六年、二十五年三个时间。如果结合至元二十二年还在修造以及《雪楼集》卷七中说至元"十六年，建圣寿万安寺浮图初成，有奇光烛天，上临观，大喜，赐京畿良田亩万五千，耕夫指千，牛百，什器备"④的说法，大圣寿万安寺应该是从至元九年开建，至元十六年是佛塔建成的时间，该寺彻底建成的时间是至元二十五年。因为大圣寿万安寺规制宏大，《佛祖历代通载》中说该寺在创建之初，忽必烈曾向东南西北四向上各射一箭为寺界⑤，按照推算，蒙古人大拽弓放的射程约为300到500公尺⑥，该寺最大为一平方公里。元贞元年，因为国忌，在大圣寿万安寺斋僧七万人，此寺的规模可见一斑。⑦所以，该寺是一边建造，一边使用，还没有完成，帝师就已经在里面做佛事了。

　　大圣寿万安寺里面供放过旃檀佛像，而且元文宗至顺三年（1332），还在寺中修建了八思巴影殿。大圣寿万安寺也是由阿尼哥督造修建的，明代改为妙应寺。寺中著名的释迦舍利灵通塔（白塔），按照塔的碑文记载，是由帝师亦邻真（仁钦坚赞）依照密教的相关内容排布设计的。大圣寿万安寺内，"塑造大小佛像一百四十尊。东北角楼

---

① 《元史》卷10，第218页。
② 同上书，卷13，第283页。
③ 同上书，卷15，第311页。
④ 《雪楼集》卷7，第84—85页。
⑤ 《大正藏》第49册，第723页中栏。
⑥ [美]陈学霖：《"一箭之遥"证史》，载《史林漫识》，中国友谊出版公司2000年版，第46页。
⑦ 《元史》卷18，第390页。

尊胜佛七尊，西北越楼内山子二座，大小龛子六十二，内菩萨六十四尊。西北角楼朵儿只南砖一十一尊，各带莲花座光焰等。西南北角楼马哈哥剌等一十五尊，九曜殿星官九尊。五方佛殿五方佛五尊，五部陀罗尼殿佛五尊，天王殿九尊，东西角楼四背马哈哥剌等一十五尊"①。这些塑像中的尊胜佛、朵儿只南砖（金刚萨埵）、摩诃葛剌、五方佛等都是藏传佛教或者至少都是密宗中的主尊。另外寺中的主持僧人多数都具有藏传佛教背景，例如《至元法宝勘同录》中提到大圣寿万安寺临坛大德、崇教大师沙门应吉祥、大圣寿万安寺传大乘戒临坛大德沙门理吉祥、圣寿万安寺都总统、佛觉普安大师沙门拣吉祥，元文宗朝的司徒、坛主严吉祥，这些僧人名字都带"吉祥"，"吉祥"之号与藏传佛教有关，应该是只有从帝师、国师受戒者方可得到这一称号。因此，也可以说，凡带有"吉祥"号的僧人皆可视为帝师、国师之戒弟子。②

元顺帝至正二十八年（1368），大圣寿万安寺毁于雷火，据《元史》记载：

> 六月甲寅，大都大圣寿万安寺灾。是日未时，雷雨中有火自空而下，其殿脊东鳌鱼口火焰出，佛身上亦火起。帝闻之泣下，亟命百官救护，唯东西二影堂神主及宝玩器物得免，余皆焚毁。此寺旧名白塔，自世祖以来，为百官习仪之所，其殿陛阑楯一如内庭之制。成宗时，置世祖影堂于殿之西，裕宗影堂于殿之东，月遣大臣致祭。③

所以这次大火中，大圣寿万安寺基本损毁殆尽，只有寺中可搬动的物件保留下来。

大天源延圣寺，原名庐帅寺，元代改名大天源延圣寺，明代改为清凉寺。一般认为该寺改名于泰定三年（1326），因为在泰定三年，"建

---

① 《元代画塑记》，第15页。
② 参见黄春和《元代大圣寿万安寺知拣事迹考》，《北京文博》2001年第4期。
③ 《元史》卷51，第1101页。

显宗神御殿于庐师寺,赐额曰:大天源延圣寺。敕以金书西番字藏经"①。但是,在泰定元年,《元史》中又记载"立寿福总管府,秩正三品,典累朝神御殿祭祀及钱谷事;降大天源延圣寺总管府为提点所以隶之"②。也就是说,在泰定元年,该寺已经存在了。但无论如何,在泰定三年,于寺中建成元显宗神御殿则是确定的,为此,朝廷还专门赐大天源延圣寺钞二万锭,吉安、临江二路田千顷③。次年,朝廷就命帝师在寺中做佛事。大天源延圣寺是较为典型的藏传佛教寺院,其寺内设计是在帝师的指导下进行的,对此《元代画塑记》有明确的记载:"泰定三年三月二十日,宣政院使满秃传敕:诸色府可依帝师指受,画大天源延圣寺。前后殿四角楼画佛,□□制为之。其正殿内光焰佛座及幡杆咸依普庆寺制造。仍令张同知提调,用物需之省部。正殿佛五尊,各带须弥座及光焰。东南角楼天王九尊,西南角楼马哈哥剌等佛一十五尊,东北角楼尊胜佛七尊,西北角楼阿弥陀佛九尊,各带莲花须弥座、光焰。东西藏镫殿二,内东殿孛佛母等三尊,西殿释迦说法像二尊,内山门天王四尊,各带须弥座、五山屏。后殿五方佛五尊。各带须弥座、光焰。"④ 寺中塑建的五方佛、尊胜佛、摩诃葛剌像都是藏传佛教的神灵。其中,幡杆也称嘛呢杆,高耸入云的幡杆上悬挂着驱邪镇魔的嘛呢幡,成为藏传佛教寺院极具特色的标志。

大承华普庆寺,修建于元武宗至大元年(1308),寺内设有多位皇帝的神御殿,皇家寺院的性质非常明确。对大承华普庆寺的记载,主要有姚燧的《普庆寺碑》碑铭与赵孟頫的《大普庆寺碑铭》。姚燧碑中提到此寺"大抵抚拟大帝所为圣寿万安寺而加小其磐础之安、陛阤之崇、题桨之鸯、藻绘之辉"⑤,也就是说是仿照大圣寿万安寺而建,只是在规模和装饰等方面都略次于大圣寿万安寺。按照《元代画塑记》记载,

---

① 《元史》卷30,第668页。
② 同上书,卷29,第651页。
③ 同上书,卷30,第674页。
④ 《元代画塑记》,第23页。
⑤ (元)姚燧:《牧庵集》卷11,商务印书馆民国二十五年(1936)版,第129页。

普庆寺前面立了二对"长一百尺"的挂幡铜竿①，也是典型的藏传佛教寺院的建制模式。

元代修建的这些寺院规模巨大，耗资惊人，根据史料中的不完全记载，修建这些寺院总计先后调用了各种军士 32000 人、工匠 1400 人、役卒卫卒 13000 人，耗金 30 铤②又 540 两以上、银 100 铤、水银 240 斤、钞 10000000 贯又 51700 铤。③

元代修建的藏传佛教寺院具有以下一些特点。

第一，这些寺院具有皇家寺院的性质，寺中都建有神御殿（影堂），供奉已经死了的帝后的御容。其中，"世祖帝后大圣寿万安寺，裕宗帝后亦在焉；顺宗帝后大普庆寺，仁宗帝后亦在焉；成宗帝后大天寿万宁寺；武宗及二后大崇恩福元寺，为东西二殿；明宗帝后大天源延圣寺；英宗帝后大永福寺；也可皇后大护国仁王寺"④。所以，元代的帝后生前受帝师戒，身后还要将自己的遗容供在寺庙中，祈求继续得到佛教诸神护佑。他们修建在寺庙中的影堂，无疑使这些寺庙也多了一道神圣的护身符。这些寺院的建成以及在寺中进行的佛事活动，极大地促进了藏传佛教在汉地的传播。

第二，这些寺院具有藏汉艺术交融的特色。一般来讲，藏式寺院都是按照曼陀罗的方式设计，以中间佛殿为中心，而汉式寺院则在中轴线两边设计殿堂。元代的藏传佛教寺院或有所侧重，或两种风格兼而有之。大天源延圣寺就是较为典型的曼陀罗式设计，但又兼有汉地佛教寺院的内山门等特征。姜东成在《元大都敕建佛寺分布特点及建筑模式初探》一文中，将元代大都敕建寺院的建筑风格进行了划分⑤：

---

① 《元代画塑记》，第 36 页。
② 一铤约合五十两。《金史·食货志三》记载：旧例银每铤五十两，其值百贯。
③ 王启龙：《藏传佛教对元代经济的影响》，《中国藏学》2002 年第 1 期。
④ 《元史》卷 75，第 1875 页。
⑤ 姜东成：《元大都敕建佛寺分布特点及建筑模式初探》，载《"元代佛教文化研究"国际学术讨论会论文集》，中国元史研究会 2006。

建筑模式	所属体系	文献所见寺院名称
铜番竿（一对）	藏式	大护国仁王寺、大崇恩福元寺
角楼（四座）	藏式	大圣寿万安寺、大天寿万宁寺、大天源延圣寺、大承华普庆寺
山门、内山门	汉式	大承华普庆寺、大崇恩福元寺、大天源延圣寺
五座佛殿、四出翼室	藏式	大崇恩福元寺、大圣寿万安寺
方丈	汉式	大崇恩福元寺
湢室	汉式	大天寿万宁寺
僧堂、厨库	汉式	大承华普庆寺
水心阁	蒙式	大承天护圣寺
九曜殿	蒙式	大圣寿万安寺
神御殿	汉式	诸寺皆设

所以，元大都敕建的藏传佛教寺院，通过十字对称的佛殿组合形式与"四出翼室"的佛殿建筑形制体现曼荼罗宇宙空间图式，象征宇宙中心的须弥山与四大部洲、四护法天王等含义。另外，寺院平面布局又很大程度地受到汉地佛教尤其是禅宗丛林伽蓝规制的影响，斋、庖、库、湢置于寺院轴线两侧。同时，蒙古族草原习俗与元代宫廷建筑特点亦有所体现。元大都所建佛寺是蒙、藏、汉三种文化因素综合影响的产物，体现元代不同民族间的文化交流。① 此外，元代创建的藏传佛教寺院中的主持者多为汉地僧人，这就使得这些寺院成为藏汉佛教最有效的交流平台。从寺院的建制等方面看，元代是藏汉佛教文化高度融合的一个时代，这与元朝作为少数民族政权，本身缺乏夷夏之分的观念有关。夷夏之分不仅容易产生文化沙文主义，而且也会导致切断不同文化间的交流纽带，丧失主体文化的开放性、多样性以及活力。

第五节 藏传佛教在汉地的传播区域

元代藏传佛教在汉地的传播以大都为中心，在上都、江南、五台山

---

① 参见姜东成《元大都大承华普庆寺复原研究》，《建筑师》2007年第2期。

都有所传播。大都作为元朝的统治中心，藏传佛教的主要佛事活动都在此举行，大多数的寺庙也都建于此，在这里，藏传佛教的传播是不言而喻的。所以，下文主要介绍藏传佛教在上都的传播情况。

一　上都

元朝两都并称，除了作为政治文化中心的大都外，还有夏宫上都（遗址在今内蒙古自治区正蓝旗东20公里闪电河北岸）。每年四月，元朝的皇帝便去上都避暑，八、九月秋凉返回大都。

藏传佛教传入上都的时间非常早，忽必烈在上都登上帝位伊始，就命八思巴起寺于"大内之西南"。元代上都的寺院也不少，元文宗至顺元年（1330），"上都岁作佛事百六十五所，定为百四所，令有司永为岁例"①。这就证明当时上都的寺院至少有165所。在冯承钧所注的《马可波罗游记》中提到上都的名称时说："今名绰奈曼苏蔑（Tsou-naiman-soumé），此言一百零八庙"②，可见上都的名称本身就蕴含着寺院之城的意思。上都的寺院有名可查的有乾元寺、万安寺、南寺、龙广华岩寺、开元寺、弥陀院、安庆寺、弘正寺、黄梅寺、帝师寺等。这些寺院也有不少属于藏传佛教的寺院，《元史》中记载：至治元年（1321），"毁上都回回寺，以其地营帝师殿"。至治三年（1323），"作上都华严寺、八思巴帝师寺及拜住第，役军六千二百人"③。六千多人营建两座寺院加一座权臣府邸，显示出这两座寺院的规模也非比寻常，《马可波罗游记》中说："此辈亦有广大寺院，其大如一城。每寺之中有僧二千余人，衣服较常人为简。须发皆剃。其中有娶妻而有多子者。"④"娶妻而多子者"则是当时某些藏族僧人的做派。

皇帝每次启程去上都避暑时都有大量西藏僧人随行。至大元年

---

① 《元史》卷34，第763页。
② 《马可波罗游记》，冯承钧译，上海世纪出版集团2001年版，第176页。
③ 《元史》卷27，第611页；卷28，第628页。
④ 《马可波罗游记》，第175页。

（1308），就因为"诸王及西番僧从驾上都，途中扰民"，所以"禁之"①。至大四年（1311）二月，皇太子爱育黎拔力八达颁发令旨，要求"西番巴哈失每无勾当的，休叫上都去者，好生分拣者"②，"巴哈失"是蒙古语"师傅"的音译③，"西番巴哈失"指的就是西藏的僧人。禁止他们去上都的原因就是因为其人数众多，使得站赤难以负担，普通的官员又无法阻挡，只好由皇太子出面干预了。至顺二年（1331）三月，"以将幸上都，命西僧作佛事于乘舆次舍之所"④。胆巴就曾护驾北上上都，途中遇到雷电天气，胆巴教众人念诵密咒，结果雷电大作，而皇帝车驾所在之处竟安然无恙。对此，马可波罗在游记中也有所记载：

> 大汗每年居留此地之三月中，有时天时不正，则有随从之巫师星者，谙练巫术，足以驱除宫上之一切风云暴雨。此类巫师名称脱孛惕（Tebet）及客失木儿（Quesimour），是为两种不同之人，并是偶像教徒。盖其所为者尽属魔法，乃此辈讠任人谓是神功。⑤

资料里面说的脱孛惕（Tebet）即指"吐蕃"，因此，文中"脱孛惕"、"客失木儿"所指的乃是来自西藏和克什米尔的僧人。他们在上都的重要工作之一就是祛除风雨雷雹，西藏僧人确实有这方面的训练，新中国成立前西藏就有专门的驱雹喇嘛。元朝统治者对他们这方面的能力大概深信不疑，因而《元史》中有命令帝师作止风法事的记载。

此外，前面提到的"游皇城"的佛事活动，"夏六月中，上京亦如之"。《滦京杂咏》中说"百戏游城又及时，西方佛子阅宏规。采云隐隐旌旗过，翠阁深深玉笛吹"。"滦京"是元上都的别称，作者还在此诗的后面注解到："每年六月望日，帝师以百戏入内，从西华入，然后

---

① 《元史》卷20，第498页。
② 《永乐大典》卷19425，《成宪纲要·驿站》。
③ 陈高华、史卫民：《元代大都上都研究》，中国人民大学出版社2010年版，第263页。
④ 《元史》卷35，第780页。
⑤ 《马可波罗游记》，第174—175页。

登城设宴，谓之游皇城也。"① 上都"游皇城"的规模和盛况不输于大都，袁桷《皇城曲》是这样描述上都"游皇城"的盛况的："岁时相仍作游事，皇城集队喧憧憧。吹螺击鼓杂部伎，千优百戏群追从。宝车瑰奇耀晴日，舞马装辔摇玲珑。红衣飘裾火山耸，白伞撑空云叶丛。王官跪酒头叩地，朱轮独坐颜酡烘。蛮氓聚观汗挥雨，士女簇坐屑摇风。"② "红衣飘裾火山耸"说明当时的活动中有大量的藏族僧人参加，红色僧衣裙裾翻飞如火山一般；"朱轮独坐颜酡烘"则是指帝师独坐在车上，颜面酡红。通过袁桷的笔墨，我们可以想象上都"游皇城"中彩旗蔽日、锣鼓喧天的盛况。

在上都的宫廷中，源自于西藏佛教的"十六天魔舞"也很盛行。萨都剌在《上京杂咏五首》中写道："一派箫韶起半空，水晶行殿玉屏风……红帘高卷香风起，十六天魔舞袖长"。③ 张翥在《宫中舞队歌辞》中也描述道："十六天魔女，分行锦绣围。千花织步障，百宝帖仙衣。回雪纷难定，行云不肯归。舞心排转急，一一空欲飞。"④ 十六天魔舞来自于西藏佛教是非常肯定的，只是在《庚申外史》《元史》《草木子》等史籍中与"淫戏"、"淫乐"等挂起钩。《元史》中提到"十六天魔舞"时说："帝乃诏以西天僧为司徒，西蕃僧为大元国师。其徒皆取良家女，或四人、或三人奉之，谓之供养。于是帝日从事于其法，广取女妇，惟淫戏是乐。又选采女为十六天魔舞。"⑤ 《元史》虽然提到"宫官受秘密戒者得入，余不得预"⑥，充满暗示，但还没有明确地指出"十六天魔舞"的性质，而对元顺帝和藏传佛教存在诸多误解与偏见的《庚申外史》则对"十六天魔舞"描述得很不堪了，书中提到元顺帝：

---

① （元）杨允孚：《滦京杂咏》，商务印书馆民国二十五年（1936年）版，第8页。
② （元）袁桷：《清容居士集》卷16，商务印书馆1936年版。
③ （元）萨都剌：《雁门集》，上海古籍出版社1982年标点本，第161页。
④ 《蜕庵集》卷2，《四部丛刊续编》景印明刊本，第12页。
⑤ 《元史》卷205，第4583页。
⑥ 同上书，卷43，第919页。

> 建清宁殿，外为百花宫环绕殿侧。帝以旧例五日一移宫，不厌其所欲，又酷嗜天魔舞女，恐宰相以旧例为言，乃掘地道，盛饰其中。从地道数往就天魔舞女，以昼作夜，外人初不知也。①

权衡的这段记载，更像是个人偏见、臆想加上道听途说的产物。关于"十六天魔舞"的研究成果众多②，"十六天魔"在藏传佛教中称为十六天母、十六供养天母、十六天女或者十六金刚天女。20世纪初在吐鲁番发现的元代畏兀儿文的藏传佛教文献——《吉祥上乐轮中围现观修仪轨》（或译作《吉祥轮律曼陀罗》）中提到十六金刚天女。此经的翻译者乃是八思巴的弟子、著名的畏兀儿译师本雅失里，所以，这应该是与萨迦派密切相关的密法仪轨。汉地文献中所传的"十六天魔"，通过比对乐器等，可以发现与十六金刚天女有一一对应关系。而通过《吉祥上乐轮中围现观修仪轨》可知：十六天母或者"十六供养天母"本是行者自心间化出、供养吉祥上乐轮中围及其住于此中围中的诸佛、本尊的，即所谓"伸意生十六天母之供养"（yid-las-byung-bavi-lha-mo-bcu-drug-gis-mchod-pa，译言"以意生之十六天母作供养"）。③

在前引的诗作中，"十六天魔舞"在上都似乎已经变作具有佛教色彩的宫廷歌舞，即便如此，它的流行也与西藏密法在元代的盛行密切相关。

上都的藏族僧人和内地其他地方的西藏僧人一样，其中也有一部分人飞扬跋扈，颇有不法行为。1308年，上都开元寺的"西僧"，"强市民薪，民诉诸留守李壁，壁方询问其由，僧已率其党持白梃突入公府，隔案引壁发，摔诸地，搥扑交下，拽之以归，闭诸空室，久乃得脱，奔

---

① 任崇岳：《庚申外史笺注》，中州古籍出版社1991年版，第103页。
② 沈卫荣、李婵娜《"十六天魔舞"源流及其相关藏、汉文献资料考述》，（《西域历史语言研究集刊》第5辑）、黎国韬《略论金刚天女与天魔舞女》（《宗教学研究》2011年第4期）、杨富学、王红梅《回鹘文〈吉祥轮律曼陀罗〉所见十六金刚天女研究》（《敦煌研究》2005年第2期）等皆可做参考。
③ 沈卫荣、李婵娜：《"十六天魔舞"源流及其相关藏、汉文献资料考述》，载《西域历史语言研究集刊》第5辑，科学出版社2012年版，第333—334页。

诉于朝，遇赦以免"①。当时的西藏僧人敢直入公堂，殴打和幽闭国家官员，其气焰之嚣张非是一般。

二 五台山

藏传佛教自元代大规模传入汉地以后，在许多地方留下独具特色的文化胜迹，五台山是藏传佛教在汉地的传播中心之一。五台山作为文殊菩萨的应化道场，在西藏僧人心目中享有崇高的地位。早在吐蕃时代，藏族的僧人已经开始朝礼五台山。到了元代，五台山又被认为是密法金刚界五部佛降世演教之地而地位尤高。

八思巴在《文殊菩萨五台山赞颂——珍宝之蔓》中，依据密宗的观点，将五台山的五台看做金刚界五部佛的示现之地。其中，中台为大日如来的示现之地，东台为阿閦佛的示现之地，南台为宝生佛的示现之地，西台为阿弥陀佛的示现之地，北台为不空成就佛的示现之地。② 这实际上就是将五台山整体看成密宗五部佛的坛城，在密宗坛城中，五部佛的排列图如下：

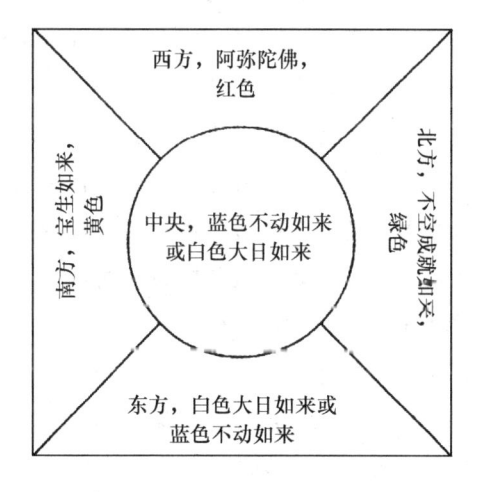

```
            西方，阿弥陀佛，
                红色

南方，宝生如来，  中央，蓝色不动如来  北方，不空成就如来，
    黄色         或白色大日如来         绿色

            东方，白色大日如来或
                蓝色不动如来
```

---

① 《元史》卷202，第4521—4522页。
② 详见陈庆英《帝师八思巴传》，中国藏学出版社2007年版，第69—70页。

可见，八思巴通过赞礼诗，把密宗五部佛坛城与五台山的五台一一对应起来，把五台山与密法修行联系起来。事实上，将五台山的五座顶与密宗的五佛联系起来，并不是八思巴的原创，在宋代延一所撰的《广清凉传》中就已经出现了相同的说法：

> 五字瑜伽观门之表者，阿者无生门，诠一切法无生，表大圆镜智，东方金刚部主阿閦如来，即菩萨顶上东边一髻之象也。啰者无垢门，诠一切法无垢，表平等性智，南方宝部主宝生如来，即菩萨顶上南边一髻之象也。跋者无第一义谛门，表妙观察智，西方莲花部主无量寿如来，即菩萨顶上西边一髻之象也。左者诸法无行门，表成所作智，北方羯磨部主不空成就如来，即菩萨顶上北边一髻之象也。娜者诸法无性相、离语言文字门，表清净法界，中方如来部主毘卢遮那如来，即菩萨顶上中方一髻之象也。故菩萨顶分五髻，山派五峯，岂徒然哉？良有以也。①

尽管如此，八思巴的这首赞礼诗仍然非常重要，它的重要性不在于首先将五台山与西藏的密教联系起来，而在于使五台山的五座顶与密法的联系通过八思巴，被藏族僧人所认知和接受，从佛、法的层面使五台山成为内在于藏民族佛教密法的"己者"。五台山既然与密宗五部佛联系起来，那么，五台山理所当然地成为在汉地修行密法的理想之所。

另外，据记载八思巴还用千两黄金铸造了一尊摩诃葛剌像，祷祭于五台山，成为元代蒙古帝王和萨迦派共同崇奉的神。元朝在内地的统治崩溃后，这尊神像辗转至北元林丹汗宫帐，成为林丹汗及其"帝师"沙尔巴呼图克图喇嘛的保护神。清军征服林丹汗之后，这尊神像又被清太宗皇太极所获，清太宗在盛京（今沈阳）西郊建莲华净土实胜寺（俗称黄寺或皇寺），以祀摩诃葛剌神。这一事件详细地记在《清太宗实录》和实胜寺碑文中：

---

① （宋）延一撰：《广清凉传》，《大正藏》第51册，第1104页。

至大元世祖时，有喇嘛帕斯八，用千金铸护法嘛哈噶喇，奉祀于五台山，后请移于沙漠。又有喇嘛沙尔巴胡土克图，复移于大元裔察哈尔林丹汗国祀之。我大清国宽温仁圣皇帝，征破其国，人民咸归。时有喇嘛墨尔根载佛像而来，上闻之，乃命众喇嘛往迎，以礼舁至盛京西郊……①

上述史实，元代文献失载，但实胜寺的蒙古、藏、汉、满文碑文及清代史书都有记载。

八思巴之后，在五台山活动的藏传佛教僧人就是胆巴。胆巴曾住持五台山寿宁寺。《胆巴碑》载："帝师告归西蕃，以教门之事属之于师，始于五台山建道场，行秘密咒法，作诸佛事，祠祭摩诃伽剌。持戒甚严，昼夜不懈，屡彰神异，赫然流闻。自是德业隆盛，人天归敬。"②胆巴进入汉地之初，住在五台山的寿宁寺，并以寿宁寺为道场，传藏传佛教密法，祠祭大黑天，这在五台山开藏传佛教演法之先。元时还有许多藏地高僧活动于五台山，如八思巴的弟子、元朝第四任帝师意希仁钦就圆寂于五台山。噶玛噶举黑帽系三世活佛攘迥多杰（1284—1339）应元文宗之请进京作法，至京时，元文宗已去世，他便为元宁宗和皇后授秘密灌顶。于1334年返藏途中，专程至五台山朝山。

此外，还有弘教大师慧印（1270—1337），他虽然是汉族僧人，但在住持五台山万圣佑国寺期间，于至治元年（1321），"从帝师受秘密之诀"③，也就是跟随帝师习学藏传佛教密法。此时的帝师是第八任帝师贡噶罗追坚赞贝桑波，也就是《元史·释老传》中的公哥罗古罗思监藏班藏卜。延祐六年（1319），他"受秘密之法于帝师。又从上士僧吉学《六支秘要》"，"岁乙丑，帝师至此山，施以衣帽、钞币、白金五十两。岁丙

---

① 张羽新：《清政府与喇嘛教》，西藏人民出版社1988年版，第210页。
② 《历代碑帖法书选》编辑组编：《元赵子昂书胆巴碑》，文物出版社1982年版。
③ （明）释镇澄撰：《清凉山志》，江苏广陵古籍刻印社1997年影印本，第135页。

寅，又从上士管加受《时轮》、《六支秘要》之法"①。"岁乙丑"是泰定二年（1325），"岁丙寅"是泰定三年（1326），慧印从1319年到1326年，集中地学习了西藏的密法，其中又以时轮教法和《六支秘要》为主。时轮教法强调对本初佛的信仰，认为人与宇宙之间具有统一性和同源性（小宇宙和大宇宙），人体是宇宙的一种形象和缩微的相对应者，换个角度说，就是宇宙已经包括在整个身体中了。时间、时期的概念完全与生命息的各种形态及其不断的变化有关。获得对于生命息的圆满控制，就摆脱了时轮，达到绝对的和永恒不变的状态，从而回归于本初佛。② 时轮金刚法虽然是觉囊派的主要法门，但在萨迦派中也有传承。《六支秘要》是《六支瑜伽教授秘要》的简称，它与时轮教法密切相关，是专门修炼气息的，也就是时轮教法中的生命息。《六支秘要》是在《时轮根本续》中得到完善的，所以是和时轮教法相辅相成的。

元朝在五台山修建了许多寺庙，《元史》中记载：元贞元年（1295），成宗为皇太后在五台山建寺，至大元年（1308）十一月，特意拨出六千五百军士来修建这座寺院。事实上，在1308年二月，就已经拨出军卒1500人在五台山建寺。按照《五台山志》记载，成宗元贞年间建成的寺院即万圣佑国寺，英宗朝也修成了普门寺。对于万圣佑国寺（或称大万圣佑国寺）的建成，《佛祖通载》记载的很详细："世祖尝以五台绝境欲为佛寺，而未果也。成宗以继志之孝，作而成之，赐名大万圣佑国寺。"③ 大万圣佑国寺的第一任住持真觉国师文才还是由帝师扎巴俄色推荐的。加之慧印住持该寺时，又在寺中修炼藏地密法，则这座寺院和西藏佛教的关系最为密切。

此外，据妙舟的《蒙藏佛教史》记载，元代在五台山还修建了普恩寺。这些寺院虽然在当时并没有明确指出其属于藏传佛教还是汉传佛教，但元朝的帝后都要受帝师戒，跟随帝师学习西藏的密法，则五台山

---

① 杯茗：《南山寺碑文》，《五台山研究》1997年第4期。"上士"疑为"上师"。
② 参见［法］罗伯尔·萨耶《印度—西藏的佛教密宗》，耿昇译，中国藏学出版社2000年版，第119页。
③ 《佛祖通载》，第415页。

这些主要为帝后所建的寺院肯定有藏传佛教的因素在里面。

除了寺庙,元代还在五台山建塔。五台山台怀镇塔院寺内留存至今的、闻名遐迩的大白塔,始建于大德五年(1301),它也是尼泊尔著名匠师阿尼哥所建。此塔按西藏风格建制,通身垩白,比北京妙应寺的白塔高出10米有余,是我国现存元代藏塔中最高的建筑。

元朝不但在五台山修建塔庙,同时还举行藏传佛教的佛事活动。例如,至元二十四年(1287),"命西僧监藏宛卜卜思哥等作佛事坐静于大殿、寝殿、万寿山、五台山等寺,凡三十三会",至顺二年(1331),"命西僧于五台及雾灵山作佛事各一月,为皇子古纳答剌祈福"[①]。

萨迦派对文殊菩萨的敬信深深地影响了整个西藏佛教界,从元代开始,所有的西藏史书,在著作最前面所作的赞文,除了赞颂释迦牟尼,多数以赞美文殊菩萨为主,《雅隆尊者教法史》"卷首诗"起首为"敬礼上师与文殊怙主",《红史》起首为"维愿利乐!向语自在文殊菩萨顶礼!"《汉藏史集》的起首也写道:"祈愿吉祥!顶礼上师及依怙文殊菩萨!"《如意宝树史》起首则写道:"顶礼世尊文殊大菩萨!"诸如此类的论述,不再赘述。

萨迦派对文殊菩萨的崇拜,再加上萨迦派在元代的强势地位,使得西藏的五台山圣地信仰空前加强,从元代开始,西藏的高僧到汉地以后,几乎都会前往五台山朝礼。五台山作为佛教圣地,在西藏高僧的助推下,五台山信仰与藏传佛教的结合一直在持续进行。

三 江南地区

元代江南地区也是藏传佛教传播的重要区域之一,元代许多名列史传的藏族高僧都曾到过江南地区。

第一个与江南藏传佛教有关的就是八思巴。八思巴本人虽然没有到过江南,但他曾经"派他的亲传弟子持律论师却吉衮布到蛮子地方,一年之中为九百四十七人授戒剃度,由这些弟子又传出无数比丘、僧

---

① 《元史》卷14,第303页;卷35,第782页。

伽，使得佛教在江南大为兴盛"①。另外，元代还把一些在萨迦地方政治斗争中失败的、著名的藏族高僧贬到江南去。萨迦派的第二任本钦贡噶桑布（kun-dgav-bzang-po）因为和八思巴产生矛盾，忽必烈派十万（这个数字应该是虚的）大军入藏，将贡噶桑布处死，而与贡噶桑布一起反对八思巴的喇嘛贡曼（kun-smon）及其弟贡噶（gong-dkar），也被忽必烈流放到了江南，贡曼还客死在了流放地。八思巴的侄子达尼钦波（bdag-nyid-chen-po，1262—1324）也曾被流放到苏州、杭州达15年之久，他隐居在普陀山修行，并且还娶过一个汉族妻子。

另外，正如前面所提到的，胆巴因为和桑哥不合，也被流放到潮州。《佛祖通载》记述了他在流放期间，"由汴涉江，泊于闽广，所至州城，俱沾戒法"。胆巴到潮州以后，住在开元寺，并医治好了潮州枢密使月的迷失妻子的怪病，使得月的迷失"倾心佛化"，在他的支持下，至元二十三年（1286，或说至元二十六年），胆巴在潮州城南静乐寺故址上，重修寺院，殿宇修好后，他亲自塑"梵像"②，并斋僧万余人以示庆祝。后来回京后，胆巴又奏请朝廷赐寺额为"宝积寺"，并拨出二十顷田地赐给宝积寺作永业。胆巴在潮州弘传萨迦教法，并给人医病，威望较高。所以，胆巴的流放在客观上促进了藏传佛教在江南的传播。

八思巴去世后，元朝曾下令各郡建八思巴殿，这并不是一纸虚令。《至顺镇江志》就记载了镇江八思巴寺的情况："至治元年秋八月，郡奉诏立寺祠帝师。越明年五月，寺成，刻石纪绩。"这座寺院的房屋占地50亩，园林面积将近50亩，总面积达100亩的大寺院，集中镇江府的几个县的力量，用了9个多月的时间才得以完成。③

除此之外，特别应该提到的是杨琏真加，此人对藏传佛教在汉地的传播，起了很大的作用。杨琏真加是西夏人，1277年，他出任江南释教总摄，后来又升任江南诸路释教都总统。直到1291年，杨琏真加受

---

① 《汉藏史集》，第181页。
② 《佛祖通载》，第416页。
③ 详见陈立健《〈至顺镇江志〉所载镇江帝师寺》，《中国藏学》2004年第1期。

桑哥案牵涉被撤职查办，他在江南管理佛教事务达15年之久。杨琏真加在江南弘传藏传佛教的活动是和他挖掘、毁坏南宋的宫室、王陵的活动同期进行的，因而备受时人和后人的非议。杨琏真加在江南（主要是杭州一带）修寺、建塔、造像的目的是为了利用藏传佛教的"法力"，来镇压原都城的"王气"及攒宫（临时葬地）亡灵，以防南宋东山再起，但在客观上确实促进了藏传佛教在江南的传播。他在南宋旧宫室之上修建的寺院，根据明代田汝成《西湖游览志》卷七《南山胜迹》记载，共有5座，分别"曰报国，曰兴元，曰般若，曰仙林，曰尊胜"。这5座寺院中的报国寺建于南宋都城垂拱殿，位于皇城中部；兴元寺建于芙蓉阁，位于皇城的西北角；般若寺建于和宁门，位于北城墙中部；仙林寺建于延和殿，在报国寺北面；尊胜寺建于福宁殿，位于皇城东部，在皇城的不同部位建立寺院，这充分体现了其镇压南宋"王气"的意图。这些寺院的藏传佛教特色明显，据元人郭畀记载："万寿尊胜塔寺，亦杨其姓者所建，正殿佛皆西番形象，赤体侍立，虽用金装，无自然意。"① 此处的佛像，据考证为尊胜佛母，这也是此寺名称的来由。尊胜佛母为长寿三尊之一，常见形象是三面八臂，每一面都有三只眼。修尊胜佛母法门，可获得长寿和智慧，杨琏真加塑此像在杭州，有为忽必烈等皇室成员祈求长寿之意。

另外，杨琏真加还在尊胜寺前建造了一座"镇南塔"。据田汝成《西湖游览志》记载：

> 尊胜寺即福宁殿，下有曲水流觞。杨琏真伽发宋诸陵，建塔其上，其形如壶，俗称一瓶塔，高二百尺，内藏佛经数十万卷，佛菩萨像万躯，垩饰如雪，故又名白塔。至顺辛未正月十四日黎明，雷震之。至正末，为张士诚所毁。其寺钟，即故内禁物也。②

---

① （元）郭畀：《元郭畀手写日记》，《四库全书存目丛书》影印稿本，齐鲁书社1996年版，史部，第127册，第563页。
② （明）田汝成：《西湖游览志》（二）卷七，东京大学东洋文化研究所藏本，第3页。

所谓的"瓶塔",即元代萨迦派所独有的噶当觉顿式佛塔,与现今北京妙应寺白塔形制相同。

杨琏真加在江南的行为得到了忽必烈的支持,《元史》记载,到至元二十五年,杨琏真加以"宋宫室为塔一、为寺五,已成,诏以水陆地百五十顷养之"。除了上面提到的五寺之外,他还"发宋陵冢所收金银宝器修天衣寺",与此同时,元朝索性"以江南废寺土田为人占据者,悉付杨琏真加修寺"①。据《西湖游览志》记载,这些寺庙在元朝就毁了:"四寺虽隘,而景致宏丽,延祐、至正间,诸寺递毁。"②

这些寺院虽然毁了,但杭州飞来峰留下了大量的藏传佛教石窟,这些石窟造像主要是杨琏真加、杭州行宣政院院史(杨琏真加的儿子杨暗普)及下属官员施造的。飞来峰现存元代造像68龛,117尊,其中藏传佛教造像有33龛,47尊,建造时间从现存题记来看,最早为至元十九年(1282),最晚为至元二十九年(1292)。③

飞来峰现存造像中,据遗留的题记文字判断,第89、99两龛四尊造像系杨琏真加施造,另有第73龛一主二仆的三个僧人像,主尊即杨琏真加,二仆是两个汉僧,《西湖游览志》中称其为"闽僧闻、剡僧泽",他们二人是唆使杨琏真加发掘宋陵的始作俑者。据《癸辛杂识》中的"杨髡发陵"条记载:

> 乙酉杨髡发陵之事,起于天衣寺僧福闻号西山者,成于剡僧演福寺允泽号云梦者。初,天衣乃魏惠宪王坟寺,闻欲媚杨髡,遂献其寺。继又发魏王之冢,多得金玉,以此遽起发陵之想,泽一力赞成之。遂俾泰宁寺僧宗恺、宗允等诈称杨侍郎、汪安抚侵占寺地为名,出给文书。将带河西僧及凶党如沈照磨之徒,部领人夫发掘。④

---

① 以上引文分别见《元史》卷15,第309页;卷13,第269页;卷14,第285页。
② 《西湖游览志》(二)卷七,第4页。
③ 赖天兵:《杭州飞来峰元代石刻造像艺术》,《中国藏学》1998年第4期。
④ (宋)周密:《癸辛杂识》,中华书局1988年版,第263页。

所以，杨琏真加到杭州之后，有一批汉僧、汉人党附于他，在发掘宋陵事件中，起了推波助澜的作用。汉地僧人福闻和允泽的像与杨琏真加一起塑在飞来峰，这三人的关系是相当紧密的。

在杨琏真加之后到达江南的就是沙啰巴。沙啰巴去江南的原因是：

> 时僧司虽盛，风纪寝蔽。所在官吏既不能干城遗法抗御外侮，返为诸僧之害。桂蠹乘痈虽欲去之，莫能尽也。颓波所激江南尤甚。①

实际上这是对杨琏真加的恶行及其造成的恶果之真实写照，在《元史》卷二百〇二《释老传》中记述得更加详细：

> 有杨琏真加者，世祖用为江南释教总统，发掘故宋赵氏诸陵之在钱唐、绍兴者及其大臣冢墓凡一百一所；戕杀平民四人；受人献美女宝物无算；且攘夺盗取财物，计金一千七百两、银六千八百两、玉带九、玉器大小百一十有一、杂宝贝百五十有二、大珠五十两、钞一十一万六千二百锭、田二万三千亩；私庇平民不输公赋者二万三千户。他所藏匿未露者不论也。②

杨琏真加在江南巧取豪夺，欺男霸女，更重要的是私庇平民不纳赋税，人数竟达到两万多户。所以，1291年，朝廷将他撤职之时，特意"宣谕江淮民恃总统琏真加力不输租者，依例征输"③。江淮间的百姓依恃于杨琏真加，连朝廷的税赋都不交了，这是杨琏真加在江南势焰熏天的明证。释教总统下面还有佐官，见于金石文字者有判官、参议、经历、都事、管勾等，僧俗并用。这些人勾结在一起，不仅危害一方百

---

① 《佛祖通载》，第422页。
② 《元史》卷202，第4521页。
③ 《元史》卷16，第348页。

姓，而且也成为一般僧人的祸害。朝廷派沙啰巴前去就是为了解决这个问题。

沙啰巴1295年赴任江浙释教总统，他到任后削减苛繁之政，"故遐迩僧寺，赖之以安"①。1297年，又改任福建等处释教总统，他认为当地僧人之苦来自于僧官太多，十羊九牧，因此奏请朝廷免去了江南诸路总统。他在江南与僧俗两界人士游赏胜景，并安定江南僧心，这些都对藏传佛教在江南的稳定发展很有裨益。

第六节 汉地佛教对西藏佛教的影响

一 合尊赵显

在元代藏汉佛教交流过程中，虽然以藏传佛教在汉地的传播为主，但汉地佛教对藏传佛教也有一定的影响，其中，南宋少帝赵显（1271—1323）出家后，去西藏学法就是非常值得一提的事件。南宋少帝赵显出家后被称为"合尊"，他是南宋最后的皇帝。赵显母子投降元朝以后，至元二十五年（1288），《元史》中说"瀛国公赵显学佛法于土番"②。至于年仅19岁的赵显为何会前往吐蕃学佛，通过《佛祖历代通载》可以看出，这显然是忽必烈的旨意，《通载》提到至元十四年（1277），"敕令瀛国公往脱思麻路习学梵书、西蕃字经"。③赵显在进入吐蕃之前，在汉地已经跟随帝师出家，明人《山庵杂录》中关于此事记载的非常详细：

> 合尊大师者，宋幼主瀛国公也。既归附大元，萨禅皇帝命薙发为僧，帝师躬为摩顶，授秘密戒法，精炼坚确，已多应验。至英宗朝，大师适兴吟诗云：寄语林和靖，梅开几度华，黄金台上客，无复得还家。谍者以其诗意在讽动江南人心，闻之于上，上收斩之，

---
① 《蒙藏佛教史》之《第二篇》，第9页。
② 《元史》卷15，第316页。
③ 《佛祖历代通载》卷21，《大正藏》第49册，第707页中栏。

白乳流溢。上悔，出内帑黄金为泥，诏江南善书僧儒集燕京，书大藏尊经，庸助冥福。首夏驾幸上都，避暑中途遇弑，新书经未及半藏，乃已。①

合尊是藏语"lha-btsun"的音译，意思是"天神家族的出家人"，这是对王族子弟出家者的尊称。明代的史料笔记如《两山墨谈》《宋遗民录》等都认为赵显为避祸才投到帝师门下学佛。元人黄溍的文集中所收的《上天竺湛堂法师塔铭》中记载湛堂"以秘密教不传于东土，因禀戒法于胆巴上师，既入其室，而受觉海圆明之号。又从哈尊上师传修习法门，而究其宗旨"。② 相对于明人的笔记，元人黄溍的记载更为可信。黄溍提到的"哈尊"也就是"合尊"，湛堂并没有去过西藏，他跟随赵显学法应该是赵显去西藏之前。可见，赵显在汉地就已经出家学习西藏密法，并且已经颇有成就，这才有如湛堂般知名的汉地僧人投到他的门下学法之事。另外"合尊"这个称号也数次出现在念常的《佛祖历代通载》里，这也说明赵显在进入西藏前就已经获得这个称号，也就是说已经出家，因而这个称号为当时的汉族僧人所熟知。

赵显被派往西藏学法的原因则极为简单：将他调离中原腹地，以免南方的南宋遗民打着赵显的旗号谋反。赵显到西藏后的活动，藏族史书中有记载，主要是：

第一，担任萨迦寺的总持（spyi-vdzin），这个说法主要出现在《新红史》中。③ 虽然"总持"具体指的是什么职务尚不清晰，而且史料也属于孤证，但至少说明赵显在萨迦寺的地位较高，这估计和他是南宋少帝的身份密不可分。

第二，校勘、翻译经论。据王尧先生介绍，在那塘版藏文《因明正理论》的尾页上有一个短跋，内容是"大汉王者出家僧人合尊法宝，

---

① （明）无愠：《山菴杂录》卷1，《卍新纂续藏经》第87册，第118页中栏。
② （元）黄溍：《金华黄先生文集》卷41，《续修四库全书》影印本，上海古籍出版社2002年版，第1323册，第518页。
③ 班钦索南查巴：《新红史》，黄颢译，西藏人民出版社2002年版，第32页。

在具吉祥萨斯迦大寺，取汉文本与蕃字本二者善为对勘，修订并正确翻译之。汉文本名为'入正理（论）'，而晚近蕃地诸人名之为'正理门论'云"。① 很多研究者认为赵显翻译了《入正理论》，但联系上下文，更像他将藏汉文本的《入正理论》做了校勘，根据汉文本对藏文本做了修订和改正。无论如何，佛家的因明之学难解难治，赵显能涉猎于此，说明他的佛学修养确实已经很深了。赵显翻译的另外一部经是《大乘百法明门论》（theg-pa-chen-povi-chos-brgya-gsal-bvi-sgovi-bstan-bcos）。他用藏汉两种版本对勘，修订藏文本佛经，切切实实地促进了藏汉两地佛教的汇通。

二 汉地佛典藏译

元代汉传佛教对藏传佛教的影响还包括汉地佛典的藏译以及汉地佛教艺术对西藏佛教艺术的影响等。

在元代，一些汉地的佛典被翻译成藏文，其数量虽然不多，但这种现象毕竟存在。元代进行汉藏佛典翻译的僧人中，较为著名的是必兰纳识里（？—1332），他是元代著名的畏兀儿喇嘛僧，精通回纥语、汉语、蒙古语、梵语与藏语，大德六年（1302），他跟随帝师扎巴俄色受戒，代替元成宗出家，因其才干，被擢升为开府仪同三司，赐三台银印，兼领功德使司事和诸国引进使。至顺二年（1331），元文宗又给必兰纳识里赐玉印，并封其为"普觉圆明广照弘辩三藏国师"。必兰纳识里一生共翻译了6部佛经，"其所译经，汉字则有《楞严经》，西天字则有《大乘庄严宝度经》、《乾陀般若经》、《大涅槃经》、《称赞大乘功德经》，西番字则有《不思议禅观经》，通若干卷"。② 西番字就是指藏文，只是这些经典现在已经不存于世了。

除了必兰纳识里，元代第二个将汉文佛典译成藏文的人物就是前面提及的南宋少帝赵显。他所翻译（或者对勘）的佛经，除了《入正理

---

① 王尧：《南宋少帝赵显遗事考辨》，《西藏研究》1981年创刊号。
② 《元史》卷202，第4520页。

论》《大乘百法明门论》外，据说还有《业报果经》（las-gyi-rnam-par-smin-piv-vbras-buvi-mdo）。与必兰纳识里不同的是赵显所翻译的《入正理论》《大乘百法明门论》均收在《丹珠尔》中，也就是说流传了下来。另外，他还"译审"了数部佛经。① 因为这样的原因，《布顿佛教史》中所列的192名"藏地译师"中，赵显位列143，名为拉·却吉仁钦（lha-chos-gyi-rin-chen），意译为"法宝"。除了《业报果经》，赵显所译的佛经属于唯识一系的，可以推断出他在唯识学上的造诣较深。西藏史书对赵显的身世际遇非常同情，当他被元英宗赐死后，藏史中说："死时不流血而流奶。"② 在藏族的传统中，认为只有被冤屈而死者，其死时流出的血像牛奶一样是白色的，而不是红色的。

三　汉地佛教艺术在西藏的传播

汉藏佛教的交流最直观、最宽泛的体现就是佛教艺术的交流，但囿于地域偏远，语言障碍，一般对于元代汉藏佛教交流研究的重心还是在藏传佛教对汉地佛教的影响以及西藏佛教艺术对汉地佛教艺术影响这两个方面。由研究重心的倾斜以及研究成果的多寡，所引发的后果就是让很多研究者认为元代西藏佛教对汉地佛教的影响，要大于汉地佛教对西藏佛教的影响。对此，也有部分学者持不同意见，例如，熊文彬先生就认为"元代汉藏文化的影响尽管是双向，而非单向，但就范围、程度和广度而言，以汉族文化为代表的中原文化对藏族文化的影响更为广泛和深刻"③。当然，他虽然使用了"汉藏文化"这个内涵更大的概念，但在实际的论述过程中，还是偏重于汉藏佛教文化的交流与影响。元代西藏所新建、扩建的寺院在建筑、雕塑和绘画等方面都受到了汉地寺院文化的影响。这其中又以萨迦寺和夏鲁寺、白居寺受汉文化影响最为

---

① 侃本：《汉藏佛经翻译比较研究》，中国藏学出版社2008年版，第157页。《汉藏佛经翻译比较研究》中提到赵显翻译的《业报果经》在《布顿佛教史》收集的经录以及《汉藏对照西藏大藏经总目录》中均未出现。

② 蔡巴·贡嘎多吉著：《红史》，陈庆英、周润年译，西藏人民出版社2002年版，第21页。

③ 熊文彬：《元代藏汉艺术交流》，河北教育出版社2003年版，第180页。

明显。

在建制上，元代西藏修建的寺院普遍受汉地风格的影响。宿白先生在《西藏日喀则地区寺庙调查记》中介绍萨迦北寺时说：坛城殿内梁枋施简单彩画，梁枋之上架金顶。前檐所用斗拱为双抄重拱五辅作。斗拱形制与梁枋彩画皆具内地元代风格，当是萨迦与内地关系密切后请内地工匠参加兴建之物证。① 而且，北寺的曲赤钦姆佛殿，"采用的是重檐歇山式金顶。显而易见，这种样式为受中原内地建筑样式影响的结果"。②

但是，在寺院建制上，受汉地文化影响最明显的并不是萨迦寺，而是夏鲁寺。夏鲁寺初建于1087年。1333年，在布顿大师主持寺务期间，寺院得以重新修建，重建的工匠除了藏族人之外，还有许多是专门从内地请来的能工巧匠，这就决定了夏鲁寺的修建风格必然是汉藏合璧的。夏鲁寺的大殿（祖拉康）是典型的藏汉风格的结合体，宿白先生说："夏鲁大殿的兴建与重修，皆与内地关系密切，故现存早期殿堂的布局与木构梁架、斗拱和布瓦屋顶等，其形制亦与13—14世纪内地建筑极为近似。"③ 具体而言，夏鲁寺大殿的汉藏融合性建造特征主要体现在：其一，夏鲁寺大殿共两层，其底部的集会大殿完全是藏式风格，而第二层的欧东拉康（银灵塔殿）则是汉式的四合院布局，总共四座佛殿沿中轴线左右对称。其二，殿顶采用内地寺院传统的歇山屋顶和飞檐翘角，檐下斗拱，结构严谨，上盖绿色琉璃瓦，屋脊有琉璃砖烧制的各种图案，飞天仕女，狮虎花卉，都烧制得生动活泼、栩栩如生，全然显示出元代工艺风格，是一座不可多见的把汉藏建筑风格糅合在一起的艺术珍品。④ 总之，从夏鲁寺建筑的许多细部设计来看，与元代内地宫观的建筑风格非常相像，尤其是辅作中昂的做法就与山西芮城县永乐宫三清殿及山西洪洞县广胜下寺大殿等的做法相似，而且各种构件用材偏

---

① 《藏传佛教寺院考古》，第102页。
② 《元代藏汉艺术交流》，第186页。
③ 《藏传佛教寺院考古》，第88页。
④ 欧朝贵：《汉藏结合的建筑艺术夏鲁寺》，《西藏研究》1992年第1期。

小，这也是元代建筑用材的一个独有的特点。①

元代西藏寺院在壁画等方面也深受汉地佛教的影响，这又以夏鲁寺最为明显。图齐提出夏鲁寺的"陶器、花草及几何图案并用的错综图饰及一尊巨大的佛像上都可以明显地看到中国的影响"②。首先，就壁画而言，夏鲁寺的壁画风格深受印度、尼泊尔和汉地风格的影响。尤其是集会大殿一层转经道中描绘的释迦牟尼本生画传（典型的如惠普王本生故事）中人物的脸形、服饰、亭台楼阁等都体现了汉族的绘画风格。护法神殿北壁的青龙和朱雀纹样，西无量宫佛殿中萨迦五祖壁画中的树木、山石、花草等构图以及晕染笔法则有可能直接出自汉族艺术家之手。另外，夏鲁寺门廊的墙壁上还绘制了龙凤图案。于小冬在《藏传佛教绘画史》中指出位于夏鲁寺第二前殿回廊南壁"文殊菩萨与两位侍立菩萨"的壁画中，"菩萨们飘带呈现出中原艺术传统中'吴带当风'式的飘动，这些改变是汉族艺术渗透的结果"。壁画"欢迎的人群"中，"国王和随从俱着汉装宽衣博带，随风飘拂，明显受了中原艺术的影响"③。

结合了汉地因素的夏鲁寺的壁画，"以全新的艺术魅力影响整个公元14世纪"④，对元末明初西藏寺院的壁画艺术产生了重大影响，并不是像图齐先生所说的"从确切情况来看，夏鲁寺没有更广泛的影响"⑤。具体而言，夏鲁寺的壁画艺术向北影响到觉囊寺、日吾其寺的壁画艺术。向东南影响到著名的江孜白居寺，为白居寺艺术的出现奠定了基础。同时，元代中原地区的藏传佛教经书插图中也留下了夏鲁寺的印迹。在某种意义上，以夏鲁寺壁画为媒介，汉地佛教艺术在西藏产生了深远的影响。

此外，夏鲁寺艺术中的汉藏交融的方式还比较初步和生硬，大殿

---

① 参见陈耀东《夏鲁寺——元官式建筑在西藏地区的珍遗》，《文物》1994年第5期。
② [意] G. 图齐：《西藏考古》，向红笳译，西藏人民出版社1987年版，第60页。
③ 于小冬：《藏传佛教绘画史》，凤凰传媒集团、江苏美术出版社2006年版，第133页。
④ 同上书，第136页。
⑤ 《西藏考古》，第60页。

层的藏式风格与二层的汉式风格划分明显，反映出藏族的佛教艺术虽然接受了汉地的风格，但还没有有效地将二者融为一体。但夏鲁寺中汉式佛教艺术为后世藏族艺术家留下了揣摩、借鉴的素材，他们以夏鲁寺为起点，继续借鉴、融会汉地的佛教艺术，最终形成了本民族佛教艺术为主体的多元化佛教艺术形态。例如，藏式寺院的金顶虽然来自于汉式的屋顶歇山，但"又巧妙地融合了相当数量的佛教装饰题材（摩揭鱼、莲座钟形刹、火焰宝珠等，这些东西源于印度、尼泊尔却又不完全相同），成为西藏佛教建筑特有的建筑形式。同样，汉式建筑的斗拱经过变异形成了独特的藏式建筑装饰题材"。①

虽然元代藏汉佛教交流密切，但是，一般认为藏传佛教在中原的流布，也带来许多负面影响，这些影响主要有：

第一，损耗了元政府大量的人力、物力、财力。元政府除使用大量的金钱和人力修寺庙、印经书外，还组织了名目繁多的佛事活动，这些都加剧了元朝的经济负担。至顺元年（1330）七月，中书省臣言财政空虚之"五端"时，就提到了佛事："近岁帑廪虚空，其费有五：曰赏赐，曰作佛事，曰创置衙门，曰滥冒支请，曰续增卫士鹰坊。请与枢密院、御史台、各怯薛官同加汰减"②。元政府的佞佛，加重了其经济危机和人民的负担，成为其灭亡的原因之一。

第二，元统治者并不能真正地从教义和教理上去理解、接受藏传佛教，促使一部分僧人以法术甚至房中术取悦统治者，这就使得传入中原的藏传佛教开始扭曲变形。顺帝时权臣哈麻"尝阴进西天僧以运气术媚帝，帝习为之，号演揲儿法。演揲儿，华言大喜乐也"。哈麻的妹夫秃鲁帖木儿也向顺帝推荐了西僧伽璘真，伽璘真也以密法见长，他传给顺帝一种叫秘密大喜乐禅定的密法，"帝又习之，其法亦名双修法。曰演揲儿，曰秘密，皆房中术也。帝乃诏以西天僧为司徒，西蕃僧为大元国师。其徒皆取良家女，或四人、或三人奉之，谓之供养"。顺帝也每

---

① 应兆金：《西藏夏鲁寺汉式殿宇及其历史意义》，《华中建筑》1992年第3期。
② 《元史》卷34，第760页。

天修炼该法,广取妇女,以淫戏为乐。顺帝的诸弟与一班佞臣"皆在帝前,相与亵狎,甚至男女裸处,号所处室曰皆即兀该,华言事事无碍也"。顺帝君臣公然宣淫,众多藏僧也肆无忌惮地出入皇宫内院,这就导致"丑声秽行,著闻于外,虽市井之人,亦恶闻之"①。因为藏僧的这些行为,使后人对元代尤其是元末汉地的藏传佛教诟病不已。

当然,这些观点中难免有言过其实之处,西方学者认为这些带有偏见性质的观点,其产生的一个重要原因是:蒙古统治者将传统的宗教平等政策加以抛弃,他们把更多的好处和权利赐给佛教,特别是藏传佛教,因为它与儒家观念有更大的差异。当时的汉人不能更不敢直接指责蒙古统治者,于是他们把内心的巨大恨意发泄在帮助蒙古人管理帝国的外来者身上。尤其是西藏的喇嘛僧,成为他们发泄不满的对象。②

---

① 《元史》卷205,第4583页。
② [美]杰克·威泽弗德(Jack Weatherford):《成吉思汗与今日世界之形成》,温海清、姚建根译,重庆出版集团、重庆出版社2014年版,第276—277页。

第四章　明代藏汉佛教交流

明朝建立之际，藏传佛教在西藏已经取得了独一无二的地位，其影响深入西藏的政治、经济、民俗等各个方面，成为藏文化的主干，明朝的统治者对此也非常了解，因而在治藏策略上，也就"惟因其俗尚，用僧徒化导为善，乃遣使广行诏谕"①。在朝廷的诏谕下，西藏佛教各教派的上层僧人先后向朝廷进贡。于是，明朝统治者根据他们在西藏的实际影响，"多封众建"，并且"优贡市之利"以行羁縻。"多封众建"的政策提高了他们的政治地位，"优贡市之利"则使他们从经济上获得巨大的利益。这两项政策双管齐下，使得有明一代，藏族僧人连绵不绝地前往内地进贡，这不仅保证了汉藏之间基本平顺的政治关系，也促进了藏汉佛教之间的交流。

明代汉藏佛教之间的交流，始于汉藏地区人员（包括僧侣）之间的来往，这主要是从两个方面展开的：其一是明廷不断地派遣身负不同使命的使者进入西藏；其二是大量的藏僧前往明廷进贡，其中一些上层的僧侣甚至长期留居在汉地。

第一节　明朝入藏的使者

西藏在元代已经归入中央政府的治理之下，因此，明朝建立后，对西藏所要做的就是让西藏承认新的政权，并且继承元代中央与西藏关系

---

① 《明史》卷331，中华书局1974年点校本，第8572页。

的模式，这就必然决定了明朝对西藏的政教首领以招抚为主。有明一代，朝廷派往藏区的、有名有姓的使者总共有61批，再加上不具姓名的使臣，大约总共有68批。① 其中，洪武朝有17次之多，平均两年左右就有一批使者入藏。永乐朝则有12次之多，宣德朝则有10次之多，正统朝有9次之多。可见，明朝遣使入藏的高峰主要是在前期。使臣包括汉官、汉僧、藏僧、太监、藏族的通事舍人等。他们出使的目的有三个：或诏谕改朝换代，让藏族的僧俗首领入朝进贡，承认新的王朝（包括新君即位）；或携带皇帝诏敕，前往西藏册封藏族高僧；或前往汉藏边界宣谕有关茶马贸易事宜。

关于改朝换代时，前往诏谕西藏僧俗势力的使者，最早的一批在洪武二年（1369）派出。据《明实录》记载：

> 遣使持诏谕吐蕃。诏曰："昔我帝王之治中国，以至德要道民用和睦推及四夷，莫不安靖。向者胡人窃据华夏百有余年，冠履倒置，凡百有心孰不兴愤。比岁以来，胡君失政，四方云扰，群雄分争，生灵涂炭，朕乃命将率师悉平海内，臣民推戴为天下主，国号大明，建元洪武。式我前王之道，用康黎庶。惟尔吐蕃邦居西土，今中国一统，恐尚未闻，故兹诏示。"使者至吐蕃，吐蕃未即归命，寻复遣陕西行省员外郎许允德往招［诏］谕之。②

这是明朝立国之初，第一次派遣使臣前往西藏，具体使臣已无从考证，但因西藏方面持观望态度，所以朝廷马上派陕西行省员外郎许允德前往实施诏谕。许允德是明初非常重要的一位出使西藏的使臣，他前后三度入藏，分别是在洪武二年（1369）、洪武六年（1373）前后、洪武七年（1374），并且于洪武七年卒于河州，也就

---

① 参见王继光《明代中央政府赴藏地使者事辑》（上）、《明代中央政府赴藏地使者事辑》（下）、《明代中央政府赴藏地使者事辑补》，分载于《西藏研究》1986年第1、2期，《西藏研究》1987年第3期。
② 《明实录藏族史料》（一），西藏人民出版社1982年版，第3页。

是说许允德最后殒命于出使的路上。许允德为密切明初汉藏关系做出了巨大的贡献：洪武三年，元朝陕西行省吐蕃宣慰使何锁南普以及镇西武靖王卜纳剌归降，这是许允德诏谕的结果；洪武六年二月，明朝设置了乌思藏、朵甘卫两个指挥使司、一个元帅府、四个招讨司、十三个万户府和四个千户所，这些官职都是元末摄帝师喃加巴藏卜所推荐的，这也是许允德诏谕的结果。

至于派遣使者前往西藏封赐上层僧侣的使者中，最具有代表性的就是永乐时期的宦官侯显。侯显（1365—1438）本来就是藏人，生于洮州。侯显第一次出使西藏是在永乐元年（1403）二月，这次侯显承担了一个非常重要的任务，就是迎接噶玛噶举派黑帽系第五世活佛得银协巴（de-bzhin-gshegs-pa，1384—1415，《明史》中称为哈立麻）入京，侯显永乐元年四月出发，"陆行数万里，至四年十二月始与其僧偕来"[①]。哈立麻入京后，侯显也以此功而由少监擢为太监。

接着，按照藏文史料的记载，侯显在永乐十一年（1413）启程，永乐十四年到达西藏迎请格鲁派高僧宗喀巴，并携带了这样一份诏书：

> 大明皇帝赐书于喇嘛罗桑扎巴之前。诏曰：鉴于你证道的功德，极为高深，清净宏大。依于慈悲之心，对一切众生，作利益而安置他们于大乘之道中。以此之义，并思念你的清净功德，已非一日，为时久矣！现在派遣太监侯显为首，从政教双方前来迎请于你。望你思及宏扬佛教，来到中原，完成朕的心愿。此诏！
>
> 随赐铃杵一对，鎏金禅杖一柄，碰铃全套，象牙珠一串……
>
> 于永乐十一年二月十一日。

这封诏书的内容虽然不见于汉文史料，但藏文史料是可信的，《至尊宗喀巴大师传》中还特意提到诏书的来源："诏书的手抄本下面记载着诏书的原本，存于香区的垛却巴的手中。但后来，诏书的

---

① 《明史》卷304，第7768页。

原本实存于甘丹寺森康大殿中，抄本是从那上面全无遗漏抄下来的。这里是依照西藏地方政府所存书册中，无误地抄录下来的。"①这是明成祖第二次迎请宗喀巴，诏书中明确提到迎请使者是侯显，但宗喀巴依旧没有前往汉地，只是派自己的弟子释迦也失前往明廷。藏文史料中说大慈法王释迦也失由藏区到达四川时，侯显前往迎接。②所以，侯显前去迎接宗喀巴未果，就最终迎请了释迦也失，这也与《安多政教史》中所说的"敦请大慈法王的大太监侯显，把许多财物交给他的侄子汉官侯文，让他在祖先贡玛的旧寺遗址上修建了这寺（注：叶儿哇寺）"③的记载吻合。

宣德二年（1427），他再次出使西藏，代朝廷赐赏藏族各派上层僧侣及尼八剌国国王，据《宣宗实录》记载：

> 遣太监侯显赍敕往乌思藏等处谕怕木竹巴灌顶国师阐化王吉剌思巴监藏巴里藏卜、必力工瓦阐教王领真巴吉监藏、灵藏赞善王喃葛监藏、尼八剌国王沙的新葛、地涌塔王子可般、辅教王喃葛列思巴罗葛啰监藏巴藏卜等，各赐之绒绵［锦］、纻丝有差。④

侯显这次出使西藏，主要是代朝廷赏赐西藏的"五王"。虽然侯显一生"五使绝域，劳绩与郑和亚"⑤，但真正出使西藏的是这三次，而这三次都与藏族僧人有关。在这几次出使活动中，侯显与西藏高僧密切接触，最终影响或加强了他的宗教信仰。他不仅让自己的侄子修建了一座藏传佛教寺院，而且年迈告老还乡后，还闭修于佛门。侯显还乡之后，皇帝

---

① 法王周加巷：《至尊宗喀巴大师传》，郭和卿译，青海人民出版社1988年版，第249—250页。
② 按照藏文《大慈法王传》记载，在四川"太监侯显为首的皇帝使者赍诏前来，宣谕皇帝诏书"。陈楠：《明代大慈法王研究》，中央民族大学出版社2005年版，第122—123页。
③ 智观巴·贡却乎丹巴绕吉：《安多政教史》，吴均、毛继祖等译，甘肃民族出版社1989年版，第628页。
④ 《明实录藏族史料》（一），第213页。
⑤ 《明史》卷304，第7769页。

为嘉奖其功，敕封他为月巴桑主林（也称叶尔哇寺）僧正，为洮州五僧纲之一。在赐予诸多金银珠宝的同时，派两名侍从到寺院料理侯显起居，直至老死于此。后人将此两人葬于侯显之墓旁，并立碑为记。

侯显因为屡次出使西藏，功绩卓著，《明史》对其高度评价："当成祖时，锐意通四夷，奉使多用中贵。西洋则和、景弘，西域则李达，迤北则海童，而西番则率使侯显。"① 明朝之所以不断地派他前往西藏，除了他是藏族，可能会藏语外，也与他本人的个性有关，侯显"有才辨，强力敢任"②，非常适合充当使臣。

为了督察汉藏沿边的茶马贸易，明朝政府也派出使者。例如在洪武八年（1375）五月：

> 戊辰，遣内使赵成往河州市马。初，上以西番素产马，其所用货币与中国异，自更钱币，马之至者益少，至是，乃命成以罗绮绫帛并巴茶往市之，仍命河州守将善加抚循，以通互市。马稍来集，率厚其直偿之。成又宣谕德意，自是番酋感悦，相率诣阙谢恩，而山后归德等州西番诸部落，皆以马来售矣。③

在明朝派出的一批批使者中，最值得一提的就是克新、宗泐、智光等僧人充当的使者，他们在出使西藏的过程中，直接促进了汉藏佛教的交流。克新是明代第一个出使西藏的汉族僧人，据《太祖实录》记载：洪武三年（1370）六月，"命僧克新等三人往西域招谕吐蕃，仍命图其所过山川地形以归"④。但《明实录》中关于克新的记载也就仅限于此，对于克新入藏后的活动、克新何日返程等问题一概没有提及，现代学者对克新事迹的考证主要依据其著作《雪庐稿》。⑤

---

① 《明史》卷304，第7768页。
② 同上书，卷304，第7769页。
③ 《明实录藏族史料》（一），第35页。
④ 同上书，第7页。
⑤ 对克新进行系统研究的成果是邓锐龄的《明初使藏僧人克新事迹考》（《中国藏学》1992年第1期）。

根据《雪庐稿》中记载，克新本姓余，鄱阳人，字仲铭，号雪庐。生于元英宗至治元年（1321）。他是一位元明交替时代的人物，青年时，因元政府一度停止科举，出家为僧，从故乡到集庆（今南京市）入大龙翔集庆寺，拜入著名僧人大䜣笑隐门下，成为大䜣的最幼弟子。在该寺掌文札时，以其文才驰誉于朝野名流间。大䜣卒后，守忠昙芳主持大龙翔集庆寺，克新又投在其门下。守忠昙芳去世后，约在元顺帝至正九年（1349），克新离开了大龙翔寺东行，因元末兵乱，他被阻隔在苏杭，前后辗转于江浙的常熟、平江（今苏州市）和嘉兴等地的几座寺院，在嘉兴水西寺时，他以其诗文结识了不少江浙名士诗人，同元官员及占据平江称王的张士诚部下有过诗文酬应。《宗统编年》称其"博通内外典，游历名山水，交一时名流"。① 明朝建立后，克新以其经历、名声和才干，也许还有他独到的政策见解，先被征召至京。接着，在他50岁时，被明王朝选派前往西域。此后的行事及卒年，因缺乏史料，不明。②

克新被委以重任派往西藏，与他出自大龙翔集庆寺密不可分，元末明初的大龙翔集庆寺，既具有皇家寺院的性质，也与藏传佛教的关系密切。根据《笑隐䜣禅师语录》记载，元文宗"从金陵入登皇位，遂于潜邸，启建大龙翔集庆寺"。1329年，寺院建成后，"诏师为开山祖，召赴北阙，特赐三品文阶，统领五山释教，号广智全悟禅师"。③ 大䜣笑隐在元文宗时代是非常有名气、有声望的僧人。大龙翔集庆寺与藏传佛教有一定的关系，《笑隐䜣禅师语录》卷二中就收存了"谢胆巴完卜上师"的语录，也就是笑隐致谢胆巴完卜上师的一则语录，此人显然是一个藏僧，而且非常有可能是元文宗是著名的胆巴国师。按照笑隐的语录，胆巴完卜是在大龙翔集庆寺建成之际，被文宗派来参加庆赞仪式的，笑隐说他"为佛法之津梁，作人天之眼目，如优昙钵华，千载一遇。前日合台官僚，诸山僧众，

---

① 《宗统编年》卷28，《卍续藏经》第86册，第272页上栏。
② 参见邓锐龄《明初使藏僧人克新事迹考》，《中国藏学》1992年第1期。
③ 《龙翔笑隐䜣禅师语录序》，《卍续藏经》第69册，第698页中栏。

劝请放秘密戒。可谓奇哉奇哉，希有希有"。①

除此而外，元文宗即位后，1330 年，大䜣同昙芳并携慧昙等北上到大都觐见文宗，在那里谒见了西天佛子领天下释教事的帝师，帝师赐给他们礼物如"土番贡米"、"毳衣罽帽"等。由此，他们与西藏萨迦派在大都的僧人发生联系。元顺帝至正二年（1336），帝师贡噶坚赞贝桑布颁降法旨，重申皇帝让笑隐长老（即大䜣）校正统一《百丈清规》的文字，命天下僧寺须善为遵守。大䜣、昙芳先后去世，集庆为朱元璋攻下，大龙翔寺一度为军队占用，不久因慧昙积极活动靠拢新朝，这个寺院改名为"大天界寺"，而且在寺中设立了善世院，作为统领大明帝国全国佛教事务的机构，俨然有取代前元宣政院职能的趋势。第一任大天界寺的住持即慧昙，继之者为宗泐。

大天界寺成为明初最重要的寺院，不仅是统领全国佛教事务的机构，而且《元史》也是在此寺中修成的，大天界寺显然有国家寺院或者皇家寺院的性质。在这样一个背景下，出身于该寺的慧昙、克新、宗泐被先后派往西域或西藏就不足为怪了。

第二个出使西藏的汉族僧人是宗泐（1327—1407，或 1318—1391）。宗泐是元末明初临济宗名僧，也是明初最著名的诗僧。② 宗泐俗姓周，字季潭，号全室。8 岁起跟随大䜣学佛，14 岁剃度，20 岁受具足戒。宗泐是大䜣的嗣法弟子，受具足戒后，他居净慈寺数年，精研藏经。至正四年（1344）大䜣示寂，宗泐还故里。元朝末年，住持杭州上天竺寺。明朝建立后，明太祖十分重视僧人在社会上的教化功用，认为佛教可以"阴诩王度"，下诏征召高僧，宗泐于洪武四年（1371）应诏住持天界寺。洪武五年（1372），朝廷建广荐法会于蒋山太平兴国寺，宗泐受命升座说法。洪武九年

---

① 《卍续藏经》第 69 册，第 705 页下栏。
② 李圣华《从方外到方内，味趋大全——明初诗僧述论》（《贵州社会科学》2012 年第 2 期）中说："明初僧诗，推宗泐第一，来复第二，道衍第三，妙声第四，他如梵琦、至仁、守仁皆称名家。"

（1376）春，明太祖命"育发以官之"，宗泐表示不愿为官，希望终老释门。太祖从之，御制《赐宗泐免官说》以赐。后同杭州演福教寺住持、天台宗高僧如玘注释《心经》《金刚经》《楞枷经》等，颁行全国。宗泐与明太祖个人关系密切，太祖对其礼遇有加，每当宗泐升座讲法，太祖皇帝常御驾亲幸，命御膳房每日赐予膳食，"荣遇为一时之冠"，"屡驾临幸召对内庭，赐膳无虚日，每和其诗，称为泐翁"①。

宗泐于洪武十年（1377）十二月，继承慧昙法师遗志，奉旨率领佛徒30人，出使西域取经。因为"佛有遗书在西域中印土，有旨命公往取，既衔命而西。出没无人之境，往返数万里，五年而还，艰难险阻备尝之矣"。②宗泐于洪武十四年（1381）归国，取回《庄严宝王》《文殊》等经，宗泐返回时须发皓白，明太祖授予他右善世僧录之位。宗泐出使的另外一个成果就是西藏的"俄力思军民元帅府、巴者万户府遣使随宗泐来朝，表贡方物"。③并且在次年二月，俄力思军民元帅府、巴者万户府再次遣使来贡。

宗泐此番出使西域，其主要目的地虽然不是西藏，但在他还朝时，俄力思军民元帅府、巴者万户府（巴者万户府建置年代欠详，其地似在今西藏昂仁以西地区）都遣使随他回朝，因此，他的活动范围包括今西藏阿里地区。"俄力思"乃为藏语音译，即"阿里"。洪武八年（1375），朝廷设立"俄力思军民元帅府"，沿袭元代旧制。随着宗泐的出使，"俄力思军民元帅府"终于名至实归地前来朝贡。

宗泐回京之后，仍然住持天界寺，其间备受皇恩恩宠，但后又牵涉

---

① 《八十八祖道影传赞》卷4，《卍续藏经》第86册，第643页下栏。
② （明）宗泐：《全室外集·原序》，《景印文渊阁四库全书》影印本，台湾商务印书馆1983—1986年版，集部，第1234册，第787页。但何孝荣在《元末明初名僧宗泐事迹考》（《江西社会科学》2012年第12期）中说：其实，间关万里，大漠戈壁，西域取经绝非易事。前述释慧昙奉使西域，布宣明朝"威德"，终示寂于省合剌国（今斯里兰卡）。宗泐时年已61岁，受命出使西域，实际上是他犯了罪，明太祖及中书省左丞相胡惟庸用以惩罚他。钱谦益记载说："泐公初以度牒事论死，诏宥之，往西天取经。"
③ 《明实录藏族史料》（一），第59页。

在胡惟庸案件中，一度被褫夺了右善世、天界寺住持等，就连他出使西域的目的也变成胡惟庸"属令说土番举兵为外应"①，最终，朝廷处死了64名僧人，宗泐被宽宥免死。不久，宗泐年老辞归，洪武二十四年（1391）圆寂于江浦石佛寺。

  第三位到过西藏的汉族僧人就是智光。② 智光本姓王，字无隐，元顺帝至正八年（1349）出生于山东武定州庆云（今山东庆云县）。15岁在北京吉祥法云寺出家，礼迦湿弥罗国（克什米尔）僧人板的达萨诃咱释哩国师为师，"板的达"即班智达之意，印度、西藏对于精通五明的僧人的尊称。萨诃咱释哩意译为具生吉祥，生于迦湿弥罗国，刹帝利种姓，他出家后，"习通五明经律论，辩析精详，虽老师宿德多推逊之"③。后来他为了瞻礼中国的五台山，遂东行数万里，而到达甘肃，元顺帝听说以后，将其迎至吉祥法云寺，智光也就是在这个时候投在其门下的。明太祖时，召见萨诃咱释哩于奉天门，因为奏对称旨，遂授其善世禅师之号，并赐银章，使统天下释教。智光跟随萨诃咱释哩及其另外一名弟子、东印度人底哇答思长期相处，他们给智光"传天竺声明

---

① 详见何孝荣《元末明初名僧宗泐事迹考》，《江西社会科学》2012年第12期。
② 关于智光生平事迹的原始材料，邓锐龄先生在《明西天佛子大国师智光事迹考》（《中国藏学》1994年第3期）一文中列举得十分详细，他提到总共有下列拓片五通，均存于北京图书馆善本部：1. 杨荣《西天佛子大国师塔铭并序》。此塔建立于智光荼毗的半年后，故序文是研究智光生平的第一手材料，可惜拓片间有漫漶及漏拓处，杨荣的文集《杨文敏公集》未收。万历年间焦竑编《献征录》卷118收入全文，可以对照补足。焦竑后，天启六年（1627），葛寅亮《金陵梵刹志》卷32收杨荣序的略本，改名《西天佛子大国师志略》；崇祯十四年（1641）释明河《补续高僧传》卷1有《西天国师传》，也是据杨荣序文编成的。2. 曹义《西域寺记》（1445年，明正统十年四月八日），此碑立于智光殁后10年。清乾隆时修《日下旧闻考》卷96西域寺条收入碑文的节略，改易了原碑文中人名的译音。3. 释道深《崇恩寺碑》（1458年，明天顺二年），记智光弟子桑渴巴辣事迹。释明河的《补续高僧传》也做了简略的摘录，附在《西天国师传》后。4. 李贤《大通法王碑铭》（1461年，明天顺五年），大通法王是明英宗天顺时追封给智光的名号。5. 李纶《西竺寺重修记》（1493年，明弘治六年）。此外，《日下旧闻考》卷96又收弘治十七年（1504）李纶撰《西域寺重碑》，记述智光另一弟子（姓翟）的事迹。同书卷53大隆善护国寺条记天顺二年《大国师智光功行碑》名，其拓本未见。《明实录》中有关记录当然是重要的史料。
③ 《西天班的答禅师志略》，（明）葛寅亮：《金陵梵刹志》（下），天津人民出版社2007年版，第569页。

记论授心印"①，使智光学到了不少印度显、密经教，包括印度的语言。惟其如此，明太祖才会选派他前往西域。据《补续高僧传》卷一记载：

> 甲子春，与其徒惠辩等，奉使西域。过独木绳桥，至尼巴辣梵天竺国，宣传圣化。已而谒麻曷菩提上师，传金刚鬘坛场四十二会，礼地涌宝塔。西国人敬之。师凡两往西域。②

据《明实录》卷一百五十九记载，在洪武十七年（1384）二月，明太祖遣智光等出使西天尼八剌国。尼八剌国也就是尼泊尔，跟随其一同出使的还有智光的弟子惠辩。智光前往尼八剌国的路线，无疑走的就是唐宋时期的唐蕃古道，这条道路是由长安到陇右，再到吐蕃，然后到今天的尼泊尔，再进入印度。《补续高僧传》中的"独木绳桥"为西藏比较独特的通行方式，唐杜甫的《对雨》诗中写道：

> 莽莽天涯雨，江边独立时。
> 不愁巴道路，恐湿汉旌旗。
> 雪岭防秋急，绳桥战胜迟。
> 西戎甥舅礼，未敢背恩私。

道宣的《释迦方志》在提到从汉地经吐蕃、泥婆罗到印度的路线时说："又南少东至吐蕃国，又西南至小羊同，又西南度呾仓法关，吐蕃南界也。又东少南度末上加三鼻关东南入谷，经十三飞梯十九栈道。又东南或西南，缘葛攀藤，野行四十余日，至北印度尼婆罗。"③这里面描述的飞梯、栈道、缘葛攀藤就指的是智光所经过的独木绳桥。

智光这次出使的任务是在沿途"宣传圣化"，事实证明，智光出色

---

① （清）于敏中等：《日下旧闻考》卷96，北京古籍出版社1983年版，第1609页。
② 《补续高僧传》卷1，《卍续藏经》第77册，第372页下栏。
③ 《释迦方志》卷1，《大正藏》，第51册，第950页下栏。

地完成了使命。根据《明实录》记载,洪武二十年(1387)十一月,智光返回,同来的有尼八剌国王马达纳啰摩、乌思藏、朵甘二都指挥使司都指挥挒干尔监藏等的使臣,他们来朝上表、贡方物、马匹、镔铁剑、及金塔、佛经之属,为皇帝贺新年。此次智光返程,有乌思藏使臣同行,更印证了他出使过程中是经过西藏的。

杨荣所作的《西天佛子大国师志略》中,在讲过智光的这次出使后,紧接着说:"比还,再往,复率其众来朝。"① 邓锐龄先生在《明西天佛子大国师智光事迹考》中认为这是智光第二次出使西藏,返回的时间是在洪武二十三年(1390)。但结合《明史》中的记载,这次出使应该指的是洪武三十五年(1402,实际上是建文四年),《明史》中在讲尼八剌国时说:

> 洪武十七年,太祖命僧智光赍玺书、彩币往,并使其邻境地涌塔国。智光精释典,负才辨,宣扬天子德意。其王马达纳罗摩遣使随入朝,贡金塔、佛经及名马方物。二十年达京师。帝喜,赐银印、玉图书、诰敕、符验及幡幢、彩币。二十三年再贡,加赐玉图书、红罗伞。终太祖时,数岁一贡。成祖复命智光使其国。②

《明史》里虽然也提到尼八剌国王在洪武二十三年入贡,但并未提到智光出使,《明实录》则明确指出智光再次出使其国是在明成祖于建文四年称帝后的八月,"遣僧智光赍诏,谕馆觉、灵藏、乌思藏、必力工瓦、思达藏、朵思、尼八剌等处,并以白金、彩币颁赐灌顶国师等,凡白金二千二百两,彩币百一十表里"③。"馆觉"指的是明朝所封的护教王的辖地;"灵藏"是赞善王的辖地;"必力工瓦"是阐教王的势力范围;"思达藏"是辅教王的势力范围。所以,明成祖这次派遣智光出使西藏,是"靖难之役"后,新统治者对西藏宗教势力进行的安抚和

---

① 《金陵梵刹志》(下),第499页。
② 《明史》卷331,第8586页。
③ 《明实录藏族史料》(一),第115页。

第四章 明代藏汉佛教交流

稳定举措，对以后"五王"的分封起到了至关重要的作用。关于智光的这次出使，《明史》中虽然没有记载具体时间，但相关事件却说得很清晰："阐教王者，必力工瓦僧也。成祖初，僧智光赍敕入番，其国师端竹监藏遣使入贡。永乐元年至京，帝喜，宴赉遣还。"①《明史》中提到的端竹监藏是止贡寺第十一任主持顿珠杰布，《止贡法嗣》中也提到他被汉地大皇帝封为灌顶大国师。

除了这两次出使外，智光第三次作为迎接哈立麻的特使与侯显一起在永乐元年（1403）入藏的。虽然《明实录》在记载迎接哈立麻的使臣时，只提到了侯显，但时间确实是在永乐元年，这大概是因为当时为司礼少监的侯显是使团的头目，而智光只是成员。《明史》则明确地提到"永乐元年命司礼少监侯显、僧智光赍书、币往征"②。智光到西藏后还收了一名印度的弟子，释道深《崇恩寺碑》中记载了这件事情：

> 西天大剌麻，梵名桑渴巴辣，乃中天竺国之人，则尝言其幼出家，游五天竺，参习秘密最上一乘，以抵西番乌思藏，遇我皇明册封圆融妙慧净觉弘济辅国光范衍教灌顶广善西天佛子大国师光无隐③上师宣传圣化，在彼藏中迎葛哩麻大宝法王，则于彼时礼无隐上师为师，倾心归服，执事左右，已而同葛哩麻统诸番邦，进贡方物，来我中原，不啻数万里，梯山航海，远到南京朝觐太宗皇帝，获蒙见喜，赏赐劳来之甚，命居西天寺，恒给光禄饮馔及任随方演

---

① 《明史》卷331，第8584页。
② 同上书，第8572页。但关于侯显入藏的时间，《补续高僧传》、杨荣所作的《西天佛子大国师塔铭并序》则有另外的说法："乙酉，擢僧录司右阐教。明年，俾迎人宝法王葛哩麻。"乙酉是1405年（永乐四年），那么"明年"应该是1406年，但按照《明实录》的记载，永乐四年，哈立麻已经到了南京。《青史》中也认为哈立麻是在年届二十（1404）时，"由于大皇帝的召请他先来到前藏，继次第来到前藏各地，来到拉萨和楚普时接受了金册使者的启请和皇帝的诏书等"（廓诺·讯鲁伯：《青史》，郭和卿译，西藏人民出版社1985年版，第331页）。《智者喜宴》中录下了明成祖在永乐元年二月十八日所写的邀请哈立麻的诏书。因此，结合汉藏史料来看，《西天佛子大国师塔铭并序》中关于智光前往西藏的时间显然是有误的。
③ 智光，字无隐。

教、自在修行，即永乐三年也。①

桑渴巴辣是明代著名的印度僧人，所以，智光一生对沟通汉藏佛教、中印佛教都做出了重要的贡献。智光因为迎接哈立麻之功，回来之后，很受明成祖恩遇，赏赐玉印、舆服、法器等，并升为右善世。1417年，又将其召至北京，居崇国寺，赐国师冠、金织袈裟等。明仁宗即位，赐其号曰"圆融妙慧净觉弘济辅国光范衍教灌顶广善大国师"，并赐金印、冠服等。宣德十年（1435），明英宗即位，加封他为西天佛子。同年，智光示寂。英宗在智光的遗像上写的赞词就提到了他一生的功业："事我祖宗，越历四朝。使车万里，有绩有劳。"② 智光荼毗之日，大慈法王释迦也失亲自秉持法炬，"甫置薪龛顶，智火迸出，五色光明，化毕，骨皆金色，舍利盈掬"③。大慈法王参与其事，不仅映射出智光尊贵的身份，也反映出他和西藏佛教僧团有广泛联系，对沟通汉藏佛教界功勋卓著，所以，在他去世后，大慈法王才秉炬为其荼毗。另外，智光及其门人所居住的能仁寺也是明代京师藏僧最为集中的寺院之一，故以智光为首的"西天僧"法脉与藏僧间有密切关系。比较典型的事例就是智光的弟子、"西天僧"三曼答室哩在藏僧门下修习密法。④天顺四年（1460），在智光去世27年后，英宗追封他为"大通法王"。西天佛子、大通法王这样的称号，汉僧中可得之者寥寥无几。

智光门下知名的弟子很多，杨荣撰《灌顶广善西天佛子智光大国师事实》载：

> 其中外弟子数千人，各随其器宇引掖之。上首则有僧录司右讲经月纳耶实哩、禅师吾巴帖耶实哩、左讲经帖纳实哩、左觉义吾答耶实哩、捞耶实哩、衣钵侍者左觉义纳耶实哩、左觉义禅牒实哩、

---

① 转引自邓锐龄《明西天佛子大国师智光事迹考》，《中国藏学》1994年第3期。
② 《金陵梵刹志》（下），第500页。
③ （清）于敏中等：《日下旧闻考》卷96，北京古籍出版社1998年版，第1609页。
④ 杜常顺：《明代"西天僧"考略》，《世界宗教研究》2006年第1期。

右觉义三曼答实哩及高僧褒然为领袖者数十人,及以番字授诸生,擢为美官者亦十数人。①

所以,智光是明代中印佛教、汉藏佛教互相传播、交流的重要桥梁。

第二节 汉地的藏僧

元明清三代中,从西藏进入中原腹地的僧人应该以明朝为最多,明代活动于汉地的藏僧主要分为三类:第一类是贡僧;第二类是长期留在京师的僧人;第三类是西藏上层的一些高僧,如哈立麻、释迦也失等。他们对促进藏汉佛教的交流起到了至关重要的作用。

一 明代西藏的贡僧

有明一代,朝贡活动是联系中央王朝与西藏地方的重要纽带之一。朝贡对藏族僧俗势力来说,不仅是一项政治活动,而且也是一项经济活动。明朝统治者对朝贡的"番僧"封赏十分丰厚,且在他们的来路去途上,都是由政府出资迎送,因此,进贡的僧人往往在返藏时,购置大量的茶叶等汉地物品带回售卖。在巨大的经济利益驱动下,"诸番恋贡市之利,且欲保世官,不敢为变",明朝也达到了"西陲宴然"②的目的。

按照《明实录》记载,洪武五年(1373)十二月,故元摄帝师喃加巴藏卜是最早到明廷进贡的藏族僧人,明朝封其为炽盛佛宝国师,授玉印。接着,同年二月,帕竹派的灌顶国师章阳沙加监藏(vjam-dbyangs-shāky-rgyal-mtshan,1340—1373)也派人进贡。这两人都是西藏佛教界有重要影响力的人物,在他们的带动下,在明政府优厚的回赐品的刺激下,藏族的僧侣开始源源不断地前来进贡。在洪武朝和永乐朝,藏僧的每年的进贡频率比较均一,进贡次数最多的年份,如洪武七

---

① (明)焦竑:《国朝献征录》卷118,《续修四库全书》影印本,上海古籍出版社2002年版,史部,第531册,第665—666页。

② 《明史》卷331,第8589页。

年（1375），共有 5 批次的僧人前来进贡；而永乐二十一年（1423）有 6 批次；永乐二十二年有 7 批次。到了宣宗的宣德元年（1426），情势突然发生转变，这一年进贡的藏族僧人超过了 24 次，也就是说每月平均有两批"番僧"前往朝廷进贡。这样高频率进贡的态势终宣德一朝都在保持，即便是进贡批次最少的年份，也没有低于 10 次。从宣德朝开始，虽然后来很少再有超过宣宗朝的年进贡频率，但总的来说还是都保持了一种比较高的频率。在宣宗朝激增的藏族僧侣进贡使团中，开始出现了大量岷州卫、洮州卫、西宁卫、庄浪卫的僧人，沿边藏族僧人成为了进贡的主力军。造成宣宗时藏族僧人入贡频率陡增（尤其是边界地带藏僧陡增）的原因，大致是因为洪武、永乐两朝西藏本土进贡僧人携带朝廷大量的赏赐道经陕西、四川返回时，启发或刺激了沿边的僧人，使他们趋利而动。同时，宣宗时虽然进贡的僧人多数来自于沿边，但朝廷并没有任何的限制措施，甚至连不满的言论也没有。而且针对番僧进贡以马为主，宣德元年（1427），礼部定下回赐的马值是：

中马一，给钞二百五十锭、纻丝一匹；下马一，钞二百锭、纻丝一匹；下下马一，钞八十锭、纻丝一匹；下下马一，钞八十锭，纻丝一匹；有疾瘦小不堪者，每一马钞六十锭，绢二匹。①

因此，只要到朝廷进贡，即便贡品是病马、瘦小不堪使用之马，朝廷还会赏赐六十锭钱和两匹绢，对于进贡者来说，准备一次贡品不会造成很大的经济负担，但回报却相当丰厚，加之沿边藏族僧人对汉地的风土人情更为了解，从心理上也更为不惧前往汉地。但宣德朝开出的这种局面，到接下来的明英宗时期，随着回赐给朝廷带来的经济负担的浮现，朝廷在正统七年（1442）十月开始整饬朝贡，这是明朝前期第一次对藏族僧人进贡的限制，具体来讲就是：

---

① 《明实录藏族史料》（一），第 203 页。

敕四川都布按三司曰："比来朝贡番僧剌麻，其中多有本地俗人及边境逃逸无藉之人诈冒番僧名目投托跟随者，尔三司全不审实，即便起送，以致络绎道途［路］，紊烦官府，劳费军民。继今来者，必审其果系本地番僧，方听赴京，然多亦不许过三五人，其假托诈冒者，拘留所在，奏闻处治。所贡方物、马匹，贵重上等者照例送来，寻常中下者，就彼收牧以给边用。其回日所带出关食茶，人止许二百斤。夫远人固当怀柔，国家军民尤宜矜恤。况其或假朝贡之名，经营己私，亦须节制。尔等皆朝廷简任，宜体朕心，酌量审处，开诚晓谕，使彼知朝廷欲彼此相安，用图长久之意。切不可纵令下人托此欺侮凌辱，有失远人之心。"①

从引文可以看出，明朝首次整顿西藏僧人进贡中的弊病的举措，主要针对的是边地"冒诈"者，同时还开始限制西藏僧人所购置的茶叶数量。但由于朝廷有"恐失远人之心"这样一个前提存在，对于藏僧进贡的整治总是人为地拿捏分寸，并非令行禁止，因而此后"番僧"每年进贡的频率虽然没有加大，但每个使团进贡的僧人人数终明一朝却是不断地增加，明宪宗登基之后的成化元年（1465），这个问题首先被礼部指出来：

宣德、正统间，番僧入贡，不过三、四十人。景泰间，起数渐多，然亦不过三百人。天顺间，遂至二、三千人。及今前后络绎不绝，赏赐不赀，而后来者又不可量，且其野性暴横奸诈。②

明英宗"天顺"这个年号只持续了八年，也就是说在明宪宗即位之前的八年间，入贡的番僧使团人数暴增至两三千人，明英宗显然给明宪宗带来了一个非常棘手的局面。而这个局面终宪宗一朝始终存在，成

---

① 《明实录藏族史料》（一），第424—425页。
② 《明实录藏族史料》（二），第633—644页。

化十五年（1479），辅教王曾派 363 人进贡；成化十八年（1482），赞善王以"请封、请袭"的名义派出了 1557 人的使团进贡；成化十九年（1483），长河西灌顶国师札思八坚粲遣番僧奴日领真等 1800 人进贡；成化二十一年（1486），大宝法王等又派出 1470 人的庞大使团。其中，这 1470 人的使团，如果按例赐赏，则需要：

> 彩段一千四百七十表里、纻丝僧衣二千九百二十二袭件，折绢一万一百六十四匹、钞一十四万七千锭、食茶八万八千二百斤。①

如果以这样的数字推算，仅成化十八、十九、二十一年间出现的这三个庞大的进贡使团（人数均在 1500 左右），给朝廷就带来了较大的经济压力。

但是，大量的西藏僧人到中原进贡，客观上促进了藏汉佛教的交流。首先，通过进贡，许多西藏佛教的用品被进贡到汉地。藏僧的贡品虽然主要为马匹，但佛像、经书也是他们比较常见的贡品。洪武六年（1373），章阳沙加监藏遣人"以佛象、佛书、舍利来贡"②。而且，他的贡品还被明太祖下令放置在寺院中。以后的各朝中，僧人源源不断地进贡着西藏的佛像、佛经、舍利等物。这些贡品逐渐流入民间，明人刘侗在《帝都景物略》中提到明代城隍庙中交易的物品中，有许多贡品，其中包括：

> 外夷贡者，有乌斯藏佛，有西洋耶稣像，有番帧，有倭扇，有葛巴剌碗。数珠则有顶骨禄，有番烧，有腻红，有龙充，有鰍角。段帛，有蜀锦，有普鲁，有猩猩毡，有多罗绒，有西洋布，有琐附，有左机等。③

---

① 《明实录藏族史料》（二），第 788 页。
② 《明实录藏族史料》（一），第 20 页。
③ （明）刘侗、于奕正：《帝都景物略》，孙小力校注，上海古籍出版社 2001 年版，第 242 页。

这里提到的乌斯藏佛与葛巴剌碗属于典型的藏传佛教用品，另外"番帧"有可能就是唐卡，数珠（念珠）中的顶骨禄和番烧也来自西藏，这些物品在城隍庙中交易，应该是西藏进贡的僧人带入中原的。

另外，明代西藏僧人进贡过程中，出现了一个明显的问题就是冒替，其中又包括沿边僧人冒替西藏本土的法王使者等进贡和汉藏边界的汉民冒替藏族僧侣、通事进贡两种。宣德二年（1427），明朝政府擢升行在鸿胪寺丞何敏为行在锦衣卫指挥佥事，"敏习番语，始由通事进，至是命与都指挥佥事蒋贵往同松潘卫指挥吴玮招抚番寇"。①何敏就是典型的汉人学习藏语，然后充当汉藏通事（翻译），并由此而进一步得到提拔的例证。景泰四年（1453）八月，巡抚湖广右都御史李实奏折中提道："边民见其进贡得利，故将子孙学其言语，投作番僧、通事混同进贡。请都察院禁约，今后私通番僧贸易茶货、铜、铁、磁、锡器物及将子孙投作番僧、通事者，俱发口外充军，四邻不首，坐以违制之罪。"②成化四年（1468），十三道监察御史康永韶等的奏折中提到番僧"其间有中国之人，习为番教，以图宠贵，设真是番僧，尚无益于治道，况此欺诈之徒哉！"③汉人见进贡有利可图，就让自己的子孙学习藏文、藏传佛教，然后以"番僧"、通事的身份进贡这种现象，在景泰四年之前已经出现，到十多年后的成化四年还在盛行，可见，明政府对此虽然处以较重的刑罚，仍然屡禁不止。汉人子弟冒为番僧，虽然破坏了朝廷以进贡制度羁縻"远人"初衷，但客观上促进了藏传佛教在汉地的传播，因为他们由此必须"习番教"。

二 长期留在京师的僧人

由于明代大多数帝王对藏族僧人采取了比较优待的政策，所以明代京城里寄寓了不少的藏族僧人。洪武十八年（1386），朝廷"建鸡鸣寺

---

① 《明实录藏族史料》（一），第218页。
② 同上书，第554页。
③ 《明实录藏族史料》（二），第668页。

于鸡鸣山，以祠梁僧宝公，命僧德瑄住持。瑄卒，道本继之。初，有西番僧星吉监藏为右觉义，居是山，至是，别为院寺西以居之"①。可见，在洪武朝就有番僧留住在京城的名山中。按照明朝道果的《鸡鸣寺施食台记》所载，鸡鸣山山下为万人坑，在明初余魂滞魄结为黑气害人，太祖"于是思以神道治之，遂敕使取西番有道僧，因得惺吉监藏等七僧，诣城阙，结坛场于寺之东南隅，与监之六堂对峙"。星吉监藏等在鸡鸣寺做了七昼夜的藏传佛教的超度法事，妖气"自是不复作矣"，"圣祖嘉其神妙，乃构西番殿与居，用黄金以饰之，日命光禄寺厚馈饮馔"②。几年后，星吉监藏等回西藏，留下两僧守西番殿的香火，此二僧殁于宣德年间。其他的资料中也记载了明初鸡鸣山中建造了"西番殿"，也就是藏传佛教寺院，这应该是明代所建的第一座藏传佛教寺院。所以，星吉监藏在明初是一位有名的藏族僧人，其声名甚至上达天子，所以被特地请到鸡鸣山做法事超度亡灵，并且因为卓有成效，被明太祖封赐为右觉义。

从明仁宗的洪熙元年（1425）起，大量的边地少数民族人员开始"居京自效"，其中也包括藏族僧人，尤其在宣德五年（1430），阐化王、阐教王派来的三批使臣都留在京城，这是大量西藏僧人留住在汉地的肇端。《明史·西域三》中对藏僧在汉地的活动轨迹做了一个基础的描述：明太祖招徕番僧的目的是"化愚俗，弥边患"，政治意图很明显，因此对西藏僧人的封授寥寥可数；到明成祖时，开始厚待藏族僧人，这除了政治上的考虑外，还因为他"兼崇其教"，因此对其广为封赏，使得"其徒交错于道，外扰邮传，内耗大官"，"然至者犹即遣还"，可见在明朝开国之初，西藏僧人还没有大量留在京师。

明朝藏僧留住京师有三个小高潮：第一个是在宣宗时期，"及宣宗时则久留京师，耗费益甚"。第二个是在明宪宗时期，"成化初，宪宗复好番僧，至者日众"。第三个是在明武宗时期，由于武宗"蛊惑佞

---

① 《明实录藏族史料》（一），第72页。
② 《金陵梵刹志》，第334—335页。

幸，复取领占竹至京，命为灌顶大国师，以先所降禅师三人为国师。帝好习番语，引入豹房，由是番僧复盛"①。在明宣宗之后继立的明英宗，即位伊始就沙汰京师的番僧。宣德十年（1435）二月，礼部尚书胡濙等议："在京各寺法王、国师、剌麻六百九十余名，减数存留，余者令回原寺住坐"②，这个提议得到了英宗的首肯。结合《明实录》"正统元年五月丁丑条"来看，这690余名只是裁减的番僧人数，在京番僧的数量远不止这些。正统元年（1436），又一次沙汰在京番僧，过程是这样的：

> 减在京诸寺番僧……上即位之初，敕凡事皆从减省。礼部尚书胡濙等议：已减去六百九十一人，相继回还本处。其余未去者，命正统元年再奏。至是，濙等备疏慈恩、隆善、能仁、宝庆四寺番僧当减去者四百五十人以闻。上命大慈法王、西天佛子二等不动，其余愿回者听，不愿回者，其酒馔廪饩令光禄寺定数与之。③

这两组数字加在一起，说明留在北京的藏族僧人已经有1100余人，规模已经不小，而且明英宗并没有强行将他们逐回本土，只是不愿意回去者，朝廷对其供应有了一定的限制。但明英宗初年接连对在京番僧的减汰行为，对减少在京番僧人数还是起到了一定的作用，到正统六年（1441），北京会同馆大使姬坚等奏请限制在京藏僧占用馆夫时提到"大慈恩等寺分住国师、禅师、剌麻、阿木葛等三百四十四人，占用馆夫二百一十三人"，所以，截止到正统六年，在京的西藏僧人人数已锐减。

但是，经过明宪宗一朝之后，到明孝宗即位的成化二十三年（1487），在京藏僧人数又上升到一千两百人以上了，据礼部奏疏，当时"上传升大慈恩等寺法王、佛子、国师等职四百三十七人，及剌麻

---

① 《明史》卷331，第8577—8578页。
② 《明实录藏族史料》（一），第343页。
③ 同上书，第358—359页。

等共七百八十九人，光禄寺日供应下程并月米，及随从、馆夫、军校动以千计"①。

　　大量的僧人留在京城，每日需要人力、物力供应，导致在明孝宗即位伊始，朝臣蜂拥上奏弹劾并要求裁撤，迫于大臣的压力，明孝宗加大力度斥逐在京番僧，只留下乳奴班丹等 15 人，此后番僧"多潜住京师，转相招引，斋醮复兴，糜费渐广，六科十三道再劾。下礼部会议，请如前旨逐之，得旨：'斋醮此后俱减省，番僧留一百八十二人，余悉遣之'"②。这一年（1491）只在北京留下了 182 人，裁减力度很大，但随后明孝宗又将一些藏族僧人请回京师。到了明武宗时期，由于武宗学藏语、习藏传佛教，大量封授藏族僧人，京师的留驻僧人人数又骤然上升，虽然《明史》上说"番僧复盛"，但《实录》与《明史》都没有提到具体人数。只是明武宗封授了大量的在京番僧，如：

　　正德二年（1507），大慈恩寺禅师领占竹升灌顶大国师；大能仁寺禅师麻的室哩塔而麻拶耶那卜坚参、大隆善护国寺禅师著肖藏卜俱升国师，给予诰命；大功德寺住持方绅升僧录司右觉义管事，仍兼本寺住持。

　　正德四年（1509），升大隆善护国寺国师著肖藏卜为法王，剌麻罗竹班卓、班丹端竹、班卓罗竹、朵而只坚参俱为左觉义。

　　正德五年（1510）四月，升大能仁寺国师那卜坚参、禅师札巴藏播为法王，都纲那卜领占为佛子，公葛端竹、坚挫扎失为禅师，大隆善护国寺剌麻绰即罗竹为佛子，大慈恩寺国师乳奴领占为西天佛子，革职国师拾（舍）剌扎为佛子，剌麻也舍窝为禅师。

　　正德五年（1510）六月，升大隆善寺禅师星吉班丹为国师，左觉义罗竹班卓等为禅师，剌麻乱竹为左觉义，三竹舍剌为右觉义，伦竹坚参为都纲；大慈恩寺佛子乳奴领占、舍剌扎俱为法王，剌麻舍列星吉（为）佛子，也失短竹为禅师；大能仁寺剌麻领占播为都纲。

---

① 《明实录藏族史料》（二），第 803 页。
② 同上书，第 824 页。

第四章 明代藏汉佛教交流

正德五年十月,升国师罗竹班卓、班丹端竹为灌顶大国师,禅师领占陆竹为国师,右觉义短竹监参为左觉义,剌麻祥巴汪秀、扎失朵而只、宁卜锁南短竹、星吉班卓、锁南星吉、班丹伦竹为右觉义。①

可见,仅正德初年封授的藏族僧人人数就很多,不仅如此,明武宗封授这一批在汉地的藏族僧人为法王,这已经和明初分封"三法王"、"五王"的初衷相去甚远了。

在明武宗死后,藏地的僧人进入汉地的高潮就基本结束了,因为继位的明世宗崇信道教,对在汉地的藏族僧人打击比较彻底,他在正德十六年(1521),还没有改年号之前就下旨:

> 正德元年以来,传升、乞升法王、佛子、国师、禅师等项,礼部尽行查革,各牢固枷钉,押发两广烟瘴地面卫分充军,遇赦不宥。近日奏讨葬祭,一切停革,其中有出入内府、住坐新寺、诱引蛊惑罪恶显著现在京者,礼部通查明白,锦衣卫还拏送法司,问拟罪名,奏请定夺。②

同时,明世宗还拆除了明武宗在宫内建的寺院,经过他的这一番严厉的打击,汉藏之间就剩下正常的贡赐往来了。

明代驻京的藏族僧人比起朝贡的僧人,其间汉族人冒充的现象更为严重。正德十年(1516)十二月,大臣在奏疏中提道:"比见番僧在京者,安之以居室,给之以服食,荣之以官秩,为其能习番教耳。"③ 可见,驻京的番僧除锦衣玉食之外,还有各种机会得到升迁,这成为一条晋升的捷径,汉族的民众就是看到了这一点,因而不惜违犯国家宪令,投身为番僧,习学藏语、藏传佛教。汉地人冒为番僧的现象在明朝出现的很早,最早可以回溯到永乐朝。成化四年(1468),"礼部欲清理番僧及中国冒充者,法王札巴坚参引永乐年间事例陈请。诏曰:'中国人

---

① 《明实录藏族史料》(二),第891—892、902、906、906—907、908页。
② 同上书,第956页。
③ 同上书,第935页。

先习番经有度牒者已之，无度牒者清出，今后中国人不许习番教，非僧道食米者皆住支'"①。这则史料中法王札巴坚参具体征引永乐何年、何事为例子陈请阻止清理番僧中汉人冒充者已不得而知，但从结果来看，则永乐年间已经有汉人窜为番僧，处理的结果就是将有度牒的留下，无度牒的清理出去。

明宪宗死后，大臣在明孝宗即位之初上奏折弹劾前朝弊病时，就提到了汉人冒为藏僧的问题。如成化二十三年（1487），河南等省监察御史谢秉中等上疏中提道："近年幸门大开，……番僧入中国多至千余人。百姓逃避差役，多令子弟从学番教。僧道官自善世、真人以下不下百数。佛子、法王、大国师例铸金印，供用拟于王者。"②礼部的处理意见是"汉人习学番教者，不拘有无官职、度牒，俱发回原卫有司当差。如隐冒乡贯自首改正者，许换与度牒"。③

在汉人冒为番僧留驻京城者中，最有名的就是乳奴领占。《明实录》中提到他是四川人，本姓高，"窜名番僧，给事豹房"④。乳奴领占最早出现在史册是在成化二十二年（1486）六月，这一年他的封号是妙净普济灌顶大国师，朝廷特意为包括他在内的一批大国师赐了诰命。正德五年（1510）四月，乳奴领占升为西天佛子；六月又升为法王。正德八年（1513），"大慈恩寺番僧乳奴领占奏修本寺方丈。上命工部会年例物料修理，兵部拨官军三千人、锦衣卫军士三百人赴役。其后毕功，复遣礼部官报谢"⑤。这些史料都表明乳奴领占在明武宗时是一个深受国恩、炙手可热的"番僧"，能出入豹房之中，但他在根底里是一位汉族人。这些汉族人冒为番僧，为了获得更快的晋升，他们必须在藏传佛教的修习方面有所建树，因而客观上促进了藏传佛教在汉族民众中的传播。

---

① 《明实录藏族史料》（二），第672页。
② 同上书，第802页。
③ 同上书，第803—804页。
④ 同上书，第917页。
⑤ 同上。

第四章 明代藏汉佛教交流

为了更快地学习西藏的语言和佛教经典，明朝成化年间还出现了汉文对音写经，流传下来的有藏于故宫博物院的《各佛施食好事经》。经本的主体文字是藏文和梵文，泥金刻写，其下则有汉文的对音，护经封板是象牙所制，顶面象牙板上雕刻着喜金刚、胜乐金刚、时轮金刚的双身像。"这部藏文经之所以要用汉字注音，显然是为学习藏文、诵读藏文经之便"①。当然，这样一部豪华精美的藏汉对音泥金写本，应当是上层僧侣或者皇室之物，不属于普通僧众。

驻京的藏族僧人在得到皇帝的宠信之后，他们还在汉地度行童（僧仆），因为北京与西藏本土相隔遥远，没有太多的藏族行童可剃度，于是他们常常剃度汉族行童。正德八年（1513）十一月，"赐大庆法王领占班丹番行童度牒三千，听自收度。先是，有旨度番汉僧行、道士四万人。其番行童多中国人冒名者，为礼部所持，故领占班丹奏欲自便云"②。所以，仅正德八年前后，度汉人为番行童者至少在两三千人。

留京的藏族僧人还充当通事、使者，替朝廷当差。他们成为连接朝廷与边地少数民族的纽带，减少了汉藏两个民族之间的敌视与生疏，使朝廷的政策、法令更容易地得到贯彻。

洪武七年（1374）十二月，以西番僧连贡隆为西番通事舍人，赐文绮、袭衣、靴帽。这是明朝最早的藏僧通事。甘肃岷州著名的僧人、大智法王班丹扎释（dpal-Idan-bkra-shis，1337—?）也曾多次出使西藏，包括在迎、送哈立麻的过程中，担任过翻译。《西天佛子源流录》中记载班丹扎释"二十八岁时，随法尊师到于南京，住鸡鸣寺。二十九岁时，奉太宗文皇帝命，迎请大宝法王，奉法王至京，住灵谷寺，倾心侍奉法王，日夕听法……法王说法之时，侍立左右，为人译法"。③

除此而外，许多藏族僧人都曾作为中央政府的使臣出使西藏，明代留京高僧因为各种各样的原因得以升迁，其中，屡次出使西藏是一个重要的考虑指标。如成化末追封为"大敏法王"的端竹领占、大智法王

---

① 王家鹏：《明成化藏汉文对音写经浅探》，《故宫博物院院刊》1988年第4期。
② 《明实录藏族史料》（二），第920页。
③ 张润平：《岷县历史文化与民俗散论》，甘肃文化出版社2012年版，第270页。

班丹扎释等都有多次充当朝廷特使的经历。其中,端竹领占的三次升迁都和出使其他部族有关。据万历《临洮府志》记载:

> 国朝端竹领占,狄道人,俗姓石氏,自幼披剃为本郡宝塔寺番僧,永乐四年以屡使绝域宣布王化,功升苏州府僧纲司都纲。二十一年奉命招降迤北靶靶王子也先土木率部属二千余人归款,是年升僧录司右阐教。二十二年升左善世,赐诰命、金图书、服器。宣德元年升灌顶圆妙广智大国师;二年奉使乌思藏公干,升号清修静觉崇善慈应辅教阐范灌顶圆妙广智大国师。八年正月内圆寂。天顺七年追封西天佛子。成化二十二年,上遣太子少保礼部尚书周洪谟谕祭,追封大敏法王。①

永乐四年(1406),端竹领占"屡使绝域宣布王化"中的"绝域"就包括西藏。宣德二年(1427)的升迁,更是因为奉使乌思藏的缘故。班丹扎释则在陪送大宝法王哈立麻返回乌思藏后,"继而屡奉明命,往还西域,远夷率服,边境无虞师之"②。除此而外,明英宗、明景帝时期的葛藏也是多次出使西藏的使者。正统五年(1440),葛藏、昆令作为正副使,率领20名喇嘛僧团前往乌思藏封赐新的一任阐化王,此时葛藏的头衔是净修禅师。景泰三年(1452),葛藏往乌思藏公干回还,被升为广善慈济国师,并其赐诰命、僧帽、僧衣、银印,以表彰他奉使乌思藏的功劳。景泰七年(1456),葛藏再次作为使臣,携带诰敕、金印、彩币、僧帽、袈裟、法器等物前去封赐辅教王,出使前,他本人则晋升为灌顶广善慈济国师③。葛藏也是明朝屡屡出使西藏、对当时藏汉和谐关系起到推动作用的僧人之一。正统十年(1445)朝廷又以留京藏僧锁南藏卜和札失班丹为正、副使,前往西藏封赐灵藏赞善王。由留

---

① 万历《临洮府志》卷26,明万历33年刊本,第4面前后。
② 《西天佛子大国师班丹扎释寿像记》,黄颢:《在北京的藏族文物》,民族出版社1993年版,第36页。
③ 《明实录藏族史料》(一),第390、546、578—579页。

京藏僧出任册封使臣的定例一直到嘉靖末年才被取消。

明代由内地入藏，交通不便，路途险远，"山川险阻，人迹少通，溪谷丛篁之间多蝮蛇、猛兽，瘴疠山岚之气触之者无不死亡"①。况且，"自天全招讨司出境，涉历数万里之程，动经数年，方达乌思藏地方"②。因此，奉使西藏无疑是一件极其艰辛的事情，出使藏地的僧人，不仅通过自己的身体力行，加强了中央和西藏地方在政治、经济上的联系，同时也提升了留驻汉地"番僧"的地位和影响。

三 西藏上层僧侣在汉地的活动

明代在汉地活动的藏族上层僧人中，最著名的就是五世噶玛巴得银协巴和大慈法王释迦也失。

得银协巴（de-bzhin-gshegs-pa，1384—1415），原名叫却贝桑布（chos-dpal-bzang-po），汉文史料中称其为哈立麻，他是受明成祖的召请进入汉地的。《明史》记载："有僧哈立麻者，国人以其有道术，称之为尚师。成祖为燕王时，知其名。永乐元年命司礼少监侯显、僧智光赍书币往征。"③ 这说明在明朝开国之初，汉藏之间的信息交流渠道就很畅通，得银协巴虽然远在乌思藏，其名声还是能传到汉地诸王的耳中。永乐四年（1406）冬天，得银协巴到达南京，受到明政府隆重的接待，除了得到大量的物质赏赐外，成祖赐其出行的仪仗为"牙仗二、瓜二、骨朵二、幡幢二十四对、香合儿二、拂子二、手炉三对、红纱灯笼二、鲇灯二、伞一、银交椅一、银脚踏一、银水罐一、银盆一、诞马四、鞍笼二、银杌一、青圆扇一、红圆扇一、账房一、红绔丝拜褥一"。④ 这其实就是成化年间"西僧以秘密教得幸，服食器用僭拟王者，出入乘棕舆，卫卒执金吾杖前导，达官贵人莫敢不避路"⑤ 的张本。明人史料

---

① 《明实录藏族史料》（二），第933页。
② 同上书，第932页。
③ 《明史》卷331，第8572页。
④ 《明实录藏族史料》（一），第131页。
⑤ 《明实录藏族史料》（二），第663页。

记载中对此的评价是"成化中，法王扎巴坚参赐仪仗亦如之，特许用棕轿，前后皆以锦衣卫校卒供应，见者皆以为亲王"①。

关于得银协巴在南京的活动，《贤者喜宴》里有较为详细的描述。得银协巴到京以后，最主要的宗教活动有：一是给明成祖传法。永乐五年（1407）正月十五之后，"日日为皇帝次第说法"，二月二十日，"延请进官，建立坛城，为皇帝授无量灌顶。下月上旬八日，开始讲解六法，皇帝奉行焉。又译经呈上"。这里的"六法"指"那若六法"，为噶举派的独门密法。"译经呈上"指的是将"那若六法"翻译成汉文，以供明成祖修习。二是替明太祖夫妇荐冥福。得银协巴从永乐五年二月五日开始，在灵谷寺为明太祖夫妇进行了长达七日的超荐佛事。这场超荐佛事完全是西藏佛教式的："次月五日始，弹内外坛城之墨线，尚师乃设十二坛城，此即胜海（rgyal-ba-rgya-mcho）、宝撅（phur-pa）、高门瓦传下之密集（gsang-vdus）、大师传下之密札（mi-tra）、他如金刚界法界之灌顶（rdor-dbyings-chos-dbyings-gsang-dbang）、喜金刚（dgyes-rdor）、尊胜母（rje-btsun-ma）、普明（kun-rig）、药师佛（sman-bla）、度母仪轨（sgrol-chog）、观音咒（thugs-rje-chen-povi-gzungs-sgrub）。（作法）之初，皇帝亲临，向尚师三人奉赠全部礼品，赐僧人衣服表里四袭，其他守坛城者衣服表里一袭，皆皇帝取赠。仪轨进行直至十八日，终日吁请高皇帝、高皇后之灵降临，尚师各予以灌顶，他人则作解脱仪轨。"② 此后，永乐五年四月，得银协巴又赴五台山，为新故去的仁孝皇后荐福。

得银协巴的这些法事活动，首先对明成祖的宗教信仰产生了重要影响，究其原因，主要是得银协巴在超荐明太祖夫妇的佛事活动过程中所出现的各种瑞象，彻底触动了明成祖，使之完全折服。所以，明成祖在得银协巴返回西藏后，更加醉心于佛教。黄瑜在《双槐岁钞》"圣孝瑞应"条下记载：

---

① （明）王世贞：《弇山堂别集》，魏连科点校，中华书局1985年版，第211页。
② 邓锐龄：《〈贤者喜宴〉明永乐时尚师哈立麻晋京纪事笺证》，《中国藏学》1992年第3期。

文皇帝在藩，闻乌斯藏有尚师哈立麻者，异僧也。永乐初，遣中官侯显赍书币往迎，五历寒暑，丙戌十二月乃至。车驾躬往视之，无拜跪礼，合掌而已。上宴之华盖殿，赐金百两，银千两，彩币法器不可胜纪。寻赐仪仗，与郡王同，封为万行具足十分最胜圆觉妙智慧善普应佐国演教如来大宝法王西天大善自在佛，领天下释教，赐印诰及金银钞彩币织金袈裟金银器皿鞍马。其徒封拜有差。五年春二月庚寅，命于灵谷寺启建法坛，以荐皇考皇妣。尚师率天下僧伽，举扬普度大斋科十有四日，上伸诚孝，下及幽爽。自荐事之始，至于竣事，卿云天花，甘雨甘露，舍利祥光，青鸾白鹤，连日毕集。一夕，桧柏生金色花，遍于都城。金仙罗汉，变现云表，白象青狮，庄严妙相，天灯导引，幡盖旋绕，亦既来下。又闻梵呗空乐，自天而降。群臣上表称贺，学士胡广等献圣孝瑞应歌颂。自是上潜心释典，作为佛曲，使宫中歌舞之。永乐十七年，御制佛曲成，并刊佛经以传。①

所以，明成祖对西藏佛教的信仰，与得银协巴的影响密不可分。其次，得银协巴的这些法事活动对汉藏佛教之间的了解和交流，起到了很大的促进作用。据《明大宝法王建普度大斋长卷》中的文字说明记载，得银协巴在灵谷寺举行超荐法事时，"斋天下僧二万余众于灵谷寺"②，这两万余名僧人主体是汉族僧人。除此之外，明人的史料笔记中还记载了得银协巴在汉地教人念诵六字真言的事迹："帝尝遣人往天竺，迎僧来京兆，号大宝法王，居灵谷寺，颇著灵异，谓之神通，教人念唵嘛呢叭咪吽。于是信者，昼夜念之。"③

得银协巴的弟子孛隆逋瓦桑儿加领真（vbong-bu）被封为灌顶圆修

---

① （明）黄瑜：《双槐岁钞》，中华书局1999年点校本，第40—41页。
② 罗文华：《明大宝法王建普度大斋长卷》，《中国藏学》1995年第1期。
③ （明）吕毖：《明朝小史》卷4"大宝法王条"，《四库禁毁书丛刊》影印本，北京出版社1998年版，史部，第19册，第530页；姚福《清溪暇笔》也有相关记载。

净慧大国师，高日瓦领禅伯（dkar-bzhi-ba-rin-chen-dpal）被封为灌顶通悟弘济大国师，果楽罗葛罗监藏巴里藏卜（mgon-blon-pa）被封为灌顶弘智净戒大国师。其中，高日瓦领禅伯与明成祖关系颇为密切，很受其尊崇。在得银协巴前往五台山期间，明成祖数次携高日瓦领禅伯前往灵谷寺，据说灵谷寺在得银协巴做佛事活动之后，还是屡现瑞象，明成祖和高日瓦领禅伯亲眼目睹了这些瑞象，为此，明成祖还御制了《灵谷寺塔影记》。①

除了得银协巴，大乘法王衮噶扎西（kun-dgav-bkra-shis，1349—1425）在汉地活动的时间也较长，衮噶扎西在汉文史料中被称为昆泽思巴，他是元朝帝师衮噶坚赞贝桑波的孙子。衮噶扎西到汉地是因为明成祖在册封赏赐大宝法王后，永乐八年（1410），"又闻昆泽思巴有道术，命中官赍玺书银币征之"②。永乐十年（1412），衮噶扎西在从萨迦动身，永乐十一年（1413）二月到达南京。衮噶扎西到南京后，"觐见皇帝大法王，并为之讲授诸多佛法，大皇帝复又产生信仰，毛发耸动，请求给予深奥之密宗甚深道灌顶。大师首先传给吉祥喜金刚坛城深奥成熟灌顶，大黑护法神加持等诸多深奥之法，使其如愿以偿"。③ 吉祥喜金刚为藏传佛教无上瑜伽密五大本尊（守护尊）之一，代表智慧与慈悲互具。吉祥喜金刚密法是萨迦派密法"入门"的基础修法，萨迦派初学者必须先获得此灌顶，方可起修其他密续；又因喜金刚乃印度大成就者必哩斡巴（Birvapa）所亲传，故萨迦派以此总集一切密续，为"不共"最高的仪轨。大黑天则是密宗中重要的护法神，藏传佛教认为它是毗卢遮那佛降魔时出现的忿怒相，大黑天集战神、厨神、冢间神、福德神于一身，在元代被萨迦派传入内地。因此，衮噶扎西实际上将萨迦派的两门最有代表性、在汉地最有影响力的密法传给了明成祖。之

---

① 在《御制灵谷寺塔影记》中记载：四月十五日，朕携灌顶通悟弘济大国师[高]日瓦领禅伯，往灵谷寺观向所见塔影。……至十六日，复与灌顶通悟弘济大国师往塔影之所。……十八日，朕复往观塔影光彩大胜于前。……至幕，留灌顶通悟弘济大国师在寺观之。十九日早，灌顶通悟弘济大国师来报……（见《金陵梵刹志》，第98—99页）
② 《明史》卷331，第8575页。
③ 《萨迦世系史》，第225页。

后,衮噶扎西被"用船只从水站驿路迎至大都宫中,新建名叫法坪寺的一座大寺院,作为暂时驻锡之所"。此处的法坪寺(ha-phin-se)不知所指,而此时北京的宫殿正在修建中,明成祖将其迎往北京参观新都城也是有可能的。衮噶扎西离开北京之后,又去了五台山。按照《萨迦世系史》的记载,他在五台山似乎没有举行佛事活动,只是一般性的朝山,但这也说明五台山到明代时,已经成为藏族僧人心中地位崇高的圣山,五台山到此时也已经成为联系汉藏佛教的纽带。从五台山返回北京以后,衮噶扎西又"为皇帝传授灌顶和经咒加持、教诫、随许等诸多佛法传授,使其心满意足。(大师)曾向皇帝请求,使成千上万名罪犯得以释放"。最后,《萨迦世系史》总结道:"如是,上师在这个语言不同的广大国土中,为皇帝、臣民等传授无上解脱悉地。"[①] 永乐十二年(1414)正月,衮噶扎西辞归,朝廷的赏赐之物中有佛像和佛经,这里的佛经指的是永乐八年(1410)明朝在南京刻印的藏文《甘珠儿》。所以,衮噶扎西在汉地近一年时间的活动,对促进汉藏两个民族间文化上的交流意义重大。

  第三个到达汉地的藏传佛教上层僧侣是释迦也失(shākya ye-shes,1354—1439),他是宗喀巴最重要的弟子之一。宗喀巴社会声望的不断提高,引起了明中央政府的注意。永乐六年(1408),明成祖派使者携带诏书邀请宗喀巴进京,此时宗喀巴正在筹备拉萨祈愿大法会的事宜,因而以自己不适宜和人群接触、一经接触便生重病为由推脱了。永乐十二年(1414),明成祖再次派遣使者召请宗喀巴入京,这次宗喀巴派遣释迦也失作为自己的代表前往。释迦也失到达南京以后,明朝对其"礼亚大乘法王",第二年封其为"妙觉圆通慈慧普应辅国显教灌顶弘善西天佛子大国师",赐予印诰。释迦也失到南京后,"师徒广做密集、胜乐、大轮、大威德四十九尊、药师佛的修供法事,此时天空中传来天界鼓乐声,为众人所闻"。密集、胜乐、时轮、大威德是格鲁派密宗最为推崇的四大金刚密法本尊,可见释迦也失在南京也以传本门的"特

[①] 《萨迦世系史》,第225—226页。

法"为主。"此后，皇帝请上师传授度母所传的长寿灌顶和大成就者德洛巴所传的胜乐不死灌顶，……使皇帝极为虔信，奉献了大量财物作为接受灌顶的供养。"接着，释迦也失前往五台山，"在住五台山期间，他为从各地前来朝拜的以大德、官员为首的无量具信仰众生传授了灌顶、随许、教诫等，并为僧人传授近事、沙弥、比丘、禁食等戒律，按照他们各自的缘分降下佛法之甘雨，引领他们走上成熟解脱之道"。"此后，释迦也失返回京城利益教法及众生，尤其是显明格鲁派的显密教法"①。1416年，释迦也失返回西藏时，明成祖除了赐给他金银器皿、佛像、法器之外，也赐给他一部汉地刻印的藏文《甘珠儿》。释迦也失的这次汉地之行，不仅促进了藏传佛教在汉地的传播，同时也将汉地佛教的一些元素带回了藏地。在他修建的色拉寺中，"有释迦也失从汉地带来的释迦牟尼和十六罗汉像，以及居士和尚的像，还建造了以白旃檀为内脏的殊胜的药师佛像，佛殿中还放置有释迦也失从汉地带回的珍奇的《甘珠儿》经"②。释迦也失返藏后，按照明朝的规定，定期进贡，与中央政府保持着密切的联系。

宣德二年（1427），明宣宗派侯显再次迎请释迦也失，释迦也失随后入京，"时间大抵在宣德四年至六年之间"③，这次进京，释迦也失在北京驻留了八年左右。宣德九年（1434），明宣宗派成国公朱勇、礼部尚书胡濙持节封释迦也失为"万行妙明真如上胜清净般若弘照普应辅国显教至善大慈法王西天正觉如来自在大圆通佛"。这八年间，释迦也失为藏汉佛教的交流做出了更多的努力。在北京期间，他与其他驻京的藏族高僧一起助建了法海寺（在今天北京西郊石景山区翠微区山麓之玉河）。法海寺始建于明正统四年（1439），历时四年零八个月，于正统八年（1443）建成。该寺主要由历事五朝的太监李童集资，工部营

---

① 固始噶居巴·洛桑泽培：《蒙古佛教史》，陈庆英、乌力吉译注，天津古籍出版社1990年版，第62、63页。
② 同上书，第63页。
③ 陈楠：《明代大慈法王释迦也失在北京活动考述》，《中央民族大学学报》2004年第4期。

缮所修建。明英宗时的礼部尚书王直所撰的《法海禅寺记》中记载的助缘修寺人有：

> 敕赐法海禅寺助缘法王、尚师、国师、僧官、剌嘛、僧众官员人等。
>
> 万行妙明真如上胜清净般若弘照普应辅国显教至善大慈法王西天正觉如来自在大圆通佛释迦也矢，妙法清修净慈普应辅国阐教灌顶弘善西天佛子大国师哑蒙葛，弘通妙戒普慧善应辅国阐教灌顶净觉西天佛子大国师班丹扎释、净修弘智灌顶国师锁南释利、弘善妙智国师舍剌巴、妙胜禅师锁南藏×××大师戒行禅师班卓儿。①

法海寺开始修建时，正是释迦也失圆寂之年，大概是在筹备时释迦也失出资相助了。另外，碑文中的哑蒙葛也就是他的弟子亚葛木。法海寺助建者中有如此多的藏族高僧，也就决定了此寺与藏传佛教千丝万缕的联系。据早期资料介绍，该寺塑有大黑天像。此外，法海寺的壁画非常著名，而壁画中就有受藏传佛教影响的影子，例如大雄宝殿内的"3尊菩萨脸型方正，额方颐丰，平静、圆润的面部，双肩平阔、腰部细收，均有强烈的永、宣造像遗风，而3尊菩萨耳珰和脚镯的样式则更是直接源自永、宣造像。耳珰的造型上为圆形，其内图案为花瓣形，下部为倒三角形，但略有不同；臂钏上为三角形，下为较宽的圆环形。这样的耳珰和臂钏造型皆为明代北京宫廷藏传佛教造像及受藏传佛教造像影响的汉传寺院绘、塑时惯常使用的造型样式，无疑都受到了同时期宫廷藏传佛教造像装饰的影响"。②

除此而外，宣德十年（1435）六月，释迦也失还主持了西天佛子大国师智光的荼毗法会，这是汉藏佛教僧侣共同参与的法会，反映出当时两个民族僧人之间和谐的关系。藏文史料中还说释迦也失在五台山修

---

① 黄颢：《在北京的藏族文物》，第30页。
② 郭丽平：《北京法海寺壁画中的藏传佛教艺术因素探析》，《中国藏学》2010年第1期增刊。

建了6座寺院①，但这在汉文史料中并无记载。

第三节 汉地的藏传佛教机构

明代汉地传播藏传佛教的机构主要是寺院和番经厂，其中，番经厂职能主要是刻印藏文佛经，也部分地兼有寺院的功能。

一 寺院

明代留京的藏传佛教僧人居住寺院比较集中，主要住在大慈恩寺、大隆善护国寺、大能仁寺、大护国保安寺、大隆福寺、西域双林寺等寺院中。

大慈恩寺建于元初，地理位置大体在今北海公园以北，前海西北至后海南段一代。②大慈恩寺本名海印寺，据清代进入中国的朝鲜人记载"中国顺天府西海子上旧有海印寺，皇明宣德间重建，改名大慈恩寺，废为厂"③。康熙《畿辅通志》记载："镜光阁，在宛平县北。有海印寺，明宣德间改慈恩寺，寺有镜光阁，今废。"④资料中所说的明宣德年间改建，指的是宣德四年（1429），此次改建后称为大慈恩寺，但明代和清代的许多资料中还继续称其为海印寺。海印寺出现在文献中，与元末明初的高僧宝金禅师（碧峰禅师）有关，他深受元顺帝恩宠，在至正九年（1349）前后，被元顺帝赐以"寂照圆明大禅师"之号，并奉旨入住海印寺。海印寺到明成祖时就成为京城重要的寺院，东印度密宗僧人、大善国师实哩沙哩卜得啰（或写作室利沙，1335—1426）于

---

① 恰白·次旦平措等：《西藏通史》（下），陈庆英等译，西藏古籍出版社2008年版，第560页。
② 张新宇：《清代北京藏传佛教寺修建史事与修缮制度杂考》，中央民族大学2010年硕士学位论文。
③ [朝鲜]朴趾源：《热河日记》，北京图书馆1994年影印本，第614页。
④ 康熙《畿辅通志》卷53《古迹》，《景印文渊阁四库全书》影印本，史部，第505册，第204页。

永乐十二年（1414）来华，"应对称旨，命居海印寺"①，海印寺成为来华僧人重要的居住之地。永乐十七年（1419），明成祖又在海印寺为朱元璋夫妇设无遮大法会。永乐十九年（1421），明成祖迁都北京，僧慧进"随驾之北京，居海印寺，被诏领袖天下僧众"②。既然作为天下僧众领袖的慧进住在海印寺，海印寺当时的地位就应该是明朝的第一丛林。永乐二十二年（1424）十二月，明仁宗即位伊始，"百官习新正仪于海印寺"，也就是百官在海印寺演习新修正的朝仪，这说明海印寺的规模比较大，能容纳百官演习朝仪。

关于大慈恩寺，许多研究者将其与大兴隆寺混淆③，这种混淆不仅仅是名称上的混淆，由此而来的是寺院发展历史史实的混淆：认为该寺最早是金朝在北京的庆寿宫，金章宗大定二十六年（1165）改建为寺院，称庆寿寺或大庆寿寺。元世祖至元四年（1267），寺中又建了两座砖塔，故又称双塔寺。至元十二年（1275）重修，历时七年完工。太监王振在正统十三年（1448）又进行了重修，这次重修，"日役万人，靡帑数十万，闳丽冠于京都"，寺成后，明英宗赐号为"第一丛林"，并"躬自临幸，以故释教益炽"④。以上资料实际上全部是关于大兴隆寺的，史料来源于《日下旧闻考》卷四十三"大庆寿寺创于金章宗时。明正统中重修，易名曰大兴隆寺，又曰慈恩寺"。⑤

但是，在《明实录》中时而提及大慈恩寺，时而提及大兴隆寺，尤其在同一朝的同一年中如此记载就说明这显然是两个寺院。实际上，明人朱国祯《涌幢小品》就提道："嘉靖初，废大慈恩寺，从锦衣卫之请，即其地改为射所。卜以金鼓声彻于大内，拟改建玄明宫，别以大兴

---

① 《补续高僧传》卷25，《卍字续藏经》，第531页上栏。
② 《补续高僧传》卷4，《卍字续藏经》，第393页上栏。
③ 李德成《藏传佛教与北京》中认为"大慈恩寺最早称'大庆寿寺'、'庆寿寺'。俗称'双塔寺'，又称'双塔庆寿寺'、'大兴隆寺'"。陈玉女《明代二十四衙门宦官与北京佛教》第74页提到王振"正统十三年，重修大庆寿寺，易名大兴隆寺，又名大慈恩寺"。
④ 《明史》卷164，第4457页。
⑤ 《日下旧闻考》卷43，第686—687页。

隆寺为射所。"①《古今图书集成·释教部汇考》卷六中则记载："嘉靖十四年，大兴隆寺毁，令永不许复，并大慈恩寺，一应修斋俱革。"②这两条史料都说明大慈恩寺与大兴隆寺为两个寺院。

  海印寺在宣德年间改建为大慈恩寺后，从成化年间开始，又陆续进行了大规模的扩修。成化十九年（1483）二月，"总兵官太子太保襄城候李瑾统军夫万人，修大慈恩寺"③。用上万军士扩修大慈恩寺，足见其规模之非同凡响。正德七年（1512），"大慈恩寺法王乞修造僧房，许之。工部以民穷财尽为言，不听"。④ 这次对僧房的修理一直持续到正德九年二月，至于整寺扩修何时结束史料并没有明确记载，但显然是当时动用人力、物力较多的工役，因而遭到大臣数次上书反对。次年，大慈恩寺僧乳奴领占奏修本寺方丈，虽然只是修方丈，但政府也拨给他3300人赴役，所以，大慈恩寺方丈也必是气势恢宏的。大慈恩寺一直存在到嘉靖二十二年（1543），《明世宗实录》三月癸酉条记载："初禁苑北墙下故有大慈恩寺一区为西域群僧所居。至是，上以为邪秽，不宜迩禁地，诏所司毁之，驱置番僧于他所。"⑤

  大慈恩寺在明代一直是西藏僧人居京修持之重地，也是京城最重要的三座藏传佛教寺院之一（其他两座为大能仁寺、大隆善护国寺），《万历野获编》中讲"大慈恩寺先朝最盛梵刹，宪孝武历朝法王、国师居停者万人，皆仰给天庖"⑥。这条史料中提到的数字虽然有夸大之处，但明代大慈恩寺中的确集中了大量的藏族僧人，并且，朝廷还从中擢升了许多高品级的西藏僧人，其中包括数位法王：成化四年（1468）晋升的大应法王札实巴⑦；成化二十年（1484）晋升为法王的札失藏卜、

---

① （明）朱国祯：《涌幢小品》，文化艺术出版社1998年版，第80页。
② 《古今图书集成·释教部汇考》，《卍续藏经》第77册，第59页上栏。
③ 《明实录藏族史料》（二），第771页。
④ 同上书，第914页。
⑤ 《明世宗实录》卷272，嘉靖二十二年三月癸酉条，（台北）中央研究院历史语言研究所1962年校印本，第5357页。
⑥ （明）沈德符：《万历野获编》（上），中华书局1959年版，第5页。
⑦ 《明实录藏族史料》（二），第663页。

札失坚措、乳奴班丹（三人具体名号不详）①；成化二十二年（1486）晋升的捨剌星吉（具体名号不详）②；正德五年（1511）晋升的乳奴领占和舍剌扎。③ 西天佛子则有：札实坚刌、乳奴班丹（死后追赠法王）、喃渴领占、星吉藏卜；④ 国师则有：灌顶净修弘智国师结列领占、妙胜惠济灌顶国师班著尔藏卜。⑤ 事实上，除了以上提及的僧人，大慈恩寺的藏僧被擢升为西天佛子、大国师、国师、都纲、禅师等名号者因为人数众多，难以逐一列举出来。

大慈恩寺在嘉靖二十二年被彻底拆毁后，先是作为军队演习的射所，后又成为驯驭大象的演象所，到《涌幢小品》写作的1612—1621年间，明朝已几乎无人知道"大慈恩寺"这个名称的存在了，当时人"双称之，曰射所，或曰演象所，莫知所自来也"⑥。因为大慈恩寺被毁坏得很彻底（寸椽片瓦亦不存），寺中具体的建制已经无从知晓，但寺中塑有藏传佛教的欢喜佛，并且是元代的遗物。《万历野获编》记载："唯寺内欢喜佛，为故元丑俗，相应毁弃，上是之，谓夷鬼淫像可便毁之。不数年而此寺铲为鞠场矣。"⑦《矶园稗史》卷三中记载得更为详细："京师海印寺有喜佛，在殿后毘卢阁上。率一男子裸而弄数女子，足践手揣皆裸女。其法或是元末诸帝房中运气之术，教宫女为天魔舞之类。又寺僧藏一物，名哈吧喇盌，乃人脑后骨为之，如龟甲，然饰以彩漆。予亲临取观之云"⑧。由这两条资料可以看出大慈恩寺的藏传佛教特征十分明显，里面有双身佛像，只是孙继芳在《矶园稗史》中描述用语不专业，而沈德符则直接称其为"欢喜佛"。

大隆善护国寺又名护国寺，原名崇国寺，即所谓的北崇国寺，此寺

---

① 《明实录藏族史料》（二），第780页。
② 同上书，第794页。
③ 同上书，第907页。
④ 同上书，第768、796页。
⑤ 同上书，第649页。
⑥ 《涌幢小品》，第80页。
⑦ 《万历野获编》（上），第2页。
⑧ （明）孙继芳：《矶园稗史》卷3，《续修四库全书》影印本，上海古籍出版社2002年版，子部，第1170册，第566页。

始建于元代至元二十一年（1284）。按照《帝京景物略》记载，该寺"为脱脱丞相故宅，今千佛殿傍立一老髯，幞头朱衣，一老妪，凤冠朱裳者，脱脱夫妇也"。① 但这个说法也遭到质疑，因为脱脱是元顺帝时人，大隆善护国寺则建于元初，其间并没有毁寺建宅的记录。大隆善护国寺在元代屡有修缮。进入明朝以后，宣德四年（1429）该寺和海印寺一起得以再次重修或扩修，并被赐名"隆善"。成化七年（1471）九月，明宪宗认为该寺"实我皇考因旧更新者也。历岁滋久，新者复蔽，朕仰思先烈，敢不是葺！"于是他"乃出内帑金帛，市材僦工，鼎新缔构，踰年而工告成，规模宏壮，差胜于昔"。② 这次修缮之后，在寺额的后面又增"护国"二字。大隆善护国寺是明代北京又一座著名的藏传佛教寺院，大智法王、大觉法王和大应法王都曾驻锡其中。"正德壬申（注：1512年），敕西番大庆法王领占班丹、大觉法王著肖藏卜等居此，寺则大作。"③ 大隆善护国寺继大兴隆寺后，成为明朝管理僧尼的最高机构——僧录司的所在。④

　　大隆善护国寺是比较典型的藏传佛教寺院，这主要表现在：第一，寺院里的塑像除了三世佛外，还有八思巴、宗喀巴、大黑天、班丹扎释等像。其中大智法王班丹扎释之像为等身像，紫檀木雕造。而八思巴的像出现在大隆善护国寺则说明这座寺院从元至明，存在藏传佛教的承续传统。这些佛像内装藏了多种佛经，包括《时轮续》、《那若六法》、《大黑天神续》、《胜乐金刚续》、《无量寿经续》、《律根本续》等。⑤ 第二，大隆善护国寺有藏式舍利塔两座（今存一），塔内有缠着六字大明咒经卷的擦擦。第三，寺内至今还存有正德七年（1512）所立的、藏

---

① （明）刘侗、于奕正：《帝京景物略》卷1，上海古籍出版社2001年版，第51页。
② 《日下旧闻考》卷53，《明宪宗大隆善护国寺碑记略》，第845页。
③ 《帝京景物略》，第51页。
④ 《大明会典》载：国初，置善世院，洪武十五年改僧录司，正六品衙门，设左右善世，左右阐教，左右讲经，左右觉义，职专释教之事，属礼部。其衙门南京建于大界寺，永乐后，北京建于大兴隆寺。今大兴隆寺毁，徙于大隆善寺。（申时行等修、赵用贤等纂《大明会典》卷226"僧录司"条，《续修四库全书》影印本，上海古籍出版社2002年版，史部，第792册，第655页）
⑤ 参见黄颢《在北京的藏族文物》，第10页。

文的《重修大隆善护国寺碑》。另外，寺中的《藏卜坚参承继祖传住持碑》的碑文题名中共有藏人 41 名①，反映出立碑的嘉靖三十二年（1553），大隆善护国寺中还有大量的藏族僧人。早在正统元年（1436），礼部尚书胡濙上书裁减在京的藏族僧人，特别提出要裁减大慈恩寺、大隆善寺、能仁寺、宝庆寺的僧人共 450 人。但在明宪宗成化年间，大慈恩寺、大能仁寺、大隆善寺番僧还是有千余人，平均每个寺院有三四百人，这个数字就十分可观了。② 所以，终明一代，大隆善寺始终是藏族僧人在北京的主要居所之一。

大隆善护国寺在顺治和康熙时还进行了重修。如今，护国寺仅存金刚殿，西北角的廊房，以及垂花门之后的一层殿。

大能仁寺在今天北京西城兵马司胡同以北，该地因寺而名能仁寺胡同。《宛署杂记》记载大能仁寺建于元延祐六年（1319），但当时称为能仁寺。胡濙在《大能仁寺记略》中说："京都城内有寺曰能仁，实元延祐六年开府仪同三司崇祥院使普觉圆明广照三藏法师建造，逮洪熙元年，仁宗昭皇帝增广故宇而一新之，特加赐大能仁寺之额，命圆融妙慧净觉宏济辅国光范衍教灌顶广善大国师智光居之。"③ 大能仁寺中出现番僧的记载是在宣德六年（1431），能仁寺的孤纳芒葛辣因与诸王交通等事被朝廷捉拿，并拟于秋季问斩。④ 到正统十四年（1449），大能仁寺又有两位西藏僧人"相诬奏以不法"⑤，被发送到辽东铁岭卫戍边。

作为明代京城最著名的藏传佛教寺院，大能仁寺居住的僧人中，最有名的当属后来被追封为大通法王的智光。另外，大悟法王扎巴坚参也住在该寺中。成化二十年（1484），大能仁寺西天佛子锁南坚参、结斡领占俱升为法王。正德五年（1510），升大能仁寺国师那卜坚参、禅师札巴藏播为法工。除了法工之外，明朝政府还从该寺中擢升了许多其他

---

① 黄颢：《在北京的藏族文物》，第 12 页。
② 《明宪宗实录》中说到成化二十一年（1485）：大慈恩、大能仁、大隆善护国三寺番僧千余，法王七人，国师禅师多至数十（《明实录藏族史料》（二），第 781 页）。
③ 《日下旧闻考》（二），第 801 页。
④ 《明实录藏族史料》（一），第 287 页。
⑤ 《明英宗实录》卷 179，正统十四年六月丙辰条，第 3457 页。

品级的番僧，天顺元年（1457），大能仁寺左觉义乃耶室哩被赐为灌顶国师。成化十六年（1480），升大能仁寺右讲经札巴宗奈为国师。成化十七年（1481），升大能仁寺灌顶国师结斡领占为灌顶大国师。成化十九年（1483），升大能仁寺灌顶大国师结斡镇占为佛子。

大能仁寺的僧人很受朝廷器重，除了作为使臣前往西藏公干之外，在弘治十二年（1499），清宁宫建成，明孝宗下旨让大能仁寺的灌顶国师那卜坚参等在宫中建坛作庆赞佛事三天，遭到大学士刘健以及"府部科道等衙门"的反对，明孝宗一意孤行，并未采纳其意见。①

另外，大能仁寺中还有藏传佛教密法及欢喜佛，据明代宋懋澄的《九籥集》"秘戏"条记载：

> 犹汉安世房中歌也，汉成帝有裸形馆，至元顺帝复习之。西番哈麻国师，其番像皆有势。燕人呼为圣囊南内，及西山诸寺皆有其像。余尝睹其所奏乐器，绝与中国殊。京师崇国寺及能仁寺，犹演哈麻教。一日登佛阁，见内有奇龛，贮绛纱笼中，龛内像铸交接形，而供之南向。相传云：世尊欲化此方，遂变番相以移其俗。②

此处的"哈麻"指的是"喇嘛"，在明代文人眼中，其教以"秘戏"即双修为特征。并且作者还明确指出西山一带寺院中皆供奉西藏佛教佛像，并且大隆善护国寺和大能仁寺都习藏传佛教密法（重点指双修）。

除了这些寺院，明代还在宫廷中修建了藏传佛教寺院，正德十四年（1519）三月，六科给事中邢寰等奏："陛下自近岁以来，多崇幻教。既建寺于禁中，又取佛于绝域，广启伪途，日滋民惑，故京师之烧香者，鸣锣张旗，百数成群。"③ 这里所说的武宗在"禁中"所建的寺院，

---

① 《明实录藏族史料》（二），第852—853页。
② （明）宋懋澄：《九籥集·文集》卷10，《续修四库全书》影印本，上海古籍出版社2002年版，集部，第1374册，第273页。
③ 《明实录藏族史料》（二），第946页。

指的是正德七年（1512）所建的护国禅寺，武宗由于在宫中修建了一座藏传佛教寺院，受到大臣们不断上书抨击，他们认为武宗"误听番僧幻妄之说，使出入禁城，建寺塑佛，崇奉逾侈"①。除了护国禅寺，明武宗在宫中还创建了其他寺院，留下记载的有："正德之中年，造万寿寺于禁苑，上身与番僧呗诵其中。"②另外，明朝宫中的一些殿堂中也供着西藏佛像，据《明宫史》记载：当时宫中英华殿、隆德殿、钦安殿都是"供番佛之所也"。由近侍司掌灯烛香火，万寿圣节及正旦、中元日除在番经厂、英华殿内悬幡设帐以"做好事"外，还要在较为宽敞的隆德殿内"跳步吒"。③

明宫中的寺院及佛像在嘉靖朝几乎都被毁了，因为明世宗"留心斋醮"，因此，"初年用工部侍郎赵璜言，刮正德所铸佛镀金一千三百两。晚年用真人陶仲文等议，至焚佛骨万二千斤"④。嘉靖所焚佛骨等全部来自宫中，《明世宗实录》中记载嘉靖十五年（1536）五月，"禁中大善佛殿内，有金银佛像并金银函贮佛骨、佛头、佛牙等物。上既敕廷臣议撤佛殿，即其地建皇太后宫。是日命侯郭勋、大学士李时、尚书夏言入视殿址，于是尚书言请敕有司以佛骨等瘗之中野，以杜愚民之惑。上曰：朕思此物，听之者，智曰邪秽，必不欲观；愚曰奇异，必欲尊奉。今虽埋之，将来岂无窃发以惑民者，可议所以永除之。于是部议请投之火，上从之。乃燔之通衢，毁金银像，凡一百六十九座，头、牙、骨等凡万三千余斤"⑤。如此多的佛头、佛牙、佛骨舍利，应该多数是西藏僧人的贡品。

二 番经厂

除了汉藏僧人互相往来促进了汉藏佛教的互相交流，并逐渐达到深

---

① 《明实录藏族史料》（二），第 920 页。
② 《万历野获编》（下），第 684 页。
③ （明）刘若愚：《明宫史》，见《〈在田录〉（及其他三种）》，中华书局 1991 年版，第 34 页。
④ 《万历野获编》（下），第 679 页。
⑤ 《明世宗实录》卷 187，第 3956—3957 页。

层次认知之外，明朝的统治者还在北京设立番经厂，用来刻印藏文佛经。番经厂的位置，按照清朝人的记述，是在嵩祝寺、法渊寺和智珠寺的位置上。《宸垣识略》对此记载得较为详细：

> 嵩祝寺在三眼井之东，有御书额，为章嘉胡图克图梵修之所。法渊寺在嵩祝寺东，有铜鼎一，高六尺有咫，有御制碑文。智珠寺在嵩祝寺西，有御书书额。考按：嵩祝寺东廊下有铜钟一，铸番经厂字；西廊下有铜云板一，铸汉经厂字；法渊寺有明张居正番经厂碑。据此，则三寺为明番汉经厂。①

这三座寺院应该是清朝所建，不是明代所建，因为在《明宫史》的记载中，只提到番经厂，并未提到寺院："皇城内，自北安门里街东曰黄瓦东门，门之东，街南曰尚衣监……曰番经厂，曰汉经厂，曰司苑局……"②

《宸垣识略》中提到的"张居正番经厂碑"指的是张居正于万历元年（1573）写成的番经厂纪，全文收在《日下旧闻考》中，这是明代记载番经厂最全的资料了：

> 番经来自乌思藏，即今喇嘛教，达摩目为旁支曲窦者也。成祖文皇帝贻书西天大宝法王廷致法尊尚师等，取其经缮写经传。虽贝文梵字不与华同，而其义在戒贪恶杀，宏忍广济，则所谓海潮一音，醍醐同味者也。厂在禁内东偏，与汉经并列，岁久亦渐圮矣。穆宗庄皇帝尝出帑金，命司礼监修葺。今上登大宝，复以慈圣皇太后之命，命终其事。经始隆庆壬申，至八月而告成事，垂诸久远焉。万历元年四月八日，建极殿大学士张居正撰。③

---

① （清）吴长元：《宸垣识略》卷3《皇城一》，北京古籍出版社1982年版，第49—50页。
② 《明宫史》，第2页。
③ 《日下旧闻考》（一），第617页。

张居正的这段纪文里提到永乐朝刻印藏文大藏经的部分，可以有两种解释：其一，追述明朝刻印藏文大藏经的历史，但与番经厂无涉，毕竟番经厂是建在北京的，而明成祖刻印藏文大藏经是在南京。其二，明成祖已经在南京建成番经厂，永乐版藏文大藏经就是在南京番经厂印成的，番经厂后与京城一起迁到北京。这两种解释中，前一种解释的可能性更大一些。番经厂在明孝宗弘治十年（1497）或者稍前时遭过火灾，此年二月大学士徐溥的奏章里曾提到这件事。①

明代番经厂的功能有三个：一是"习念西方梵呗经咒"。这里说的"西方"，除了西藏，可能还包括五天竺的经咒。中天竺的桑渴巴辣就曾奉敕于番经厂"教授内臣千余员，习学梵语、真实名经诸品、梵音赞叹以及内外坛场"。② 明朝所说"梵语"指的是天竺语言，而"番语"指的是藏语。桑渴巴辣去世后，来自安南的僧人三曼答室哩，天顺时"奉敕于内府番经（厂）管教中贵官百有余员，习授西天各佛坛场，好事举，皆成就"。③ 成化时，先后授其"显教禅师"和"圆修慈济国师"名号。三曼答室哩既有天竺学的传承，也有西藏学的传承，永乐二十二年，他在智光座下"薙染受具"，并从其徒月纳耶实哩"习西天梵典，日记千言，尤喜书梵天字"。后又从"诰封五台静戒禅师班丹扎思巴④授红色文殊菩萨大修习，而又参迦隆、结先二大上师传授四大本续，莫不贯彻一乘之旨"。⑤ 此中班丹扎思巴、迦隆、结先都是藏

---

① 《明孝宗实录》记载徐溥的奏疏：今龙虎山上清宫神药观、祖师殿及内府番经厂皆焚毁无遗，神如有灵，何不自保？天厌其伪亦已甚明。（《明孝宗实录》卷122，弘治十年二月甲戌条，第2180页）

② 《敕赐崇恩寺西天大剌麻桑渴巴辣实行碑》，北京图书馆金石组编：《北京图书馆藏中国历代石刻拓本汇编》第52册，中州古籍出版社1989年版，第10页。

③ 《大明诰封圆修慈济国师塔铭》，《北京图书馆藏中国历代石刻拓本汇编》第52册，第142页。

④ 《北京图书馆藏中国历代石刻拓本汇编》中有其塔铭，但名字写作"班丹托思巴"，塔铭中明确提到他是"西番"人（《北京图书馆藏中国历代石刻拓本汇编》第52册，第123页）。

⑤ 《大明诰封圆修慈济国师塔铭》，《北京图书馆藏中国历代石刻拓本汇编》第52册，第142页。

语人名,所以是藏僧。因此,番经厂所学习的"西方梵呗经咒",包括天竺和西藏两部分。

二是举行藏传佛教的法事活动,明代宫中凡做佛道法事,笼统称为"做好事"。除番经厂外,宫中的汉经厂和道经厂也会在特定的日子"做好事"。每厂的人员并非是僧人或道士,而是内官,他们平日各自学习相关宗教知识、念诵经咒、熟习仪轨之事,在"做好事"时则需要按照各自宗教要求穿戴出家人的衣饰,如番经厂内官"皆戴番僧帽,穿红袍,黄领黄护腰"[1],完全是喇嘛的装束。三经厂(汉经厂、番经厂、道经厂)的人员来源是"每遇收选宫人,各拨数十人隶之"[2],以保证宫廷宗教活动需要。"做好事"有固定的日期,也有遇到特别情况临时安排的。固定日期是:每年元旦(正月初一)、万寿圣节(皇帝诞辰)、中元节、逢癸亥之日等。"做好事"的时间长短也不一样,一般分一永日(一昼夜)、三昼夜和七昼夜等。每到"做好事"时,在番汉经厂内悬设幡,在番经厂宫门外还特别立一个监斋神:该神制作如同傀儡,身披真正的盔甲器械,与真人大小,黑面竖发,像门神一般,威灵可怖。

在万历年间,每逢八月中旬神庙万寿圣节,番经厂内官不仅在英华殿"做好事",还要到更宽敞一些的隆德殿内"跳步咤"(跳布扎),其仪式大略为:有执经诵念梵呗者十余人;有一人装扮为韦驮模样,合掌执杵,面北而立;有御马监等衙门的内官十多人手牵活牛黑狗围绕在四周;有学番经、"跳步咤"的内官几十人,每个人头戴方顶笠帽,身穿五色大袖袍,身披缨珞;一人在前吹大法螺;一人在后手执大锣;其余则左手持有柄圆鼓,右手拿着弯槌,一齐击打之,时急时缓,各有节奏。同时,按五色方位,鱼贯而入,视五方五色伞盖下诵经者进退为舞,大约要跳三四个时辰才结束。[3]

三是印制藏文佛经。明朝番经厂的功能虽然主要是刻印藏文大藏

---

[1] (明)刘若愚:《酌中志》,北京古籍出版社1994年版,第119页。
[2] 同上书,第121页。
[3] 同上书,第119页。

经，但具体哪些经典是在番经厂刻印的则无从考证。明朝刻印藏文大藏经的情况如下：

明朝先后刊印过两个版本的藏文大藏经：永乐版大藏经和万历版大藏经。大宝法王得银协巴返回西藏后，明成祖派遣宦官专程去乌思藏取来藏文大藏经《甘珠尔》，并于永乐八年（1410）在南京雕版全部《甘珠尔》，并换序文，印刷后送往藏区。这是历史上第一部雕版印刷的《甘珠尔》大藏经，此前藏文大藏经以抄写本形式流传。这部珍贵的《甘珠尔》系根据蔡巴《甘珠尔》制成铜版印行①，印本大部用朱砂或云珠印刷，共计108函（现存不全）。原版无存，印本现藏于拉萨色拉寺和布达拉宫，色拉寺藏本是明成祖赐给大慈法王的，布达拉宫所藏是明成祖赐给大乘法王的，后由萨迦寺移至布达拉宫。永乐版《甘珠尔》每一函中均有明成祖所作《大明皇帝御制藏经赞》及《御制后序》，其赞文如下：

> 朕惟如来为一大事出现，演三藏、十二部之玄言，所以指教垂义者尚矣。自其言流于中土，翻译其义以化导群类，非上根圆智之士鲜能以通之，而得其要者或寡矣。夫治心修身，所以成道。心也者，虚灵明妙，焕然洞彻，该贯万理而无所遗也。是故启多闻必由于藏海，原万法本归于一心。以是修证，超乎圆妙，常住不动，无有所蔽。此诚末世之津梁，迷途之明炬也。朕抚临大统，仰承鸿基，念皇考、皇妣生育之恩、垂绪之德，劬劳莫报，乃遣使往西土取藏经之文，刊梓印施，以资为荐扬之典。下界一切生灵，均沾无穷之福。如是功德，有不可名言。若夫世之由迷惑真，交缠故业，茫然而莫之（知）所归者，不究竟于斯，亦莫能得其体而返其真也。推是心以济拔流转、引援沉沦者，亦如来慈悲之愿也。用是为赞，以揭于卷首，且以翼（冀）流通于无穷焉。赞曰：
> 如来演义谛　法音遍充周

---

① 也有认为是木版的。

世界恒河流　一一皆具足
化导于群类　咸得成正观
有漏诸微尘　悉超于觉海
历阿僧祇劫　广开方便门
迷妄执空华　一切了明彻
有一弗彻者　誓不成佛陀
我今念众生　是故广演说
深心奉尘刹　俱愿证菩提
上报二重恩　下济诸途苦
并登无上觉　欲漏尽消除
成就胜妙心　以拯诸末劫
广此密因义　布施于竺乾
频伽大梵音　至妙不思议
如十方击鼓　无碍于音声
有耳皆获闻　闻者即成觉
坚固无动转　永不堕轮回
世尊为证明　作如是赞叹
功德不可说　永被于生灵
永乐八年三月初九日①

万历版藏文大藏经系万历年间重刻永乐版《甘珠尔》，并增刻《丹珠尔》42函，原版无存，现仅存少量印本。② 明神宗万历版的藏文大藏经应该和顺义王俺答汗频频请求赐番字经书有关。明穆宗隆庆六年（1572）十月，朝廷对俺答汗的请求已经是"惟无经典可给"。③ 次年的

---

① 嘉措、平措、噶玛等：《拉萨现藏的两部永乐版〈甘珠尔〉》，《文物》1985年第9期。
② 陈楠：《法渊寺与明代番经厂杂考》，《藏史新考》，中央民族大学出版社2009年版，第361页。
③ 《明实录藏族史料》（二），第1077页。

万历元年，俺答汗还在请经书和番僧。《明神宗实录》卷十二记载：万历元年四月，"顺义王俺答奏选得金字番经并剌麻僧为传诵经典。礼部题行顺天府造金字经三部，旧金字经四部、黑字经五部，选得番僧兼日早回，毋淹迟生衅。报可"。① 万历元年的这次赐经，《酌中志》记在"番经厂"条目之下，所以在番经厂印成的可能性较大。

另外，根据《明实录》记载，明代宗景泰七年（1456）十一月，朝廷升赏过一批番僧，原因是他们刻写成了"番经"，这批僧人人数众多，共有七十余人，按记载这次升赏活动为：

> 命番僧领占罗竹、绰巴藏卜为灌顶国师，舍剌也失、桑结远丹、坚参列罗竹、聪密罗竹、扎失远丹绰俱为国师，三竹扎失为禅师，簇克林巴、扎失兀则尔、扎失巴俱为右讲经，坚参领占、昆令远丹罗竹俱为左觉义，锁南班丹、官绰领占、锦敦坚参、班丹藏卜、交斡藏卜、扎失三竹、绰吉领占、公哥宁卜俱为都纲，端岳领占等五十二人俱为剌麻，给图书、印、帽、袈裟。以写番经成也。②

明英宗天顺四年（1460），朝廷又给"河州弘化寺颁赐金字华严经六部并仪从等物及大慈法王等写完金字经二［三］藏、朱墨字语录经一［二］藏，安置于内今。特赐敕护持"。③

至于这两次写成的藏文佛经是否在番经厂写成就不得而知了。

第四节　汉地的藏传佛教信众

在各种因素共同作用之下，明代从宫廷到民间，都出现了学习"番经"、崇信藏传佛教的现象。首先，明代的皇帝中，明成祖、明武

---

① 《明神宗实录》卷12，万历元年四月丁巳条，第392页。
② 《明实录藏族史料》（一），第574页。
③ 同上书，第600页。

宗等几位帝王都信奉藏传佛教。《明史·西域传》里就提到明成祖对藏传佛教是"兼崇其教"。他曾受过大宝法王、大乘法王、大慈法王的各种灌顶，并跟随他们听受了藏传佛教各派的密法。《贤者喜宴》提到大宝法王在汉地的行程时，说道："二十日，延请进宫，建立坛城，为皇帝授无量灌顶。下月上旬八日，开始讲解六法（chos-drug），皇帝奉行焉。又译经呈上。"① "六法"即噶举派的独门密法——那若六法。不仅如此，明成祖还亲自为一些密教经典作序，如《喜金刚本续序》、《妙吉祥真实名经序》、《尊胜佛母赞》等。其中，由其作序的《妙吉祥真实名经》是藏传佛教信徒日常诵念的最为重要的密宗法本之一；《喜金刚本续》是佛教密宗无上瑜伽部母续最为重要的经典之一，在藏传佛教中影响深远；而且，明成祖所作的佛乐中已经掺入了藏传佛教的六字真言。② 所以，明成祖对藏传佛教已经不是泛泛的了解，而是有了一定的理解深度。另外，据《朝鲜李朝实录中的中国史料》记载，永乐十七年（1419），朝鲜十三名僧人逃入明朝，李朝皇帝十分担心他们在明成祖前"诬诉本国"，并提道：

今者皇帝深信浮屠，胜于萧梁，名称歌曲之颂，遍于天下，空花佛像之瑞，播于图画，一时习尚，靡然趋之。

为了迎合明成祖的信仰，讨好天朝上国，李朝皇帝决定：

皇帝所赐名称歌曲、为善阴骘之类，速令西北面黄海道使臣往来之地，聚会僧徒及耆老人等，常加读诵。③

这里提到的名称歌曲，就是明成祖所做的佛乐。朱棣不仅将其在大

---

① 邓锐龄：《〈贤者喜宴〉明永乐时尚师哈立麻晋京纪事笺证》，《中国藏学》1992 年第 3 期。
② 才让：《信仰与扶持——明成祖与藏传佛教》，《西藏研究》2005 年第 4 期。
③ 吴晗辑：《朝鲜李朝实录中的中国史料》（一），中华书局 1980 年版，第 290 页。

明境内颁行，还赐给了藩国。永乐十七年，西藏的三大法王都已经到过明廷了，所以，这时候明成祖的宗教信仰是深受他们影响的。

明成祖之后，按照藏文史料的记载，明宣宗在宗教信仰上与藏传佛教也有千丝万缕的联系。据《安多政教史》记载，岷州籍高僧班丹扎释曾在"土猴年（1428年，明宣德三年，戊申），于绛芬（音译）殿给皇上授大轮灌顶，于便殿授无量寿佛九尊灌顶，对真实的或梦境中出现的许多障碍都以大轮瑜伽一一荡涤无遗"。① 也就是说，明宣宗接受了长寿灌顶，以期望延年益寿，而且还让班丹扎释用大轮瑜伽为自己除障。另据《安多政教史》《隆务寺志》记载，青海隆务寺的僧人罗追僧格被明宣宗封为国师，据《安多政教史》记载："彼师向皇帝和侍从献《白摧破金刚母》的随许，还宣示了将自己的法衣挂在太阳光束上的证道形象。"② 《隆务寺志》言："（罗追僧格）29岁时被大明宣德皇帝迎请为上师，四年间担任了皇帝的阿阇黎。"③ 可知明宣宗的确对藏传佛教密法发生过浓厚的兴趣，并有过一定的修习，这虽然在汉文史料里没有明确的记载，但明代驻京僧人在宣宗时激增也是一个不争的事实。明代宗继位后，《汉藏史集》说"据说这位景泰皇帝也是上师的弟子，精通喜金刚、大威德等密宗教法，信仰佛法，此为日辛巴之上师细顿去汉地献马并朝见皇帝后所说的史实。"④

到了明朝中期，藏传佛教受到帝王更热烈的崇信，其中，又以明宪宗和明武宗二人最为突出。明宪宗于佛道两教"俱极崇信"，佛教方面又是汉藏并重。明宪宗即位之初，就召藏僧入宫诵经，"至晚乃出"⑤，所以，其与藏僧的关系十分密切。随后不少藏僧就凭借"秘法"晋升，如札巴坚参、札实巴及领占竹等都"以秘密教得幸，并封法王"。⑥

明孝宗弘治初期，尽管对留京藏僧进行了大幅度减裁遣返，但崇信

---

① 《安多政教史》，第642页。
② 同上书，第293页。
③ 吉迈特却：《隆务寺志》（藏文），青海民族出版社1988年版，第97页。
④ 《汉藏史集》，第64页。
⑤ 《万历野获编》，第683页。
⑥ 《明史》卷331，第8578页。

佛教的明孝宗对藏传密法似乎也有很大的兴趣，这集中反映在他召藏僧领占竹回京一事上。领占竹在成化年间，由四川"进贡入京，钦留大慈恩寺住坐"①。成化二十三年（1487）被遣返原籍。弘治六年（1493），孝宗传旨让领占竹回京，经礼部和诸言官"交章力谏，事乃寝"②。但明孝宗对领占竹始终存有眷注之意，最终还是在弘治十五年（1502）时，在言官的一片反对声中，将领占竹召回了京师。弘治中后期，孝宗对藏传佛教的兴趣似乎越来越浓，一些藏僧也被召入宫中做佛事。弘治十二年（1499），清宁宫建成，孝宗即召大能仁寺藏僧、灌顶国师那卜坚参等"设坛做庆赞事三日"③。另外，藏僧札巴坚参、著肛领占、朵儿只巴及释迦哑尔塔诸人都颇得明孝宗恩宠。

明武宗则是有明一代著名的信仰藏传佛教的帝王，《明实录》对他信佛的记载比比皆是：

（正德二年三月，1507）时上颇习番教，后乃造新寺于内，群聚诵经，日与之狎昵矣。

（正德五年六月，1510）上（于）佛经、梵语无不通晓，宠臣诱以事佛……

（正德五年十月，1510）时上习番教，欲广度习其教者，命印度牒若干。

（正德九年正月，1514），十三道监察御史罗缙等言六事："……陛下误听番僧幻妄之说，使出入禁城，建寺塑佛，崇奉逾侈……"

（正德九年十月，1514）刑部主事李中上言："……今乃于西华门内豹房之地，建护国禅寺，延住番僧，日与亲处……"

（正德十年二月，1515）是时，上诵习番经，崇尚其教，常

---

① （明）张萱：《西园闻见录》卷105，《续修四库全书》影印本，上海古籍出版社2002年版，史部，第1170册，第400页。
② 《明史》卷331，第8578页。
③ 《明实录藏族史料》（二），第852页。

[尝] 被服如番僧，演法内厂。

（正德十四年十月，1519），大学士杨廷和等具疏言："……至如回夷近在肘腋，番僧召入随行。凡若此者，皆自来所无之事，岂不大为圣明之累哉……"①

从即位之初开始，一直到临死之前（1522），《明实录》中都有明武宗信仰藏传佛教的记录。明武宗信仰藏传佛教的极致就是在宫内建寺，身穿番僧之服，诵经持咒，甚至自封为大庆法王，以至于"自列西番僧，呗唱无异"②。明武宗崇奉藏传佛教的历程和表现，嘉靖初年工科左给事中安磐有一个概括："武宗初年，亦尝留心讲学矣。二、三年后，遂为左右瞽惑，即从事内典。内典既习，即从事番教。于是，锁南绰吉出入豹房矣。番教既谙，即从事取佛，于是太监刘允驰驱西域矣。十数年间，武宗或胡帽，或紫衣，或持咒，或结印，往往传播民间。番教无资于祈请，西佛未见其踪迹，糜费大官，腾谤道路。"③ 明武宗从正德二年（1507）开始就已经醉心于藏传佛教，只能说明朝宫廷一直延续的、浓厚的西藏佛教的气氛已经影响了未登基前的明武宗。

明武宗出于自己宗教信仰的需要，在位期间共册封了8位法王，这也是明朝历史上前所未有的。这8位法王分别是：1. 著肖藏卜，正德四年（1509）八月封为法王。正德七年（1512）十月刻《护国寺僧众职名碑》称为大觉法王；2. 那卜坚参，正德五年（1510）四月封为法王；3. 札巴藏播，正德五年四月封为法王；4. 乳奴领占，正德五年六月封为法王；5. 舍剌扎，正德五年六月封为法王；《护国寺僧众职名碑》《明武宗实录》均称为大悟法王；6. 领占班丹，封法王时间不明，《护国寺僧众职名碑》《明武宗实录》均称为大庆法王；7. 绰吉我些儿，封法王时间不明，《护国寺僧众职名碑》《明武宗实录》均称为大德法王；8. 星吉班

---

① 《明实录藏族史料》（二），第892、907、909、920、923、925、949页。
② 《万历野获编》（下），第679页。
③ （明）安磐：《黜异端惩小人以隆圣道事》，载张卤《皇明嘉隆疏钞》卷5，《续修四库全书》影印本，上海古籍出版社2002年版，史部，第466册，第210页。

丹,封法王时间不明。《护国寺僧众职名碑》《明武宗实录》均称为大善法王。① 明成祖、明宣宗册封大宝、大乘、大慈三大法王,是对藏区政教势力的羁縻措施,是以政治考量为前提的。而明武宗册封的法王则以驻京僧人为主体,这些人对西藏地方的政事来说无足轻重,甚至在藏文史料中没有留下记录。所以,明武宗册封西藏僧侣的出发点是他对其他民族文化的热衷,明武宗不仅信奉藏传佛教,很多资料显示他对伊斯兰教也有一定程度的信仰,据《李朝实录》记载:"皇帝凡出游时,如鞑靼、回回、佛郎机、占城、剌麻等国之使,各择二三人,使之扈从,或习其语言,或观其技艺焉。"② 为了修法,明武宗还命僧人翻译西藏佛经,据《明故大隆善护国寺西天佛子大国师张公墓塔记》载:"逮正德辛未,崇尚秘教,命译写各佛修习讲说秘密成法,上闻大悦,遂宴赏。壬子提升西天佛子,赐金印一颗,重三百五十两,加封清觉广智妙修慈应诩国衍教灌顶赞善西天佛子大国师。"③

明武宗还大动干戈地迎取第八世噶玛噶举派活佛弥觉多吉(mi-bskyod-rdo-rje,1507—1554),也就是上面所说的"从事取佛"。这在《明史》《明实录》《贤者喜宴》中都有记载。这件事的起因是"帝惑近习言,谓乌斯藏僧有能知三生者,国人称之为活佛,欣然欲见之"。④ 于是,明武宗在正德十年(1515)十一月,派宦官刘允前往迎接,这次迎请的规模、所花费的资财,在明朝历史上可以说是空前的,其"以珠琲为幡幢,黄金为七供,赐法王金印、袈裟及其徒馈赐以钜万计,内库黄金为之一匮"。⑤ 迎请使团往返以10年为限。刘允还携带大量的盐、茶入藏,武宗特批他常芦现盐一万引(折合盐至少100万斤)、两淮正课盐六万引(折合盐至少600万斤),在路途上变卖作为资费。所以,刘允本人还没有出发,运送盐茶的人马已经绵延相续至临清,导致漕运船只为之

---

① 何孝荣:《论明武宗崇奉藏传佛教》,《世界宗教研究》2010年第2期,第62页。
② 《朝鲜李朝实录中的中国史料》,第933页。
③ 《在北京的藏族文物》,第115页。
④ 《明史》卷331,第8573—8574页。
⑤ 《明实录藏族史料》(二),第930页。

阻隔。进入峡江，大船难以前进，换为小船，前后相连200里。这支迎请的队伍到达成都后，又开始准备大量入藏的物料，价值为白银20万两，后来在当地官员的力争之下，减至13万两。刘允在成都准备了一年左右后，带领四川指挥、千户十人，军士千余人，浩浩荡荡地走了两个多月，到达西藏。这支迎佛队伍中还有数百汉族僧人，《贤者喜宴》中说"做供养佛事的上师四人，每位各有汉僧百人为随从"。①

但是，被迎请的弥觉多吉却不愿意入京。花费朝廷这么多的钱财，最终空手而归，势必难以回复皇命，也许就是在这种心理作用下，刘允便想强抢弥觉多吉入京。结果，弥觉多吉藏了起来，刘允的财物也被"不知名者"所抢夺，两个将校、数百名士卒死于非命，伤者过半。刘允返回时，明武宗已死，明世宗将其下狱治罪。

明武宗的这次迎请活动，遭到朝廷许多大臣如大学士梁储、监察御史徐文华、礼部尚书毛纪等极力反对，但武宗一意孤行，终致劳民伤财，一无所获。

明朝宫廷中，除了帝王信奉藏传佛教之外，太监、宫女也多有信奉者。按照《明实录》记载，成化四年（1468）时，"西僧以秘密教得幸，服食器用僭拟王者，出入乘棕舆，卫卒执金吾杖前导，达官贵人莫敢不避路。每召入大内诵经咒，撒花米赞吉祥，赐予骈蕃，日给大官酒馔牲饩至再，锦衣玉食者几千人。中贵人见辄跪拜，坐而受之。法王封号有至累数十字者"。② 这则史料里提到的"中贵人"就是指宦官、太监，他们对西藏僧人"见辄跪拜"的原因是以之为上师。明朝宦官信仰藏传佛教的记录最早出现在明太宗时，《菽园杂记》中有这样的记载：

> 予奉命犒师宁夏，内府乙字库关领军士冬衣，见内官手持数珠一串，色类象骨，而红润过之。问其所制，云："太宗皇帝白沟河

---

① 才让：《明武宗信奉藏传佛教史实考述》，《西藏研究》2007年第2期。
② 《明实录藏族史料》（二），第663—664页。

大战阵亡军士积骸遍野。上念之，命收其头骨，规成数珠，分赐内官念佛，冀其轮回。又有脑骨深大者，则以盛净水供佛，名天灵碗，皆胡僧之教也。"①

以人头骨作为数珠正是典型的藏密做法。藏密中的金刚、明王、护法神等神佛造像，大部分都有骷髅装饰品，有的戴骷髅冠，有的戴骷髅璎珞。最典型的如怖畏金刚身佩50颗鲜人头，遍体挂人骨珠串。佩戴人骨、骷髅，一者象征世事无常；二者希望以念经的功德助死者早日超生；三者可以培养大无畏心，象征战胜恶魔和死亡。② 至于"天灵碗"，又称为"嘎巴拉"（ka-pa-la），也是密宗中的法器，是由死人头盖骨做成的碗状容器，在西藏的"前弘期"就已经出现，曾受到赤松德赞的正妃蔡邦氏的激烈反对。嘎巴拉碗从明初就出现在内官手中，受到朝野人士的青睐，弘治六年（1439），四川光相寺国师领占竹就以顶骨数珠、骷髅法碗进贡。成化二十一年（1486），叶妃、靳鸾等人在京城外挖开他人坟墓，取出骷髅制成嘎巴拉碗和人骨念珠，并声称为西藏所产，拿到市场上牟利，"愚民竞趋之，所发墓甚众"，西藏僧人也曾从他们手中购买之后进贡，挖坟掘墓在中国是重罪，所以这些人后来受到严办。③

明武宗死后，御史李美等人在奏折中提道："焦宁、吴亮诱引先帝崇信番僧，盖新寺于禁地，尊胡虏为法王，首倡取佛之名，大遂刘允之恶……"④ 焦宁、吴亮都是宦官，也就是说，明武宗信奉藏传佛教与宦官的影响有直接关系。后来武宗自己又将一些信佛的宫女亲自剃度，安排在番经厂，这在《武宗外纪》有明确的记载："西宫大答应宫人，有愿祝发为尼者，上作剃度师，亲为说法，置番经厂中。"⑤ 在宫中浓厚的藏传佛教氛围中，明代著名的宦官郑和也成为藏传佛教信徒。有关郑

---

① （明）陆容：《菽园杂记》卷1，中华书局1985年标点本，第3页。
② 参见杜常顺《明代宦官与藏传佛教》，《西北师范大学学报》2006年第1期。
③ 《明实录藏族史料》（二），第789页。
④ 同上书，第958页。
⑤ （清）毛奇龄：《武宗外纪》。转引自陈楠《法渊寺与明代番经厂杂考》，《中国藏学》2006年第2期。

和奉佛之事，见于明初刻本《优婆塞戒经》的《题纪》：

> 大明国奉佛信官内官监太监郑和，法名速南吒释，即福吉祥。切念生逢盛世，幸遇明时，谢天地覆载，日月照临，感皇上厚德，父母生成，累蒙圣恩，前往西洋等处公干，率领官军宝船，经由海洋，托赖佛天护持，往回有庆，经置无虞，常怀报答之心，于是施财，陆续印造《大藏尊经》，舍入名山，流通诵读。①

郑和法名速南吒释，这是一个藏族名字，藏语是"bsod-nams-bkra-shis"，现代汉语一般翻译成"索南扎西"，意思是"福吉祥"，是较为常见的藏文人名。起藏语法名，郑和皈依的无疑是藏传佛教。明英宗时著名的宦官喜宁出使蒙古时，曾与番僧锁南"泣别"，二人感情十分深厚。

除此而外，宣德九年（1434），班丹扎释还度汉族地方官郭惠、袁绮、南印度人班第喇嘛约格沙拉等为僧，授比丘戒，并用汉文为他们讲传《五十上师颂》和《别解脱戒》。② 与喜宁"泣别"的锁南也曾被校尉廉得宁请到家中阅兵书、图谶。③ 因此，西藏的僧人与汉族官僚也颇多往来，甚至有官员最后随其出家。

上行下效，宫廷中如此尊崇藏传佛教，也深深地影响了民间的趋向。普通百姓除了前面提及的习藏语、学藏文经书、冒为藏僧进贡外，他们对藏族僧人也是敬信有加。明英宗天顺三年（1459）正月，"有番僧短发衣虎皮，自称西天活佛弟子，京城男女拜礼者盈衢"。④ 到了正德十四年（1519），六科给事中邢寰提到"陛下自近岁以来，多崇幻教，既建寺于禁中，又取佛丁绝域。广启伪途，口滋民惑。故京师之炽

---

① 转引自邓之诚《骨董琐记》，邓珂增订、点校，中国书店出版社1991年版，第593页。
② 《安多政教史》，第643页。
③ 参见《明实录藏族史料》（一），第523页。
④ 《明实录藏族史料》（一），第591页。

香者,鸣锣张旗,百数成群"。① 可见,明代北京城中已经形成信仰藏传佛教的氛围,所以才会有拥挤于街衢之中朝拜西藏僧人并在武宗的影响下,每日成群结队地鸣锣烧香的现象。明朝的史料笔记、小说中,都能发现藏传佛教在民间流传的情形,较为著名的如《金瓶梦》《续金瓶梅》《韩湘子全传》等。②

《金瓶梅》成书于明朝万历年间,在第六十五回"愿同穴一时丧礼盛,守孤灵半夜口脂香"中有这样一段描写:

> 话休饶舌,到李瓶儿三七,有门外永福寺道坚长老,领十六众上堂僧来念经。穿云锦袈裟,戴毗庐帽,大钹大鼓……甚是整齐。十月初八日是四七,请西门外宝庆寺赵喇嘛,亦十六众来念番经,结坛跳沙,洒花米行香,口诵真言,斋供都用牛乳茶酪之类,悬挂都是九丑天魔变相,身披缨珞琉璃,项挂骷髅,口咬婴儿,坐跨妖魅,腰缠蛇螭,或四头八臂,或手执戈戟,朱发蓝面,丑恶莫比。午斋以后,就动荤酒,西门庆那日不在家,同阴阳徐先生往坟上破土开圹去了。后晌方回,晚夕打发喇嘛散了。③

小说中的宝庆寺的确是明朝重要的藏传佛教寺庙,但并不在清河县,而是在北京。小说中对藏僧所悬挂的佛像的描述,虽然看起来充满偏见,但对藏传佛教法事活动的描述则较为详细:结坛、跳布扎、撒花米行香、诵真言等,这与《明宪宗实录》中所说的"每召入大内诵经咒,撒花米、赞吉祥"的内容是相合的。至于跳布扎等,则是番经厂和内廷佛事的主要内容。另外,小说中提到的赵喇嘛,应是赵姓汉人出家为喇嘛僧后对其的称呼,这也符合明代大量汉人、汉僧冒替为番僧的史实。至于所悬挂的佛像,属于金刚、护法一类,所以在汉族人眼里显

---

① 《明实录藏族史料》(一),第 946 页。
② 相关论文有王尧《〈金瓶梅〉与明代喇嘛教》(《传统文化与现代化》1994 年第 3 期);尹航《明代内地藏传佛教民间流布考述》(中央民族大学 2011 年硕士学位论文)。
③ (明)兰陵笑笑生:《金瓶梅词话》,(台北)里仁书局 2007 年版,第 1036—1037 页。

得狰狞可怖。通过《金瓶梅》可以看出,明代大户人家在人死后的"头七"法事活动中,既请汉族僧人超生送死,也请藏族僧人做法事,对二者同等重视。

第五节 藏汉佛经对译

一 藏文佛经的汉译

随着汉藏佛教交流进程的展开,一批藏文经典进入汉文大藏经中,并被保留至今,还有一些西藏密宗的经法、仪轨等也被翻译成汉文。同时,汉地的佛经、佛像、法器等也传入西藏。明永乐年间编纂的汉文《永乐南藏》和《永乐北藏》均收有《番字药师琉璃光七佛本愿功德经》,全部经文为藏文。明宣宗时,班丹扎释被封为净觉慈济大国师,据《安多政教史》记载,他奉命"著《喜金刚修法·甘露海》,及大轮、大威德十三尊、普明、阿弥陀佛九尊等的曼荼罗仪轨,《多闻子修法》、《中有解说》等,并将这些经典、仪轨等,连同藏文《喜金刚续二品释》都译成了汉文"。① 《安多政教史》中提到的这些经法、仪轨多数指明是班丹扎释所著,然后译成汉文的,但在《西天佛子源流录》中则认为这些经法、仪轨都是班丹扎释翻译的,在宣德元年(1426)正月,班丹扎释被"召至文华殿,命译《喜金刚》、《甘露海坛场》修习观仪②。自是凡出入金阙,小心慎密,日近天颜,敷宣法要,无不称旨。又命译《大轮金刚手坛场法义》、《金刚怖畏十三佛中围坛场法义》、《普觉中围坛场法义》、《〈喜金刚二释本续〉注解》、《无量寿佛九佛中围坛场法义》、《多闻天王修习法义》、《中有》等诸要门"。③ 一部分班丹扎释译著、整理的藏文经典留存至今。北京房山县云居寺保存着一部分正统时期的藏文佛经,包括以《圣胜慧到彼岸功德宝集偈》为主的五种藏文佛经,共一千余卷,颇为珍贵。《圣胜慧到彼岸功德宝

---

① 《安多政教史》,第642页。
② 应该是《喜金刚甘露海坛场修习观仪》。
③ 《岷县历史文化与民俗散论》,第275—276页。

集偈》即为班丹扎释根据西夏时期所翻译的藏汉合璧本校正而成。

近几年来，学术界认为《大乘要道密集》的主要翻译者之一莎南屹啰并非元代人，而是明代人①，如果这一论断成立，则明代也翻译了大量的藏传佛教密法，这其中包括《大乘要道密集》中由莎南屹啰翻译的九部佛典、仪轨：

1. 《道果延晖集》，持咒沙门莎南屹啰集译。

2. 《大金刚乘修师观门》，大萨思嘉班帝怛着哩哲斡上师述，持咒沙门莎南屹啰译。

3. 《观师要门》，大元帝师发思巴集，持咒沙门莎南屹啰译。

4. 《含藏因续记文》，大瑜伽士名称幢师述，持咒沙门莎南屹啰译。

5. 《大乘密藏现证本续摩尼树卷》，大萨思嘉知宗巴上师造，持咒沙门莎南屹啰译。

6. 《阿弥陀佛临终要门》，持咒沙门莎南屹啰译。

7. 《菩提心戒仪》，公葛朋上师录，持咒沙门莎南屹啰译。

8. 《圣像内置总持略轨》，天竺胜诸冤敌节怛哩巴上师述，持咒沙门莎南屹啰译。

9. 《略胜住法仪》，大元帝师发思巴述，持咒沙门莎南屹啰译。②

除此而外，中国台湾"故宫博物院"所藏的明英宗正统四年

---

① 相关文章参见沈卫荣、安海燕《明代汉译藏传密教文献和西域僧团》（《清华大学学报》2011年第2期）；沈卫荣《论〈大乘要道密集〉的成书》（《中国藏学》2016年第3期）。2012年北京大学出版社出版的《大乘要道密集》，对莎南屹啰明确标识为明朝人。但沈卫荣先生的这一论断还是有值得商榷的地方，主要原因有：其一，《大乘要道密集》中的《苦乐为道要门》之后有这样一个传法体系：此师传者，世上无比释迦室哩二合班的达、枯噜布洛雜哦、看缠洛不啰二合吧、看缠爹呗班、看缠屹啰二合思巴孺奴、看缠莎南屹啰、法尊莎南监藏。这里莎南屹啰名列法尊莎南监藏之前，莎南监藏为1312—1375年萨迦派著名的僧人，既然莎南屹啰名列其前，只能是稍前或者与莎南监藏同时期的人，这样莎南屹啰是元人的可能性空前增加。但沈卫荣先生在《〈大乘要道密集〉与西夏、元朝所传西藏密法》中指出没有证据证明这两个莎南屹啰为同一个人。但反过来说，也没有证据证明这二人不是同一人。其二，北京国家图书馆中的明抄本《密哩斡巴上师道果卷》明确指出是由元释莎南屹啰译，如果莎南屹啰为明人，明朝的抄本中就不会出现这样的错误。

② 详见萧天石主编《大乘要道密集》，台北自由出版社2003年版。

(1439) 泥金写本《吉祥喜金刚集轮甘露泉》为持咒沙门莎南屹啰二合集译，《如来顶髻尊胜佛母现证仪》为八思巴述，莎南屹啰译，这都可以视为明朝汉译的西藏密典。另外，北京国家图书馆也发现了莎南屹啰所译的西藏密典：《端必瓦成就同生要一卷》、《因得啰菩提手印道要一卷》、《大手印无字要一卷》，均为清初钱氏述古堂抄本；《密哩斡巴上师道果卷》、《喜金刚中围内自受灌顶仪一卷》，均为明抄本。① 这些出自于莎南屹啰一人的、大量西藏密典译本的存在，说明"明代汉译藏传密教文献之盛当超越其前朝，明代藏传佛教在汉地传播之广泛当远远超出我们以往的想象"②。即便莎南屹啰是元朝人，并非明朝人，但其译本的大量明抄本的存在，也还是说明明朝对西藏密典是有需求、有传播的。

二 汉文佛经的藏译

与此同时，一些汉文经书也被译成藏文，例如在维修瞿昙寺时发现了明版藏文《大乘庄严宝王经》，正文前有明宣宗所作汉文《御制大乘庄严宝王经序》，从序文可知，明宣宗个人因平时阅读此经，认为有众多功德，才命人翻译为藏文。《大乘庄严宝王经》在北宋时由梵文翻译成汉文，其宗旨在于宣扬观世音菩萨救苦救难的事迹及诵念观世音心咒——六字大明咒的种种益处，如云："若有人书写此六字大明陀罗尼，则同书写八万四千法藏而无异。"③ 实际上，这部经书很早就有藏文本了，而且为藏传佛教界所熟知，古代藏文史著《柱间史》中就提到了《大乘庄严宝王经》。明宣宗因不了解情况，才有命人翻译之举。瞿昙寺所藏藏文本《大乘庄严宝王经》的后跋中注明该经由班丹扎释校勘，可知他并没有重新翻译，而是根据藏文译本和汉译本进行了对勘和部分修订，这也就算完成了皇帝的心愿。从瞿昙寺有该经的收藏，大

---

① 国家图书馆的译本将莎南屹啰标识为元人。
② 沈卫荣、安海燕：《明代汉译藏传密教文献和西域僧团——兼谈汉藏佛教史研究的语文学方法》，《清华大学学报》2011 年第 2 期。
③ 《大正藏》第 20 册，第 61 页。

致也可推断出当时有过将《大乘庄严宝王经》连同皇帝的序文印刷后颁赐诸"番寺"之举,这也给藏传佛教界带来新任皇帝敬重佛教的信息。① 此外,明宣宗时敕建的大崇教寺中也藏有汉文大藏经和金汁书写的汉文《华严经》。

在藏汉佛教互为交流过程中,汉藏佛教艺术也不断地相互融合。意大利著名藏学家图齐在其所著《西藏画卷》第一卷中指出,以元明时西藏绘画而论,风格虽有不同,但以15世纪的江孜绘画雕塑为代表,就吸收了汉族艺术的特点,并在融汇了尼泊尔、印度、克什米尔等外来因素后,使藏族传统绘画雕塑达到高度圆熟的艺术境界。江孜白居寺艺术风格体现出中原内地艺术风格的一些特点。白居寺创建于1418—1436年,据白居寺壁画题记和《江孜法王传》记载,该寺吉祥多门塔一层多闻天殿的多闻天壁画和二层作明佛母殿中的汉式度母壁画,就是根据内地艺术风格描绘的。按照题记,多闻子殿的东壁,"为汉式多闻子,由八马主、两金刚手、红色秘密成就持红矛多闻子和殊胜舞者(多)闻子环绕"②。白居寺壁画中的中原艺术风格主要体现在部分人物造型和装饰纹样的表现上。从壁画具体风格来看,不仅多闻天和度母的人物造型受到了中原内地风格的影响,实际上整个四大天王的刻画都带有中原风格的痕迹。四大天王人物造型的国字脸、倒八字眉、八字胡须和宝冠、甲胄都体现出汉族艺术人物面部和服饰描写的特点,尤其是持国天王手中的琵琶,则是中原内地典型的乐器造型。四大天王的人物造型是从内地传入西藏的。

再如桑耶寺、哲蚌寺、色拉寺、白居寺、瞿昙寺等处仍保存有大批明代壁画。这些壁画兼融藏、汉族绘画技法于一体,其中一些壁画纯系汉式绘画或为汉族工匠绘制。③

---

① 参见才让《明宣宗与藏传佛教关系考述》,《中国藏学》2007年第3期。
② 《梵天佛地》第4卷第2册,第325页。
③ 陈崇凯:《元明时期藏汉文化的交融及对中华文明的贡献》,《西藏大学学报》1996年第2期。

第五章　清代藏汉佛教交流

　　清朝虽然是由满族统治者建立的，但清统治者在入关以后高度汉化，已经成为汉文化的代表者和承继者，正如马克思所说的那样"相继侵入印度的阿拉伯人、土耳其人、鞑靼人和莫卧儿人，不久就被印度化了——野蛮的征服者，按照一条永恒的历史规律，本身被他们所征服的臣民的较高文明所征服"。① 所以，清代的藏汉佛教交流也包括围绕清朝统治者所发生的、藏传佛教在宫廷中的传播。

第一节　清代诸帝与藏传佛教

　　满族统治者在入关之前，就已经与藏传佛教发生了正面接触。据《满文老档》记载，早在后金创建初期的天命六年（1621）五月二十一日，从西藏东去蒙古传教的西藏喇嘛斡禄·打儿罕·囊素，从科尔沁来到后金，受到努尔哈赤"起身与喇嘛握手相见，并坐大宴之"② 以及"敬礼师尊，倍常供给"③ 的礼遇，使得囊素喇嘛备受感动，曾先后几次到辽东，并且决定死后葬于辽东。同年六月初，囊素喇嘛属下的小喇

---

① 马克思：《不列颠在印度统治的未来结果》，《马克思恩格斯选集》第1卷，人民出版社1995年版，第768页。
② 中国第一历史档案馆、中国社会科学院历史研究所译注：《满文老档》，中华书局1990年版，第203页。
③ 《大金喇嘛法师宝记》，载张羽新：《清政府与喇嘛教》附录，西藏人民出版社1988年版，第205页。

嘛二人也投奔后金了。① 囊素喇嘛圆寂后，努尔哈赤在辽东城的南门外为其修庙安放遗体。到了天聪四年（1630），清太宗皇太极又建塔立碑供奉，题为"大金喇嘛法师宝记"，碑文中简单地记录了囊素喇嘛到蒙古传教以及到后金受到努尔哈赤尊崇的过程，还说明了皇太极尊父遗命修建宝塔的情况。② 在囊素喇嘛的墓塔碑记中，记载了他的"喇嘛门徒"42人，其中，有许多汉族人的名字，如贾友登、贾友明、夏永时、王善友、王孝忠等，并且，还有一人名为范和尚，说明囊素喇嘛到东北以后，其门下弟子里还有汉族僧人。继囊素后，天命十年（1625），又有一些西藏"喇嘛因不堪蒙古诸贝勒之虐待，慕汗之养育，来归。喇嘛下之萨哈尔察等亦皆背井离乡，随喇嘛来归"。③

崇德三年（1638），皇太极在盛京（今沈阳）建成了莲花净土实胜寺，这是一个藏传佛教寺院，建造寺院的总指挥为毕力克图囊苏喇嘛，建寺的目的是为了供奉八思巴所铸造的摩诃葛剌（大黑天）像，此寺"殿宇弘丽，塑像巍峨，层轩延袤"。寺成后，皇太极"率内外诸和硕亲王、多罗郡王、多罗贝勒、固山贝子、文武众官，出盛京城怀远门，幸实胜寺"，并于佛前"行三跪九叩头礼"。④ 值得注意的是，建造实胜寺的画匠、铁匠、木匠数十人，几乎都为汉人。

大约在崇德二年前后，皇太极决定迎请西藏格鲁派的领袖——五世达赖喇嘛阿旺罗桑嘉措（ngag-dbang-blo-bzang-rgya-mtsho，1617—1682），并得到蒙古诸王的支持，皇太极随即先后派出几批使臣入藏。满清统治者迎请达赖的主要用意是"尚有喀尔喀一隅未服，以外藩蒙古惟喇嘛之言是听，因往召达赖喇嘛"。⑤ 崇德七年（1642），五世达赖喇嘛也派遣伊拉古克三呼图克图、戴青绰尔济等到达盛京，受到皇太极的礼遇。崇德八年，皇太极去世，即位的顺治帝继续促成此事，顺治九年（1652），

---

① 《满文老档》，第208页。
② 《大金喇嘛法师宝记》，《清政府与喇嘛教》，第205页。
③ 《满文老档》，第648页。
④ 《元代以来西藏地方与中央政府关系档案史料汇编》，中国藏学出版社1994年版，第216页。
⑤ 顾祖成等编：《清实录藏族史料集》，西藏人民出版社1982年版，第19页。

第五章　清代藏汉佛教交流

五世达赖终于到达北京，受到清朝统治者高规格的接待。顺治十年（1653），五世达赖辞归，当他行至代噶地方时，顺治帝派遣礼部尚书觉罗郎球、理藩院侍郎席达礼等人携带金印、金册，在众多前来膜拜达赖喇嘛的蒙古王公面前，宣布赐封五世达赖为"西天大善自在佛所领天下释教普通瓦赤喇怛喇达赖喇嘛"。顺治在代噶册封五世达赖，借尊崇达赖来安定蒙古诸部的意图非常明显。从此开始，西藏地方与清中央政府之间正式发生联系，藏汉佛教凭借官方开辟的通道，开始了又一轮的互为传播和交流。

五世达赖喇嘛朝觐顺治帝时，顺治只有14岁，二人在宗教信仰方面并无交集。但五世达赖应清朝许多满蒙皇亲贵胄以及汉族僧人之请，给他们传授了许多密法。按照五世达赖喇嘛自传的记载，他在京期间，几乎每天都在给不同的人传法，例如，五世达赖曾给"额辛格亲王传授了发愿转生极乐净土及祈愿所需经文，又应亲王的劝请写作了祈愿文，给诸王和公主的教诫和毕力克图囊索念诵的乌金大师赞颂文，另给以亲王、布诺台吉、哈仁图台吉、衮布台吉、乌勒德凯侍卫、巴日图侍卫为首的二百人传授了五字文殊随许法，给秉图王之子叶毕格尔、阿尤喜宰桑等一百余人传授了大悲观音主从三尊随许法，给白玛台吉、喇拉台吉、巴勒布完德等人传授了狮面母随许法"。① 五世达赖的传法行为，进一步扩大了藏传佛教在满清统治者中的影响。

康熙帝早年则将佛教视为异端，其中包括藏传佛教，他曾说："朕十岁时，一喇嘛来朝，提起西方佛法，朕即面辟其谬，彼竟语塞。盖朕生来便厌闻此种也。"② 康熙二十八年（1690）十一月，康熙帝认为"诸蒙古笃信喇嘛，久已溺惑，家家供养，听其言而行者甚众"③，因此，他下令要禁止喇嘛中以欺诈钱财为主之辈。但以格鲁派（黄教）来安抚、牵制蒙古诸部是清朝统治者贯彻始终的政策，康熙也概莫能

---

① 五世达赖喇嘛阿旺洛桑嘉措：《五世达赖喇嘛传》，陈庆英、马连龙、马林译，中国藏学出版社2006年版，第244页。
② 《康熙起居注》第1册，中华书局1984年版，第127页。
③ 《清史编年》第2卷（康熙朝上），中国人民大学出版社1988年版，第598页。

外。所以，从整体上看，他还是非常重视藏传佛教的高僧以及汉地的藏传佛教寺庙。康熙对藏传佛教僧人的重视，主要体现在他对待第二世章嘉活佛阿旺洛桑却丹（ngag-dbang-blo-bzang-chos-ldan，1644—1715）方面。二世章嘉活佛由于在处理蒙古族贵族的纷争中起到了重要的作用，康熙二十三年（1693），康熙召他入京，驻锡法渊寺，并被任命为扎萨克达喇嘛，位居驻京喇嘛之首，随从的15人也由清政府提供生活口粮，这是历辈章嘉活佛担任清朝朝廷职务的开始。康熙四十年（1701），二世章嘉活佛又被任命为总管多伦诺尔喇嘛事务的札萨克喇嘛，每年冬春居住在北京，夏天到多伦诺尔避暑传法。康熙四十五年（1706），他又被封为灌顶普惠广慈大国师，赐金印。康熙五十二年（1713），康熙巡视多伦诺尔，招谕章嘉曰："黄教之事，由藏东向，均归尔一人掌管。"①

除了尊崇第二世章嘉活佛，康熙还五次朝礼五台山，以示他对藏传佛教的重视。五台山从元代开始就成为藏传佛教在汉地传播的中心之一，康熙帝在朝山礼佛的过程中，留下了许多用满、汉、蒙、藏文写成的御制碑文，并且对五台山的藏传佛教僧人屡有赏赐。如康熙二十二年（1683）九月，"圣驾复幸台山，驻跸菩萨顶，拈香五顶各刹，悬挂新赐扁幡，虔供茶果、香帛，每处给银二百两。菩萨顶特供金银、珠宝、璎珞、龙缎、扁幡、顶缦、茶果、香帛并银一千两，为太皇太后祝釐"。② 同年九月，康熙将五台山的10座汉传佛教寺院改成喇嘛庙，由喇嘛住持其中。康熙的这些行为客观上促进了藏传佛教在汉地的传播。康熙三十七年（1698），康熙帝再次巡礼五台山时，在五台山及五台县驻跸的几日中，他主要是与刚刚归附的哲布尊丹巴呼图克图以及喀尔喀蒙古的珊瑚脑尔亲王扎巴西图尔等共同活动。其中，二月初九日，康熙率哲布尊丹巴呼图克图、珊瑚脑尔亲王扎巴西图尔等入普济寺、视看清凉寺，又入南台、古南台等庙游览。二月十日，康熙率哲布尊丹巴等入

---

① 释妙舟编撰：《蒙藏佛教史》第5篇，江苏古籍刻印社1993年版，第94页。
② 《钦定清凉山志》卷7，《续修四库全书》第722册，上海古籍出版社2002年影印本，第69页。

妙德院等庙游览。二月十一日，康熙又率哲布尊丹巴等入羽化池等庙游览。① 所以，康熙帝这次巡礼五台山，以藏传佛教笼络蒙藏上层政教势力的意图非常明显。

此外，从康熙朝起，清政府开始在承德避暑山庄修建外八庙，"外八庙"中由康熙所建的是溥仁寺、溥善寺。

被康熙倚重的第二世章嘉活佛，从信仰上影响了当时尚在藩邸的雍正，雍正跟随他学习藏传佛教教法。在雍正即位后编制的《御制语录》后序里说："圣祖敕封灌顶普惠广慈大国师章嘉呼图克图喇嘛，乃真再来人，实大善知识也。……藩邸清闲，时接茶话者，十余载，得其善权方便，因知究竟此事。"又说："章嘉呼图克图喇嘛实为朕证明恩师也，其他禅侣辈，不过曾在朕藩邸往来。"② 所以，雍正为藩王时就与包括二世章嘉在内的其他藏族僧人有来往，而且第二世章嘉活佛还指导雍正修法，并且成为雍正修行境界的确定者和见证者。为了表示对第二世章嘉活佛的敬重，雍亲王自己出资收买法渊寺，将其修葺一新，供章嘉居住，并请康熙赐名为嵩祝寺。

因此，雍正帝与藏传佛教的渊源关系较顺治、康熙就更为密切。他即位之初，青海发生罗布藏丹津叛乱，雍正派人日夜兼程，从北京传急诏给平叛的年羹尧，让他将第二世章嘉的转世灵童章嘉·若必多吉（rol-pvi-rdo-rje，1717—1786）送往北京，不得有丝毫损伤。

第三世章嘉活佛到北京以后，得到朝廷特殊的荣宠。雍正帝命他与皇四子弘历（即后来的乾隆帝）等皇子一起读书学习。在他由旃檀觉卧寺迁往嵩祝寺时，雍正允许他享受前辈章嘉活佛待遇，即"乘皇帝御用的黄幨马车，坐黄龙金座"③。雍正十二年（1734），在第三世章嘉满18岁时，雍正帝依前世章嘉活佛之例，封他为"灌顶普惠广慈大国师"，颁金印、金册，金印用八十两黄金铸成。

---

① 参见王敬雅《康熙西巡五台山若干问题探析》，《故宫博物院院刊》2014年第1期。
② 松筠：《卫藏通志》，西藏人民出版社1982年版，第138—139页。
③ 土观·洛桑却吉尼玛：《章嘉国师若必多吉传》，陈庆英、马连龙译，中国藏学出版社2007年版，第27页。

三世章嘉活佛在雍正帝时期，做了许多有益藏传佛教在汉地传播的事情。首先，由于雍正帝"非常喜欢和尚们的见地，有时在一个大殿里，皇帝自己坐在中央，请章嘉活佛坐在右侧，而让那些有学问的和尚坐在周围，商榷见解，交流修法体验。皇帝在他撰写的一篇论述他自己见地的文章后记中，写上章嘉活佛和几位大德和尚的名字，并说：'朕与彼等长期共同参究，今撰此文以志其事。'这篇文章被散发到汉地各个地方。至今汉地南方各大佛教寺院中仍将章嘉活佛称为大学者"①。雍正帝雅好禅宗，据说他是清代历史上唯一参禅能"破三关"的皇帝，根据《御选语录》后序记载，雍正虽然跟随汉僧参禅，但每一关都求印证于第二世章嘉活佛。因此，他在即帝位后，熔藏汉佛教为一炉、集合三世章嘉活佛与诸汉僧商参佛教也是顺理成章的事情。雍正的这种个人行为，加深了章嘉活佛在汉地佛教界的影响，也促进了汉藏佛教界之间的相互了解与交流。其次，第三世章嘉活佛还亲自教授汉僧西藏所传的中观见。《章嘉国师若必多吉传》中记载："各地有不少学法的和尚历经艰辛前来章嘉身前顶礼，章嘉活佛按照和尚们的意愿，开始依次传授中观见地，使不少人得到证悟。"②

雍正十二年（1734），三世章嘉活佛奉命与十七皇子果毅亲王允礼前往康区，迎接在惠远庙避准噶尔乱事的七世达赖喇嘛返回西藏。雍正帝驾崩之后，乾隆元年（1736）他返回北京。

乾隆帝因与三世章嘉活佛从小一起学习生活，因而二人的关系更为密切，由此决定了乾隆帝与藏传佛教的因缘更为特殊。三世章嘉活佛返回后，随即被下令掌管京师喇嘛教事务，并被赐予"管理京师寺庙喇嘛札萨克达喇嘛"印。

乾隆九年（1744），乾隆帝欲在北京也建一座与西藏寺院一样闻、思、修、讲、辩、著齐全的道场。在与三世章嘉商议之后，决议将雍和宫改建成喇嘛庙。改建经费由朝廷提供，工程则由三世章嘉活佛和噶勒

---

① 《章嘉国师若必多吉传》，第50页。
② 同上。

丹锡呼图呼图克图（1689—1762，洛桑丹白尼玛）主持。乾隆十六年（1751），时值乾隆母亲六十大寿，于是改北京西郊的瓮山为万寿山，山前建报恩延寿寺，山后建藏传佛教寺院，三世章嘉活佛负责后山寺院部分工程。同年，乾隆帝还为三世章嘉活佛颁发"振兴黄教大慈大国师"印，同时谕令他："尔可依照前世，主持黄教。"①

第三世章嘉活佛在京期间，乾隆帝持续地跟随他学习了很多藏传佛教教法。章嘉活佛在乾隆帝学会藏语之后，"依照大皇帝的旨意，由浅入深地向他讲授教法"，首先，他逐字逐句地注释了官却坚赞所著的《道次指导偈颂》，然后讲给乾隆听。在乾隆掌握要领之后，又将第二世章嘉活佛的道次指导偈颂呈现给他，"并从所缘境、指导、理解等三方面讲解要点，使大皇帝心悦诚服，并在道次指导的基础上发愿每天修习所缘相"。之后，应乾隆帝要求，章嘉活佛又特意撰写《甚深中观修习明炬》，给他讲解了宗喀巴的中观学见解。结束了显宗阶段的学习之后，章嘉活佛又引导乾隆进入密宗的学习阶段，首先，给他进行了"胜乐铃五神"灌顶，接着，乾隆又依次听受了格鲁派的"吉祥轮胜乐深奥二道次教授及分支"等密法。乾隆帝不仅听受了相关密法，还跟随三世章嘉活佛实修，"坚持每天上午修证道次，下午修证胜乐二次第。每月初十日举行坛城修供、自入坛场、会供轮、供养等活动"。并且，乾隆帝在"听讲尊者瑜伽母那若空行森布拉坛场加持法时，出现了智慧涌出法语不断的异象。在仔细听受'瑜伽母生起及圆满、分支'等咒语和听受'空行修习金刚法指导'时，大皇帝将自己的坐垫收起，跪在地上，顶礼章嘉国师之脚"②。至此，乾隆帝已经成为一个名副其实的藏传佛教信徒。

在指导乾隆帝学习藏传佛教的同时，章嘉活佛还给皇室几位年轻的皇子、宗室诸王以及一些官员、宦官、汉族士绅传播教法，使他们皈信藏传佛教。三世章嘉由于通晓满文、汉文、蒙古文，所以能针对不同的

---

① 《蒙藏佛教史》第5篇，第100页。
② 《章嘉国师若必多吉传》，第129—131页。

民族，使用不同的语言传法，"即使从未听过法音的汉人和满人通过章嘉国师的讲经，亦能粗知佛法内容，对于上师和佛法产生了坚定的信仰"。不仅如此，三世章嘉还给许多汉族僧人传授西藏密法，结果使"一些和尚法师也得到密乘的无上灌顶和教诫，并进行体验"，使得汉传佛教的寺院中，"密乘教法也开始逐渐地传播开来"①。

乾隆帝虽然躬行藏传佛教的法门，并大力推进藏传佛教在汉地的发展，但作为一个帝王，他对待藏传佛教的态度依旧掺杂着清初诸帝尊崇黄教以羁縻蒙古贵族的理念，同时，他对藏传佛教的管理也没有因为自己的信仰而放松，这些都突出地体现在御制的《喇嘛说》中。《喇嘛说》是雍和宫大殿前院一通石碑的碑文，撰写于乾隆五十七年（1792），用满、汉、蒙、藏四种文字雕刻而成，碑文说：

> 佛法始自天竺，东流而至西番。其番僧又相传称为喇嘛。喇嘛之字，汉书不载，元明史中，或讹书为剌马。予细思其义，盖西番语谓上曰喇，谓无曰嘛，喇嘛者谓无上，即汉语称僧为上人之意耳。喇嘛又称黄教，盖自西番高僧帕克巴，始盛于元，沿及于明，封帝师、国师者皆有之。我朝唯康熙年间，只封一章嘉国师，相袭至今。其达赖喇嘛、班禅额尔德尼之号，不过沿元明之旧，换其袭敕耳。盖中外黄教，总司以此二人，各部蒙古，一心归之，兴黄教，即所以安众蒙古，所系非小，故不可不保护之，而非若元朝之曲庇谄敬番僧也。

《喇嘛说》主要是针对活佛转世制度中存在的流弊及处理办法而作的，关于活佛转世制度中的流弊，乾隆认为主要是"孰意近世其风日下，所生之呼必勒罕，率出一族，斯则与世袭爵禄何异，予意以为大不然。盖佛本无生，岂有转世？"②其解决办法就是颁发金瓶，实行金瓶

---

① 《章嘉国师若必多吉传》，第133页。
② 《清政府与喇嘛教》，第339—340页。

掣签制。因此，在处理藏传佛教事务上，乾隆帝将个人信仰与国事的界限划分得很清晰，在对待整个藏传佛教上，他仍以"安藏辑番，定国家清平之基于永久"为宗旨，不会像元、明朝那样"曲庇诏敬番僧"。

第二节　北京的藏传佛教

在清朝皇室的推崇下，清代藏传佛教在汉地的发展规模也超过了元、明两代，北京、承德、五台山成为藏传佛教在汉地传播的三大中心。在这三个地方，政府出资修建了许多藏传佛教的寺庙，并且有数额不等的僧人常驻其中。对藏传佛教僧人、寺庙的管理也纳入了国家的管理体制之中，他们成为国家名正言顺的组成部分。

一　驻京呼图克图

清代北京的藏传佛教发展盛况远远超出了元、明两代，这点在僧人和寺院的数量方面可以得到确证。清代来京进贡的喇嘛，回赐丰厚，并且，政府时常召请高级僧侣们留在京师，给他们及其随从按照相应的级别发给一定数量的钱粮，作为生活费用，有如官吏的俸禄，并且允许这些大喇嘛私人占有一定数量的服役奴仆，在这些优待条件的刺激下，京城聚集了大量的藏族僧人。尤其与前代有所区别的是清代出现了较为固定的驻京活佛系统，他们被称为驻京呼图克图。

呼图克图是蒙古语的音译，意为转世活佛、圣人、长寿者等。此词原为蒙古族地区对于藏传佛教大活佛的称呼，清朝政府以此号授予蒙藏等地区的藏传佛教高等级的活佛，并且规定道行至高的喇嘛才能获此称号，凡是受封者，其名册都录入理藩院册籍之中。

清代记入理藩院档案册的呼图克图共160人，其中驻京的呼图克图在乾隆年间有8人，到清末发展为12人，在这12人中，尤以章嘉呼图克图，噶勒丹锡哷图（dgav-ldan-gser-khri）呼图克图，敏珠尔（smin-grol）呼图克图，济隆（rje-drung）呼图克图为重要，被称为清廷四大呼图克图。

对于驻京呼图克图的地位问题,《蒙藏佛教史》有详尽的记载:"驻京喇嘛中,历辈阐扬黄教如章嘉呼图克图,济隆呼图克图,或在京掌教,或赴藏办事,俱会加国师、禅师等名号。乾隆五十一年,高宗钦定喇嘛班第,左翼头班章嘉呼图克图,二班敏珠尔呼图克图,右翼头班噶勒丹锡呼图呼图克图,二班济隆呼图克图,皆列于雍和宫总堪布、避暑山庄普宁寺总堪布之上。其余驻京之呼图克图,有洞科尔呼图克图,果蟒呼图克图,那木喀哷呼图克图,鄂萨尔呼图克图,阿嘉呼图克图,喇果呼图克图,贡唐呼图克图,土观呼图克图,多伦诺尔有锡库尔锡哷图诺颜绰尔济呼图克图,皆出呼毕勒罕,入于院册。"① 可见,除了这四大呼图克图之外,驻京的大呼图克图还有洞科尔呼图克图等八位。

清朝之所以设驻京呼图克图,其目的有两个:一是借此以示朝廷推崇格鲁派、优礼喇嘛的政策,从而达到羁縻蒙藏上层势力的目的。二是这些驻京呼图克图可以随时被朝廷派往蒙古、西藏去处理一些重要的事务,因为他们特殊的身份,可以达到事半功倍的效果。实际上,清代的驻京呼图克图的确也对调解蒙藏民族的内部纠纷、贯彻中央政府的民族政策起到了积极作用。

章嘉呼图克图为各大呼图克图之首,三世章嘉若必多吉在北京的宗教和政治活动功效最为卓著,社会影响也最大,其"在京时,皇幌车过处,都人仕女,争取手帕铺途,以轮毂压过,即为有福。其车可出入东华门,盖所以尊宠之者备至。清帝以其徒众繁多,特为设置僧官以管辖之"②。

噶勒丹锡呼图呼图克图也称赛赤呼图克图、赤钦活佛,这是青海塔尔寺的活佛转世系统。"噶勒丹锡呼图"是蒙古语对"甘丹赤巴"的翻译,"噶勒丹"即"甘丹","锡呼图"是"赤巴"(法台)的意译。因为第一世赛赤活佛阿旺洛卓嘉措曾任第四十四任甘丹赤巴,这个活佛转世系统因而得名。用蒙古语作为活佛转世系统的名称,则与这个转世系

---

① 《蒙藏佛教史》第6篇,第5页。
② 韩儒林:《穹庐集》,上海人民出版社1982年版,第398页。

统处于青海蒙古族的辖区并且颇有蒙古族转生其中有关。"赛赤"是藏语，是对出任甘丹赤巴者的尊称。

第一世噶勒丹锡哷图呼图克图阿旺洛卓嘉措（1635—1688），他于1687年被召到北京，主持正月祈祷大法会。《蒙藏佛教史》中记载："清圣祖仁皇帝，特召来京。旋奉旨赴额鲁特、喀尔喀讲经，蒙古众汗王、喇嘛、台吉等奉为教主。丁卯年回京陛见，命在京各庙讲经，僧徒皈依者益众。"① 1688年，阿旺洛卓嘉措圆寂于返藏的途中。

第二世噶勒丹锡哷图呼图克图洛桑丹白尼玛是蒙古族，康熙二十八年（1689）出生于青海，"少时赴藏学经。学成之后，适奉清世宗宪皇帝谕召，来京陛见，于雍正十三年，宠锡荣典，敕封为慧悟禅师噶尔丹锡呼图克图"②。雍正还在北京专门为他修建仁寿寺作为驻锡之所，清廷先后赏他"慧悟禅师"印和"商卓特巴札萨克喇嘛"印。《塔尔寺》中则记载"第二世名洛桑丹白尼玛，康熙二十八年生于青海蒙族的羊桑地方，幼时在塔尔寺学经，先后在塔尔、佑宁、夏琼等寺辩经、布施。乾隆初年赴北京，清高宗弘历命他用蒙古文翻译大藏经丹珠尔部，在新修的雍和宫内，创立显宗、密宗、医学和时轮四个学经部门，并从事讲学。乾隆三十七年卒于贵德德庆寺"③。这条记载里提到第二世噶勒丹锡哷图呼图克图对雍和宫建制的贡献也和《章嘉国师若必多吉》中的记载相符。

第三世噶勒丹锡哷图呼图克图加央丹增赤列嘉措（1763—1772）也是青海蒙古族，于年幼时到过北京。

第四世噶勒丹锡哷图呼图克图阿旺贝丹成列嘉措（1773—？），于乾隆五十年（1785），奉旨署理京城札萨克达喇嘛印务。第五世噶勒丹锡哷图呼图克图阿旺图登丹贝尼玛（？—1846），于道光九年（1829）

---

① 《蒙藏佛教史》第5篇，第129—130页，《蒙藏佛教史》称其为第四世，但前三世实际上是追认的。
② 同上书，第130页。
③ ［日］若松宽：《噶勒丹锡哷图呼图克图考——清代驻京呼图克图研究》，《蒙古学资料与情报》1990年第3期。

进京，奉旨准在紫禁城骑马。道光十八年（1838），奉旨赏给札萨克达喇嘛俸粮，同年十二月，奉旨补授副札萨克达喇嘛。第六世噶勒丹锡哷图呼图克图洛桑图登嘉措（1847—1902）出生于青海西宁，咸丰八年（1858）进京朝见咸丰皇帝，驻锡北京。咸丰十一年（1861）返回拉茂德钦寺学经。同治十三年（1874）进京供职，奉旨管理京师28寺。光绪元年（1875）补授多伦诺尔掌印扎萨克达喇嘛。光绪五年（1879）告假回拉茂德钦寺。光绪二十六年（1900），八国联军入侵北京，其在京驻锡地仁寿寺惨遭侵略者焚毁，所有印信案卷遗失，后经理藩院申报御批补给印信。光绪二十八年（1902）御批照例赏给朝车朝马，同年七月在青海贵德圆寂。噶勒丹锡哷图呼图克图也是重要的驻京活佛系统。

敏珠尔呼图克图是也称果莽呼图克图，是青海广惠寺的寺主。广惠寺原名郭莽寺，赞布寺，与青海的塔尔寺、佑宁寺、夏琼寺、隆务寺齐名，并称青海五大格鲁派寺院。一世敏珠尔活佛名赤列伦珠（1622—1699），是青海蒙古族人，终身未到过北京，康熙四年（1665），五世达赖赠其"敏珠尔诺们罕"称号。"敏珠尔"为藏语，有"永恒"、"光明"等意思，"诺们罕"是蒙古语"法王"之意。因受封后被迎请到青海赞布寺，故又被称为"赞布诺们罕"。

二世敏珠尔活佛罗桑丹增嘉措（1700—1738）出生于青海化隆夏琼寺附近。雍正五年（1727），他与达赖喇嘛的堪布一同晋京，被封为敏珠尔呼图克图。雍正二年（1724），因罗布藏丹津叛乱，郭莽寺被毁，雍正七年（1729），雍正敕赐其重修该寺。雍正九年（1731），雍正赐新修寺院为"广惠寺"。雍正十二年（1734），罗桑丹增嘉措奉旨到北京任职，驻锡东黄寺。此后历辈敏珠尔呼图克图都会奉旨到京师任职，成为清代重要的驻京呼图克图系统。三世敏珠尔·阿旺赤列嘉措（1737—1785）于乾隆三十二年（1767）进京，在乾隆朝颇受重视，乾隆多次赏赐其蟒袍朝靴，颁给其貂皮坐褥及驷马车等，并封其为"净照大禅师"。四世敏珠尔·坚白丹增尼玛（1789—1838）于嘉庆四年（1799）进京任职，被赐在紫禁城内坐车。嘉庆十三年（1808）前后去西藏学经，通达"五部大论"，回京后驻锡雍和宫果莽呼图克图佛仓，曾接触俄罗斯在京人员。他奉嘉庆皇帝之命，从嘉庆二十五年（1820）至道光十年（1830）之间，用藏文写成《瞻部洲广论》（也称《世界广论》），是中国最早介绍世界地理的著作之一，书中介绍的藏区地理部分受到许多学者重视，有英、俄、法文译注本。① 其他后任的敏珠尔呼图克图虽然都曾到京任职，但鲜有突出的贡献。

济隆呼图克图也称巴索活佛、达察活佛、达察呼图克图、达察济隆呼图克图、功德林呼图克图、通善呼图克图等，是西藏地区的一个重要的活佛转世系统，为格鲁派中起源最早、变化最复杂的、与清代许多政治事件密切相关的活佛转世系统之一。因为一世济隆活佛巴索·确吉坚赞（1402—1473）曾在很长一段时间内，驻于后藏伦地巴索地方，故得名巴索·确吉坚赞。同时，1463年，巴索·确吉坚赞出任第六任甘丹赤巴，故其圆寂后得以转世，被称为巴索活佛，并沿用至第四世。1580年，第四世巴索·拉旺曲吉坚参（1537—1603）出任昌都强巴林寺第十二任法台，其晚年住在洛隆宗康沙村达察伦珠德钦寺悟禅静修，此后巴索活佛又被称作"达察活佛"。七世济隆·洛桑贝丹坚赞（1708—1759）被清政府封赐为"呼图克图"，此后济隆活佛世系才被冠以"呼图克图"职衔。同时七世济隆曾任雍和宫堪布，奉旨驻京供职，此后正式成为驻京呼图克图。②

济隆呼图克图从第六世阿旺贡却尼玛（1653—1707）开始与中央政府发生关系，起因是他在准噶尔部噶尔丹的叛乱中，被第巴桑结嘉措派往噶尔丹处时，他党附于噶尔丹，在乌兰布通之战中，他为噶尔丹诵经，并选择出战之日，在噶尔丹与清军的对战中，他亲自观战以鼓舞噶尔丹的士气。因此在噶尔丹战败后，被康熙帝严令将其解往北京，在桑结嘉措求情之后得以保全性命，但被软禁在龙泉庵，交由步军统领和近庙官兵看守。后来，陆续出现第六世济隆呼图克图在北京和多伦诺尔与

---

① 参见李德成《清代驻京八大呼图克图述略》，《中国藏学》2011年增刊。
② 同上。

章嘉活佛参加佛事活动的记载，康熙帝应该是解除了对他的禁锢，并对他给予了较高的待遇。

第七世济隆呼图克图洛桑贝丹坚赞（1708—1758）受三世章嘉呼图克图的推荐，任新改建的雍和宫的堪布，于是他在乾隆十三年（1748）奉命入京，正式成为驻京呼图克图。乾隆十八年（1753）受封为"慧通禅师"，并给敕印。洛桑贝丹坚赞在北京期间，驻锡于雍和宫济隆呼图克图佛仓内。乾隆二十一年（1756），准噶尔部发生阿睦尔撒纳之乱，七世济隆奉旨前去伊犁。回京后，于乾隆二十三年（1758）被加封扎萨克达喇嘛名号，给予印信，令掌管北京地区的藏传佛教事务。乾隆二十四年（1759）在北京圆寂。此后，历辈济隆呼图克图都有奉召入京的经历，八世、十世济隆呼图克图一度出任西藏的摄政活佛，十世济隆呼图克图还参与了十三世达赖的认定工作。济隆呼图克图系统在中央政府的支持之下，成为西藏拥有实权的重要的活佛转世系统。

清朝驻京呼图克图的等级划分非常明确，其依次为：掌印扎萨克达喇嘛、副掌印扎萨克达喇嘛、扎萨克喇嘛、达喇嘛、副达喇嘛、苏拉喇嘛、德木齐、格思规，这些人的徒众被称为格隆（比丘）、班第（学经沙门）。这些等级不同的大喇嘛随着他们地处京城、盛京、五台山、口外、蒙古等不同的地域，其补缺、任免也有详细的规定。他们的随从人员人数也有定制：扎萨克达喇嘛可有六名格隆、六名班第；副扎萨克达喇嘛可有五名格隆、六名班第；每个寺庙中分配四位扎萨克喇嘛，他们可有格隆各四人、班第各六人。每个寺庙中分配十八位达喇嘛，他们各有格隆二人、班第四人；闲散喇嘛十人，每人有两名班第；德木齐二十九人，每人有班第一名；格思规四十九人，每人有班第一名。这样一来，在乾隆朝，北京"各寺庙格隆、班第共千二百七十有三人。自扎萨克达喇嘛以下，格隆、班第共千七百五十二人"。①

---

① 《乾隆朝内府抄本〈理藩院则例〉》，赵云田点校，中国藏学出版社2006年版，第125页。据《大清会典》改"大"为"达"。

清朝册封的大喇嘛，除了拥有大小不等的政治权利外，清政府还对他们的钱粮、奴仆、车轿、服饰等都作了详细的规定。钱粮方面，朝廷供给从边疆进京朝觐的大喇嘛"廪"，而对驻京和其他内地的大喇嘛则直接供给钱粮，份额是"掌印札萨克达喇嘛月给折色银四两五钱三分五厘四毫三丝，乳牛三头，坐马四匹。副札萨克达喇嘛、札萨克喇嘛、达喇嘛、副喇嘛，各月给折色银四两二钱一分二厘四丝，乳牛二头，坐马一匹。闲散喇嘛各月给钱粮银二两，坐马一匹。以上各月给米七斗五升。其余格隆、格苏尔班第月给折色银，自八钱六分五厘二毫七丝二忽及八钱九分九厘一毫六丝至一二两不等，月给米自三斗一升一合二勺五杪，至七斗五升不等"。① 甚至于连乳牛、坐马的草料分量朝廷都有详细的规定。

支搭黄布城、乘坐黄车、黄轿，是清代皇帝及其亲族（需经特批）的特权，而达赖喇嘛、班禅、哲布尊丹巴则被特批享有这些权利。章嘉呼图克图则被恩准在"紫禁城内赏用黄车"的特殊待遇，这些都是大臣和少数民族王公难以享有的特殊恩宠。

根据《理藩院则例》记载，在坐褥、车帏方面，驻京的呼图克图呼毕勒罕及外来的呼图克图呼毕勒罕喇嘛等转世多次，来京三次以上者，坐褥冬用狼皮，夏用红褐，乘坐绿帏车。转世次数较少，来京一两次者，坐褥冬用獾皮，夏用红褐缘青褐，乘坐青帏车。扎萨克堪布喇嘛等坐褥，冬用貂皮，夏用青褐缘红褐，乘坐青帏车。

在服色方面，喇嘛的衣服用金黄、明黄、大红等色，其余颜色不准擅自使用。扎萨克喇嘛并由藏调来的堪布等，并准其服用貂皮、海龙皮褂外，其余达喇嘛以下及呼图克图喇嘛等之跟役徒众，不准僭服。此外一切服饰均不得滥用。违者，照违制例治罪。并将失察的呼图克图喇嘛等，一并随案拟议。②

清代驻京呼图克图的职责主要分为"在京掌教"和"赴藏办事"两

---

① 《乾隆朝内府抄本〈理藩院则例〉》，第150页。
② 参见《钦定理藩部则例》，天津古籍出版社1998年版，第423页。

种，而清政府的主要目的是让这批呼图克图调解蒙古诸部之间的争端，安抚蒙古诸部，以及充当朝廷和西藏地方政权之间的使者等。其中，主要以抚化蒙古诸部为主，这也就是清代八大驻京呼图克图以青海活佛系统为主的原因。但清政府并没有将这些驻京呼图克图培养成政治喇嘛，他们会根据自己的情况不定期地回西藏学经。同时，北京藏传佛教寺院的建制多数仿照西藏寺院，驻京的呼图克图还可以在北京的寺院中继续学经，这就保证了驻京呼图克图佛学素养的持续提升。除了政治任务，驻京呼图克图还要举行各种佛事活动。乾隆二十年（1755），在朝廷平定准噶尔达瓦齐的叛乱过程中，章嘉·若必多吉和噶勒丹锡呼图、济隆活佛等奉乾隆帝之命，举行吉祥大威德金刚威猛烧施法事，祈祷清军胜利。

二 北京的藏传佛教寺院

清朝北京出现了许多藏传佛教寺院，据《理藩院则例》，仅清代前期在京入册的藏传佛教寺院就有三十余座，包括弘仁寺、嵩祝寺、福佑寺、妙应寺、梵香寺、大隆善护国寺、嘛哈噶喇寺、长泰寺、慈度寺、大清古刹、资福院、西黄寺、东黄寺、普度寺、普胜寺、慧照寺、化城寺、隆福寺、净住寺、三宝寺、三佛寺、圣化寺、慈佑寺、永慕寺、大正觉寺、阐福寺、雍和宫、宝谛寺、正觉寺、功德寺等。

在这些寺院中，最大的当属雍和宫。雍和宫是乾隆九年（1744）由雍正的潜邸改建而成，直属清中央政府管辖。因为将雍和宫改建为寺院的目的，就是要在京城建成一座兼传显密教法的藏传佛教寺院，因而雍和宫中的佛学体系非常完备，建筑宏伟富丽。寺中建筑有大经堂、佛堂、依怙殿、授戒殿、白伞盖佛殿、药师殿、印度佛堂、甘丹佛殿、法轮佛殿、天王殿、门楼、钟楼、鼓楼等。各扎仓有经堂、净厨、上师府邸、僧舍等。寺院建成后，乾隆赐名为"噶丹敬洽林"（dgar-ldan-byin-chags-gling，意为兜率壮丽洲）。

雍和宫建成后，清政府从蒙古四十九旗、喀尔喀七部及汉藏地区挑选五百名僧人，组成显宗扎仓、密宗扎仓、杂明扎仓、医宗扎仓，学习相应的藏传佛教知识。不仅如此，雍和宫还从西藏各个寺院请来喇嘛担当不同扎仓的经师。寺院建成之初,"显宗扎仓的喇嘛由哲蚌寺的哈东热绛巴·阿旺曲培(ha-sdong-rab-hyams-pa-nag-dbang-chos-hphel)担任,密宗扎仓的喇嘛由日喀则色派密院的喇嘛官却丹达(mgon-mchog-bstan-dar)担任,杂明扎仓的喇嘛由摩觉夏仲(rmog-ljog-pa-shabs-drung)担任,医宗扎仓的喇嘛由彭措扎林(phun-tshogs-hdsam-gling)担任,智慧僧众的教师由三大寺和上下密院的十八名格西担任,他们各自与随从一起陆续到京就任。"① 所以,雍和宫的设置、传经等完全按照西藏寺院的模式进行。由于经师全部来自西藏,雍和宫也成为联系西藏与北京藏传佛教的纽带。乾隆十年(1745),雍和宫建成后,乾隆帝亲自视察。第二年,乾隆帝又令在雍和宫中举行祈愿法会,乾隆帝亲临会场,听章嘉活佛和噶勒丹锡呼图呼图克图讲经说法,雍和宫也成为一座向汉地传播藏传佛教的窗口。

雍和宫喇嘛的主要职责是念经,其念经的种类又分为"内课"、"随营"、"本课"三种。"内课"是在清廷的内宫中正殿和西郊各御园内念经;"随营"是在各处围场的"御营"和八旗军营内念经;"本课"是在雍和宫内念经。《清会典》中的《中正殿雍和宫喇嘛念经定例四十一天》详细列举了雍和宫僧人每年在不同的时间、地点应该念诵的经文名称以及参与念经的人数等,仅属于"经差"的"内课"就有41条之多,可见雍和宫僧人诵经任务非常繁忙,而且多数具有官派的性质,因而被称为"经差"。除了诵经,他们还得在不同的时间、地点放"乌卜藏",也就是放时轮金刚焰口及"跳布扎"。雍和宫喇嘛所诵的经典主要有《尊胜佛母经》、《无量寿佛经》、《吉祥天母经》、《金刚经》、《药师经》、《龙王水经》等。

另外,雍和宫和北京其他藏传佛教寺庙里的僧人也有可能被民间请去念经,但不能标明身份,只能说是"番喇嘛"。"番喇嘛"是指京城之外寺院中的、来京办差或进贡的僧人,因为雍和宫的僧人属于"御用喇嘛",按理只能给皇家诵经,普通百姓延请他们诵经则属于僭越,

---

① 《章嘉国师若必多吉传》,第91—92页。

这一点在《雍和宫志略》注释中讲得很清楚：

> 在清代的时候，北京人如果办丧事请喇嘛念经，不论你请的是那一座庙的喇嘛，就是把雍和宫的总堪布请到家里来念经，也是在讣闻上面印着"某月某日番经送库"等字，决定不敢把"番经"两个字，改成"喇嘛经"三个字。不只清代如此，就是共和以后，解放以前，也是这样。原来清朝把北京的雍和宫当作清帝私有的家庙，其余城内外的各喇嘛庙，则是他家庙的分院。这家庙和分院的喇嘛，不论是蒙籍藏籍或满籍，只准给清帝一家人念经，人民不得延请他的"御用喇嘛"。如人民一定要念喇嘛经，则只准请"番喇嘛"。这是乾隆朝定的制度。……到了咸丰朝以后，因为蒙藏籍的喇嘛生计日穷，不得不出外念经，补助他们的生活，故此人民也敢延请雍和宫等庙"御用喇嘛"了。但是在讣闻上，仍必须刊印"番经"两个字，否则就有违犯"僧制"的罪名。①

西黄寺，也称"后黄寺"、"北黄寺"、"黄寺"，在京城安定门外。该寺始建于顺治八年（1651），建成于顺治九年（1652），是为接待五世达赖朝觐而建。《五世达赖喇嘛传》描述了西黄寺的样貌："在距转轮圣王大都治下语言各异、具有二利的禁城北京有两俱卢舍之遥的地方，皇帝用九万两白银作顺缘，专门建起称为黄房的精舍作为我的行辕，它有如天神的林苑，围墙环绕着房屋，正中的内室和外室之间没有间隙，色彩上，用了大量金箔，光彩夺目。"② 五世达赖喇嘛驻京期间，还应黄寺僧人之请，为他们撰写了亲传上师祈请文、长寿祈愿文、忏悔经等。五世达赖喇嘛离京后，黄寺成为清代达赖和班禅贡使在北京的驻锡地。雍正元年（1723），第一世哲布尊丹巴呼图克图到北京为康熙帝奔丧，奏请修葺西黄寺，颂扬康熙功德，并为之祈冥福，雍正准其所

---

① 金梁编纂：《雍和宫志略》，牛力耕校订，中国藏学出版社1994年版，第42页。
② 《五世达赖喇嘛传》，第242页。

请。一世哲布尊丹巴为首的内外蒙古王公贵族集资四万三千两，黄寺被修葺一新。第二世噶勒丹锡哷图呼图克图在雍正十二年（1734）进京之初，也住在黄寺，后移居仁寿寺。此后，第二世土观活佛和第三世土观活佛都曾驻锡过黄寺，行使管理北京藏传佛教的权力，西黄寺也就成为京城藏传佛教事务的管理中心。

乾隆四十五年（1780），第六世班禅罗桑贝丹益希（blo-bzang-dpal-ldan-ye-shes，1738—1780）到京为乾隆祝贺七十大寿。六世班禅于七月二十一日到达承德。祝寿活动结束以后抵达北京，行宫就在黄寺。乾隆亲往黄寺看望过他。十一月，六世班禅因病圆寂于黄寺。为了纪念六世班禅，在他圆寂后的第三年（1782），乾隆帝"特命在他生前居住过的黄寺的西侧，建立了一座宏伟的'清净化城塔'，并筑了围墙，修了庙门、大殿、碑亭、僧房等，形成了一座规模完整的庙宇"①。清净化城塔里供奉的是六世班禅穿过的衣服、诵过的经咒，乾隆帝还特意为清净化城塔撰写了碑文。清净化城塔是典型的汉、藏、印三种风格结合的石塔，其形制吸收了印度菩提伽耶大塔四角建小塔的布局，但主塔的结构和形制是藏塔的式样，而塔身浮雕的佛教故事中的人物、建筑以及花纹装饰等却又是汉族艺术的传统手法②，这本身说明北京的藏传佛教塔庙建制就是汉藏佛教交融的代表及产物。光绪三十四年（1908），为迎接十三世达赖喇嘛土登嘉措（thub-bstan-rgya-mtsho，1876—1933）进京朝觐，西黄寺再次被修整一新，并再次成为北京藏传佛教寺庙中令人瞩目的焦点。

弘仁寺位于今天北海公园西南岸，它是清朝理藩院喇嘛印务处的所在地，因而格外重要。按照《日下旧闻考》的记载，弘仁寺所在地是明代清馥殿，康熙四年（1665）改建为佛寺，并将鹫峯寺著名的旃檀佛像移入其中，所以民间又称其为旃檀寺。弘仁寺虽然只有76名喇嘛的定额，但因为喇嘛印务处是专门处理喇嘛事务的，所以该寺在《理

---

① 牙含章：《班禅额尔德尼传》，西藏人民出版社1987年版，第138页。
② 《清政府与喇嘛教》，第473页。

藩部则例》中被列在寺院中的第一名。喇嘛印务处创立于乾隆十年（1745），到1900年，八国联军焚毁弘仁寺后，又改到雍和宫。其主要的职责是管理喇嘛的印信以及喇嘛朝贺、筵宴、请假、僧官任免、呼图克图掣签等任务。除此而外，弘仁寺还是每年正月初一皇帝拈香的寺院，弘仁寺也是清政府的皇家寺院之一。

弘仁寺因为已经焚毁，后人难以详知其面貌、规模，但乾隆二十五年（1760）内务府奏案记载："弘仁寺庙宇房间添建楼座，拆盖御座房、僧房，东边新建仁寿寺庙宇、僧房等项，原估银四十三万八千七百五十八两……""弘仁寺庙宇工程现在做至八成，东边新建仁寿寺庙宇工程现在做成七成……在原估银内再向广储司支领银十万两"，① 修建仁寿寺和修缮弘仁寺，竟然总需五十余万两白银，所以，仅从工程用银数量上即可看出弘仁寺和仁寿寺的规模。

香岩宗印之阁，位于颐和园万寿山后山。据《章嘉国师若必多吉传》介绍："有一天，大皇帝问章嘉国师：'在西藏为佛教建有广大功业的杰出人物有哪些？他们的主要功绩如何？'章嘉国师一一详细列举，其中讲到了大译师仁钦桑波创建托林寺，寺内正殿有四层，内设四续部佛众的立体坛城的情况。大皇帝说：'在朕的京城中也要建一座那样的佛殿。'于是，由章嘉国师负责，在京城右方建起了一座四层金顶佛殿，内置四续部佛众的塑像。顶层殿内塑有密集像，第三层殿内塑有大日如来现证佛像，底层殿内作为各扎仓僧众念诵三重三昧耶经咒的场所。"② 这座仿照托林寺兴建的寺院，就是今天颐和园万寿山后山的香岩宗印之阁，该寺前有须弥灵境（现改为平台），两侧有约3米高的石头经幢，分别刻有《金刚三昧性情清净不坏不灭经》和《佛顶尊胜陀罗尼经》，香岩宗印之阁的周围有象征四大部洲、八小洲的塔台，在1860年毁于英法联军之手以前，香岩宗印之阁常有数百名喇嘛在此诵

---

① 转引自吴兆波《乾隆皇帝与佛教》，《佛教文化》2005年第3期。
② 《章嘉国师若必多吉传》，第162页。黄颢的《在北京的藏族文物》认为此寺是仿桑耶寺建造的。

经和举行宗教活动①。

清朝对京城各寺的僧人数进行定额编制,京城藏传佛教寺院的定额分别如下:弘仁寺,70人;嵩祝寺,68人;福佑寺,22人;妙应寺,39人;梵香寺,45人;大隆善护国寺,88人;嘛哈噶喇寺,8人;长泰寺,33人;慈度寺,115人;大清古刹(察罕喇嘛庙),276人;资福院,10人;西黄寺(清净化城),42人;汇宗梵宇,31人;东黄寺(普静禅林),105人;普度寺,23人;普胜寺,22人;慧照寺,28人;化城寺,33人;隆福寺,46人;净住寺,79人;三宝寺,29人;三佛寺,31人;圣化寺,30人;慈佑寺,19人;永慕寺,18人;大正觉寺,43人;阐福寺,27人;雍和宫,504人;宝谛寺,205人;正觉寺,33人;功德寺,34人;东陵隆福寺、西陵隆福寺,各20人。② 从僧人数量来看,清代京城以雍和宫、宝谛寺、大清古刹、东黄寺、慈度寺为诸藏传佛教寺院之首,而大清古刹以蒙古族喇嘛为主,宝谛寺以满族喇嘛为主,驻京藏传佛教僧人数最少不下2164人。

除了在京城修建寺庙之外,清朝统治者还在紫禁城内修建藏传佛教佛殿,供帝后礼佛修法之用。紫禁城中的佛殿或佛堂分布于内廷各个区域,按其建筑形式大致可分为两大类型:

> 第一类为独立建筑,分六个区。中正殿区:中正殿,中正殿后殿,中正殿东、西配殿,香云亭,宝华殿,梵宗楼,雨花阁,雨花阁东、西配楼,这是全部由佛殿组成的一个建筑群,是宫廷佛教活动的中心;建福宫花园区:慧曜楼,吉云楼,广生楼,凝辉楼,敬慎斋;慈宁宫区:大佛堂,大佛堂东、西庑,英华殿;慈宁花园区:慈荫楼,宝相楼,吉云楼,咸若馆,临溪亭,御花园区:千秋亭,澄瑞亭;宁寿宫区:佛日楼,梵华楼,养和精舍,粹赏楼,抑斋,养性殿东、西配殿,以及养心殿东、西配殿。总计三十五处。

---

① 陈庆英:《章嘉·若必多吉与清朝皇室兴建的喇嘛寺院》,《青海社会科学》1987年第5期。
② 参见《清政府与喇嘛教》,第144—145页。

第二类为内含于建筑之中者。有养心殿东暖阁，养性殿西暖阁，崇敬殿东、西暖阁，宁寿宫东暖阁，宁寿宫楼上颐和轩东暖阁，寿康宫东暖阁，爆本殿东、西暖阁等处。①

这里面最值得一提就是中正殿。康熙三十六年（1697），清朝政府就在中正殿设立"中正殿念经处"，让北京各寺庙的喇嘛、各地来京的喇嘛分期轮班在中正殿内念经，设管理念经处的扎萨克达喇嘛一名，执事喇嘛 40 名。次年，中正殿又被下令兼制造佛像。为了解决夜间中正殿洒扫及看守佛殿问题，清朝政府又把宫内的太监剃去发辫，发给度牒，拜喇嘛为师学习经典，这就是"喇嘛太监"。雍和宫改成藏传佛教寺庙后，中正殿念经处又改为"中正殿管理雍和宫喇嘛念经事务处"。中正殿是乾隆帝主要拈香拜佛之地，而且在每月的朔望日、皇帝的生日时，都会有喇嘛在此专门念经，所诵经典主要以《无量寿佛经》为主。

另外，以建福宫的慧曜楼、慈宁宫的宝相楼、宁寿宫的梵华楼为代表的"六品佛楼"也值得一提。在这三者中，梵华楼作为"清代宫廷藏传佛殿的一种典型模式"，其建筑和内部陈设都完整地保留下来。"梵华楼是一座进深仅一间的狭长建筑。每间室内面积相同，均为东西长 3 米，南北长 4.15 米。楼下明间北壁前设汉白玉须弥座，上供旃檀佛铜立像。楼上明间供奉宗喀巴木雕金漆像。明间东西各三间，上下共十二间。清代档案中称之为'六品佛门十二座'"。其楼下为护法，楼上为主尊，二楼每室所供佛像 122 尊，加 9 尊主佛，六室共 786 尊佛。这些佛殿之所以被称为"六品佛楼"，是因为其所供佛像按照六部经典分类，显教一部，密教五部，分别供在六室中，具体而言，密教五部是按照无上瑜伽部父续、无上瑜伽部母续、瑜伽部、事部、行部来划分的。"六品佛楼是六部完整的立体曼陀罗，是一个完整严密的系统工程。设计得按照藏传佛教经典、教义、仪轨要求布置供养道场，安奉诸

---

① 张羽新、刘丽楣等：《藏族文化在北京》，中国藏学出版社 2008 年版，第 180—181 页。

佛菩萨、佛塔、佛经、法器、供器，可谓身、语、意三所依（经、像、塔）齐备，三密相应轮圆具足。"①

而清代藏传佛教在汉地影响最大的当属清宫、雍和宫、黄寺每年都举行的规模宏大的"打鬼"活动，这也是京城百姓的一大盛事。所谓"打鬼"是民间俗称，汉文叫做"散祟"，蒙古语则为"跳布扎"，藏语称为"羌姆"，更为确切的汉译名称是金刚驱魔神舞或金刚驱魔法舞。这是格鲁派特有的宗教乐舞，它是藏传佛教为鞭挞"魔祟"而举行的法事，实际上是以歌舞剧的形式宣传格鲁派的教义。清代雍和宫如果"跳布扎"，皇帝会亲自出席观看或者派王公大臣参加，因而更为隆重。雍和宫"跳布扎"在清代和民国时期已成为北京春节传统文化活动的一部分。

《燕京岁时记》载："打鬼本西域佛法，并非怪异，即古者九门观傩之遗风，亦所以禳除不祥也。每至打鬼，各喇嘛僧等，扮演诸天神将以驱逐邪魔，都人观者甚众，有万家空巷之风。朝廷重佛法，特遣一散秩大臣以临之，亦圣人朝服阼阶之命意。打鬼日期，黄寺在十五日，黑寺在二十三日，雍和宫在三十日。"② 黑寺指的是大清古刹（察罕喇嘛庙）。除了这三座寺院，《帝京岁时纪胜》中还记录了正月初八弘仁寺"打鬼"的盛况：

> 初八日弘仁寺打鬼。其制：以长教喇嘛披黄锦衣乘车持钵，诸侍从各执仪仗法器拥护；又以小番僧名班第者，衣彩胄，戴黑白头盔，手执彩棒，随意挥洒白沙，前以鼓吹导引，众番僧执曲锤柄鼓，鸣锣吹角，演念经文，绕寺周匝，迎祥驱祟。念五日，德胜门外黄寺行亦如之。③

---

① 王家鹏：《故宫六品佛楼梵华楼考——清代宫廷佛堂典型模式》，《第二届国际满学研讨会论文集》（上），1999年。
② 《帝京岁时纪胜 燕京岁时记》，北京古籍出版社1981年版，第49页。
③ 同上书，第8—9页。

在北京，规模最大、最吸引普通百姓的"跳布扎"，当属雍和宫的了。雍和宫"跳布扎"在天王殿前广场举行，共3天。第一天的活动属彩排性质，叫"演鬼"。第二天是正式"打鬼"。第三天是"绕寺"，即所有参加"打鬼"的喇嘛绕寺一周，作为活动的结束。按照《雍和宫志略》记载，正式的"跳布扎"活动共分十三幕：第一幕是"跳白鬼"，也就是"净坛"，接着依次是跳黑鬼、跳螺神、跳蝶神、跳金刚、跳星神、跳天王、跳护法神、跳白救度、跳绿救度、跳弥勒、斩鬼、送祟。藏传佛教各个寺庙里"跳布扎"时，"万家空巷"，说明到了清代，在一般的百姓心目中，藏传佛教与汉传佛教的区别性已经不大，藏传佛教寺庙的宗教礼仪也发展成为汉族传统文化的一部分。而且，北京的藏传佛教寺庙本身就是一个汉藏佛教文化融合的产物，这反映在从寺院的布局到寺院中的神佛塑像等，无一不体现着汉藏文化的共同特质。例如，黄寺的建造模式就是依照汉传佛教的"伽蓝七堂"的布局建造，寺中的弥勒造像也为汉式大肚弥勒佛的形式。黄寺与雍和宫等寺不仅每年有"跳布扎"的活动，寺院里也熬腊八粥，藏传佛教寺院还成为京城士女九九重阳节登高的去处之一，《燕京岁时纪胜》中说"每届九月九日，则都人士提壶携榼，出郭登高。南则在天宁寺、陶然亭、龙爪槐等处，北则蓟门烟树、清净化城等处，远则西山八刹等处。"① 汉藏佛教文化的认同、融合到清代达到了新的高度。

第三节　五台山的藏传佛教

元、明以来，五台山逐渐成为藏传佛教在汉地重要的传播中心之一，"华夷内外，无不瞻仰"②，萨迦派、噶举派、格鲁派高僧如果前往汉地，几乎毫无例外地要前往五台山朝山礼佛。到了清代，五台山的藏传佛教进一步发展，并进入鼎盛期。五台山为文殊菩萨的道场，而

---

① 《帝京岁时纪胜　燕京岁时记》，第80页。
② 查升：《五台山清修禅师老藏丹巴碑铭》，载赵林恩收录、点校《五台山碑文》（上），山西人民出版社2016年版，第179页。

"曼殊"二字之音与"满洲"相近，因而五台山格外得到清朝诸帝的垂青。乾隆四十二年内阁大学士阿桂等奉帝谕而作的《满洲源流考》中，认为"满洲"一词的来源也与"曼殊室利"有关：

> 按满洲本部族名……以国书考之，满洲本作"满珠"，二字皆平读。我朝光启东土，每岁西藏献丹书，皆称"曼殊师利大皇帝"，翻译名义曰"曼珠"，华言妙吉祥也。又作"曼殊室利"。《大教王经》云"释迦牟尼师毗卢遮那如来，而大圣曼殊室利为毗卢遮那本师。"殊、珠音同，室、师一音也。当时鸿号肇称，实本诸此。今汉字作满洲，盖因洲字义近地名，假借用之，遂相沿耳。实则部族而非地名，固章章可考也。①

这种说法虽然遭到学术界的质疑甚至否定（因为早在清太宗崇德七年西藏信使第一次到达之前，满洲一词已经出现）②，但毕竟在清人自己的著作中存在，表明到乾隆朝，清朝政府已经接纳了这种观点。

在清朝诸帝中，康熙五次巡礼，对五台山的寺院敕赐梵文藏经两部，匾额55块，作诗15首、碑文20余道，修葺寺院20余座，赠送渗金佛菩萨像7尊，作各种道场8次，敕赐金银6000余两，珍贵物件更是难以计数。③乾隆帝则六度朝山，嘉庆十六年（1811），嘉庆帝也率蒙古诸王公朝山。五台山在清代统治者的心目中"诚中华卫藏也"。④由于皇室帝王对五台山的重视，雍正帝时，五台山已有规模宏大的格鲁派寺庙26所，格鲁派僧人1000余人。到嘉庆帝时，仅菩萨顶一寺就有喇嘛561人，最盛时内住喇嘛3000余人。直到民国时，据沌谷《五台山参佛日记》载，

---

① （清）阿桂等：《钦定满洲源流考》，《景印文渊阁四库全书》，台湾商务印书馆1983年影印本，史部，第499册，第469—470页。
② 参阅王俊中《"满洲"与"文殊"的渊源及西藏政教思想中的领袖与佛菩萨》，（台北）《中央研究院近代史所集刊》1997年第28期。
③ 赵改萍、侯会明：《略论清代前期的五台山藏传佛教》，《宗教学研究》2006年第3期。
④ 《御制清凉山碑记》，载崔正森：《五台山碑文选注》，北岳文艺出版社1995年版，第130页。

有"黄衣僧，大寺六、七，中小数十，综计僧徒约三四千人"。

清代五台山的藏传佛教寺院发展主要依靠两种途径。第一，清廷或蒙古地区的王公、信徒们的布施援建。如顺治十二年（1655）、十四年（1657），清廷曾各派数十喇嘛，往五台山建寺庙。到康熙时，由朝廷出资在五台山建寺的情况就更多了。另外，各地的信徒也有发愿在五台山建佛塔、佛像、佛殿等。第二，由清朝中央直接将汉传佛教寺院改建为藏传佛教寺院。顺治十三年（1656），顺治帝将菩萨顶改为藏传佛教寺院，并且委派阿王老藏到菩萨顶任住持，总理五台山番汉各寺。康熙四十四年（1705）又将台内10座青庙（汉传佛教）：罗睺寺、寿宁寺、三泉寺、玉花池、七佛寺、金刚窟、善财洞、普庵寺、台麓寺、涌泉寺等悉改为格鲁派寺庙，寺内佛殿塑像和陈设都按藏传佛教风格重新更置，这10座寺庙的和尚也随之改为喇嘛。

五台山藏传佛教寺院在管理上又分为两类：一类是由章嘉活佛管理的镇海寺和"佛爷五处"，即普乐院、善财洞、广化寺、文殊寺、金刚窟等。另一类是由西藏达赖喇嘛选派的扎萨克大喇嘛管理的寺院，约有二十多所，分别是：菩萨顶、罗睺寺、广仁寺、台麓寺、普寿寺、寿宁寺、七佛寺、三泉寺、三塔寺、观音洞、玉花池、铁瓦寺、涌泉寺、鱼耐庵、南阁庙、普庵寺、宝华寺、圆照寺、集福寺、慈福寺等。

清廷对藏传佛教的优礼政策，以及五台山在其宗教羁縻政策中的重要作用，致使五台山藏传佛教地位越来越高。五台山诸寺中，菩萨顶地位最高，是扎萨克大喇嘛的驻赐地。菩萨顶坐落在五台山中心区台怀镇的灵鹫峰上，在佛教传统的认知中，五台山是文殊菩萨的道场，菩萨顶就是文殊菩萨显圣处，故又称文殊寺或真容院。清朝诸帝巡礼五台山时，多驻跸在菩萨顶。康熙三十年（1691），因为菩萨顶瓦片渗漏，康熙下令将其全换成黄琉璃瓦，从而使菩萨顶成为一座金碧辉煌的宫廷式建筑。五台山扎萨克大喇嘛全称"钦命管理五台山喇嘛事务掌印扎萨克大喇嘛"，僧官二品。第一至五任扎萨克大喇嘛均由清廷委派，自第六任始，改由西藏达赖喇嘛选派品学超群的堪布充任，每任6年。五台山扎萨克大喇嘛都是具有"格西"学位、担任过"堪布"的喇嘛。而且，这些大喇嘛必须经过清廷认可、皇帝敕封后，方可就职管理五台山喇嘛教的事务。先后出任五台山扎萨克大喇嘛者为：阿王老藏、老藏丹贝、顶增坚错、丹生嘉错、老藏缺培、章木样旦增、缺培达计、陈赖达尔来、改利陈片尔、格鲁缺培、喇嘛尼嘛、章木样、扎亚、罗桑旦片、阿旺庆巴、章样摩拉、少巴春柱、降巴缺培、阿旺桑布、加禅桑布、罗桑巴桑、阿旺益西等。① 五台山扎萨克大喇嘛既是格鲁派的掌权人物，又总理番、汉全体僧众，地位尊崇，可以身穿龙袍，出行时坐八抬大轿，鸣锣开道。

在这些札萨克大喇嘛中，比较著名的主要有：

阿王老藏（全名为阿旺罗布藏，又称阿旺老藏，1601—1687），燕京西山人，俗姓贾，10岁便入崇国寺（大隆善护国寺）为僧，他从小禀性聪颖，"番汉经书，一目俱了大义"，而且精修显密教法，"参游讲肆，诸方遍领元机。至于三密护身，坛仪悉练。五部印契，宣导咸推"。顺治十六年（1659），清政府欲选一僧管理五台山事务（钦命总理番汉僧众大喇嘛），阿王老藏以兼通汉藏佛教入选，被派上五台山后，"经藏缺而必补，供设凋而备修"②。康熙十年（1671），阿王老藏以70岁高龄退养。康熙二十二年（1683），康熙驾临五台山，御笔题赐其为"清凉老人"。阿王老藏在五台山的主要活动有：

康熙十二年（1673）十二月，他在菩萨顶为康熙帝举行了祝国佑民道场。康熙二十二年（1683）二月，他又率领本寺众喇嘛诵经迎驾，迎接康熙皇帝驾临五台，并为康熙的祖母在菩萨顶举行了祈愿福寿无疆的佛事。同年九月，他再一次率众喇嘛诵经迎驾，迎接康熙二次莅山，并为康熙及其祖母做了三天度修道场，从而获得了圣祖的赞扬和恩宠。康熙二十二年（1683），康熙敕封他为"清凉老人"时，赐予他蟒袍、貂座、衣靴等物，还给菩萨顶"五台圣境"、"灵峰胜境"、"斗室"等御匾法物。

阿王老藏在修葺寺庙的同时，不仅新建了不少禅堂，而且引导僧人

---

① 崔正森：《五台山佛教史》，山西人民出版社2000年版，第752页。
② （清）蒋弘道：《敕封清凉老人碑记》，载赵林恩收录、点校：《五台山碑文》，山西人民出版社2016年版，第174页。

坐祥修静,明心见性,开启智慧。他还整理经藏,拾遗补阙,分类编排,建立了藏经楼,储存了大量的番汉经书,为和尚、喇嘛学习研究佛典打开了方便之门。①

老藏丹贝(又称罗布藏丹贝,1632—1684),本为蒙古族,后入卫籍,姓赵氏。出家后居于北京崇国寺,拜阿王老藏为师,后又礼西藏僧人蓝建巴为师。之后,老藏丹贝到五台山,在中顶和罗睺寺居住数年。接着,"又远涉土波、蒙古国二国,于其语音文字,靡不通晓"。游学结束后,老藏丹贝复归崇国寺。顺治十六年(1659),其师阿王老藏被派往五台山总理汉藏佛教事务,次年,老藏丹贝也前往五台山。康熙十年(1671),他接受师父衣钵,管理五台山僧众。老藏丹贝于此期间,"葺经堂,集云水,广护人天,不分畛域"②。康熙二十二年(1683),康熙帝巡幸五台山时,他和师父一起受到嘉奖赏赐。此后,他奉命监修五台山寺院,这应该就是《钦定清凉山志》中所说的在康熙二十二年四月,"命发帑金三千两,重修菩萨顶大文殊院及南台普济寺,东台望海寺,中台演教寺,北台灵应寺,西台法雷寺"③。次年,他又陈请将菩萨顶大殿改覆碧琉璃瓦。老藏丹贝在五台山的二十余年间,由于康熙帝等皇室成员不断巡幸五台山,五台山迎来了空前发展的时机,清政府出资新建了台麓寺,重修了菩萨顶、碧山寺、涌泉寺等五台诸寺。这些寺院的新修或重修都是在老藏丹贝的主持下完成的,可以说他为五台山汉藏佛教寺庙建设做出了重要贡献。

老藏丹巴(1647—1704),俗姓姜,山东登州莱阳(今山东掖县)人,幼年出家于崇国寺,后礼老藏丹贝为师,"食俸五台,昼夜参礼,尽得其传,象教之外,间及文章。声闻远迩,上彻九重"。康熙二十二年(1683),老藏丹贝生病之后,老藏丹巴奉旨承袭总理番汉僧众大喇嘛职位。康熙巡礼五台山之际,他因为应对得当,受到康熙的赞誉,被

---

① 参见崔正森《清凉老人阿王老藏》,《五台山研究》1999 年第 3 期。
② 《钦定清凉山志》卷 16,《续修四库全书》第 722 册,第 147 页。关于老藏丹贝的生平,高士奇所撰《大喇嘛老藏丹贝塔铭》中介绍得也较为详细。
③ 《钦定清凉山志》卷 7,《续修四库全书》第 722 册,第 68 页。

称为"空门之秀"。老藏丹巴继续修缮五台山的寺庙,在他住持五台山番汉僧众事务的 22 年间,"皇上凡四幸山中,施帑金八千余两,禅师无毫厘私,尽以供佛。其改修之寺,曰显通,曰广宗,曰栖贤,曰白云,曰碧山,曰殊像,曰涌泉。其丹腋者,曰罗睺,曰台麓",并且,"又造像三尊、渗金菩萨二尊,购经一藏,外制幡幢、供器至伙"。①

康熙三十六年(1697)二月,康熙敕封老藏丹巴为"清修禅师",仍提督五台山番汉大喇嘛之职,并赐予 48 两重的银印。

老藏丹巴对五台山佛教的另外一个重要贡献就是编纂了十卷本《清凉山新志》。这部志书是在明代镇澄所编《清凉山志》的基础上,经过调查考证、增删补缀而成,故名《清凉山新志》,成书时间为康熙三十三年(1694)。其内容是:卷一:一化宇,二原圣,卷二:三灵迹,四伽蓝,卷三:五崇建,卷四:六显应,卷五:七外护,卷六:八高僧上,卷七:八高僧下,卷八:九缘感,卷九:十题咏上,卷十:十题咏下。其中,新增内容主要有:康熙新志序、御书匾额 52 块、御制碑文 17 篇、御制诗 9 首、阿王老藏塔铭节略、大喇嘛老藏丹贝塔铭、清凉老人谈经普说、同住规约、重修五台山真容院记和释超揆的 10 首诗等。《清凉山新志》记述了五台山佛教近百年的历史,是研究明末清初五台山佛教的宝贵资料。②

从以上三位总理五台山番汉僧众的大喇嘛的生平事迹可以看出,对于五台山这样一个位于汉地的藏传佛教中心而言,清政府掌控极严,其前期的管理人员全部来自于北京崇国寺法系,与西藏的联系较弱,且他们绝大多数为信仰藏传佛教的汉族或蒙古族,老藏丹巴之后承袭大喇嘛一职的鼎增坚错(1654—1716),也是太原人氏,这说明清政府对于五台山藏传佛教事务非常重视,一方面要利用五台山的藏传佛教笼络蒙古势力,另一方面又不愿蒙藏势力直接联手,对整个清朝的统治埋下隐患。

此外,三世章嘉活佛也是五台山藏传佛教发展中的一个重要人物。

---

① 查升:《五台山清修禅师老藏丹巴碑铭》,载《五台山碑文》,第 179 页。
② 肖雨:《老藏丹巴及其〈清凉山新志〉》,《五台山研究》1999 年第 3 期。

乾隆皇帝六次巡幸五台山，其中有四次让章嘉国师陪同前往。乾隆十五年（1750）二月，乾隆皇帝第二次奉皇太后瞻礼五台山，章嘉国师遵照皇帝旨意在菩萨顶主持了祈愿法会，在会上讲经说法，广发誓愿，为皇太后祈福安宁，消灾免难。从此，章嘉国师便成了五台山藏汉佛教寺庙的首领，并深受五台山僧众的爱戴。

乾隆二十六年（1761）二月，乾隆皇帝第三次奉皇太后巡礼五台山，为皇太后七旬大寿拈香礼拜，祈福延寿。而章嘉国师奉旨提前到达，率众接驾，并主持了显通寺的祈寿法会。会后，在瞻礼殊像寺时，皇太后看到了"瑞相天然"的文殊狻猊神像，遂打算回京后也造一座文殊寺院。于是，乾隆皇帝征得章嘉国师同意，在北京香山仿照殊像寺的塑像造了一座专供满族僧人诵经念佛的宝相寺。章嘉国师奉旨主持了该寺的开光仪式，还担任了该寺的堪布，并给初出家的满族僧人传授了沙弥戒。乾隆皇帝还令该寺喇嘛全部诵习章嘉国师为其翻译的满文藏经。

乾隆四十六年（1781）二月，乾隆皇帝第四次巡幸五台山。乾隆皇帝和章嘉国师从京西潭柘寺起程同至五台山，在菩萨顶举行的祈愿法会上，章嘉国师居于中央，乾隆皇帝坐在左首，诵经念佛，广做回向发愿佛事。当诵经结束时候，按照惯例章嘉国师和其徒众即向乾隆皇帝颂辞、撒花瓣、献哈达。此时，《章嘉国师若必多吉》中记载，乾隆皇帝说："'与呼图克图同坐在朕之座位上，朕便觉安乐。'说完，拉着章嘉国师之手，让章嘉国师与他坐在同一个宝座上。如此尊崇，简直不可思议。"①

祈愿法会之后，乾隆皇帝来到章嘉国师的居地——普乐院，因见章嘉国师的寝室比较狭小，乾隆帝赐给章嘉国师白银一万两、镇海寺内的寝宫一座。章嘉从所赐的银两中拿出三千两，布施给了五台山的僧众和所有寺院，让其同沐皇恩。乾隆五十一年（1786）二月，乾隆皇帝第五次巡幸五台山，并令章嘉国师前期到达。当乾隆皇帝到达五台山时，章嘉国师率众喇嘛诵经接驾，并在菩萨顶大殿的文殊像前，为乾隆皇帝

---

① 《章嘉国师若必多吉传》，第285—286页。

举行了祈愿法会。章嘉国师居于会众之首，乾隆皇帝也来参加，按照祈愿法会的仪轨，一起诵经，广做回向发愿佛事。之后，乾隆皇帝赐予章嘉呼图一万银两，分赏于五台各庙喇嘛，以为熬茶念经之用。

自乾隆十五年（1750）二月章国师随同乾隆皇帝到五台山巡礼开始，到乾隆五十一年（1783）四月章嘉国师圆寂的36年间，每年四至八月章嘉都要至五台山闭关静修，弘法传教，著书立说。起初，章嘉国师居住在上善财洞、金刚窟、菩萨顶，后来他在金刚窟附近又修建了一座寺院，被乾隆皇帝赐名为"普乐院"。这是五台山上又一座藏传佛教寺院，寺院"内供历辈班禅所修证的带有宝座和背光的文殊菩萨铜像、章嘉国师所造的五尊胜乐金刚银像以及三世佛、宗喀巴师徒、赤钦多杰强、金刚、不动金刚佛、马头明王护法等许多诸佛菩萨的画像和塑像，还有无数的供品"。普乐院的"乐"字，章嘉国师认为"具有大乐修行兴旺的瑞兆"。在普乐院中，章嘉国师把自己修行的精舍叫作"艾温噶齐"，他就是在这里修习甚深秘密金刚瑜伽的。① 第三世章嘉活佛对五台山也是青睐有加，乾隆三十二年（1767）夏天，他在五台山镇海寺闭关静修金刚瑜伽时说："因为圣地护持，使我感到欢乐舒畅，心情大为畅快。"②

在自己修行的同时，章嘉国师还在五台山收徒传法，对于藏传佛教在五台山的传播起到了重要的推动作用。关于第三世章嘉活佛在五台山传法的事迹，《章嘉国师若必多吉》有大量丰富的记载，例如：

乾隆三十四年（1769）夏天，章嘉国师和嘉木样活佛在普乐院的佛堂里，为阿拉善的托音诺们汗等众多僧人传授"密集五次第完备"教诫。③

乾隆四十七年（1782）至五十一年（1786）间，章嘉国帅在五台山静修之余就讲经说法。他在卫拉特丁科夏茸的请求下，向卫拉特丁科夏茸和呼和浩特方面的一些喇嘛、五台山的札萨克喇嘛、夏茸官却扎西、札萨克格勒南喀等近侍二百多人传授了"密集大灌顶法"。又在阿

---

① 《章嘉国师若必多吉传》，第238—239页。
② 同上书，第237页。
③ 同上书，第231页。

巴噶江隆活佛的请求下，向喇嘛罗桑达结、夏茸官却扎西、大固始活佛等驻寺和外出回来的二百多名僧人传授了十三尊大威德四种完全灌顶。还在察哈尔罗本夏茸的请求下，向他和坚忏堪布等驻寺和外出回来的三百多名僧人传授了"秘密主大轮灌顶法"。①

总之，在五台山期间，章嘉总是有求必应，按照求法者们的意愿讲授了显密经典、各种注疏典籍和道次、修心、生起及圆满次第等显密教诫经典。还传授了共通的和特殊的灌顶法、随忏法、各种显密经典教本等。因此，他的弟子很多，"有贤圣转世的活佛、住持法座的大喇嘛、精通万卷书的格西、潜心专修的行者、双语说法的固始、学通三藏的和尚、富有俗财的施主及康熙皇帝的第十二皇子、乾隆皇帝的第五皇子、第六皇子、第八皇子等西藏、蒙古、安多、康区、汉地的喇嘛、和尚等"。②

除此而外，章嘉国师看了阿巴·贝丹扎巴所著的一本《圣地志》。因其是从汉文史籍的字面意思翻译过去的，所以缺漏甚多，不易理解。于是就在弟子们的劝请下写了一本《圣地清凉山志》。《圣地清凉山志》是一本藏文史籍，它可以补充汉文《清凉山志》的疏漏与不足，是研究五台山的珍贵资料。另外，他还写了一首赞颂五台山佛教圣地的《道歌》、一首《空行母心要之歌》、一篇赞扬五台山护法神——阎罗王的文章和供养佛陀、龙树、宗喀巴大师的《认识母亲的戏语回声之歌》。同时，他还根据宗喀巴大师传中的"宗喀巴转生在五台山"的说法，指出宗喀巴"现在大约是住在叫做庆宁寺的和尚庙中"③。因宗喀巴大师是西藏格鲁派的创始人，也是五台山藏传佛教格鲁派的祖师。宗喀巴虽然没有来过五台山，但在五台山的格鲁派中，都供奉着宗喀巴大师的尊像。章嘉国师这一说法，把五台山和藏传佛教更加紧密地联系在一起，进一步提高了五台山在蒙藏人民心目中的地位。

乾隆五十一年（1786）四月初二，三世章嘉活佛在五台山普乐院

---

① 《章嘉国师若必多吉传》，第287页。
② 参见《五台山佛教史》，第774页。
③ 《章嘉国师若必多吉传》，第247页。

圆寂。乾隆皇帝为了纪念章嘉活佛在维护清廷和蒙藏关系上所起的巨大作用,用七千两纯金制造了一座镶嵌无数珍宝的大塔,把章嘉国师的遗体安放在塔瓶内。根据章嘉国师的遗嘱,把灵塔安放在他所指定的地下石窟中,并在其上建大石塔(塔在镇海寺内),以供后人瞻仰。

总之,清代五台山的藏传佛教,因为康熙、乾隆的不断巡山,以及像第三世章嘉一样诸多高僧的活动,其地位空前上升。作为五台山最重要的藏传佛教寺庙——菩萨顶,同时也是清朝诸帝巡礼五台山时的主要驻跸之处,大殿顶覆盖黄色琉璃瓦,墙上镌刻黄龙,并有士兵常年把守,一副皇家寺院的气象。

第四节 承德的藏传佛教

承德为清代另一个藏传佛教传播中心。承德在清初只是皇帝赴围场狩猎途中的一个行宫,后来由于其位置适中,景色优美,气候凉爽,清政府自康熙四十二年(1703)至乾隆五十五年(1790),历时87年终于在此建成一处规模宏大的皇家园林,这就是承德避暑山庄,又称"承德离宫"、"热河行宫"。因为承德避暑山庄气候凉爽,所以成为清帝接见畏热喜寒的藏族、蒙古族僧侣的理想去处。

为了招徕更多的藏族高级僧侣入境,密切蒙、藏、满、汉各民族的关系,清政府从康熙五十二年(1713)到乾隆四十五年(1780)间,在承德陆续建造了12座藏传佛教寺院,即溥仁寺(1713年建)、溥善寺(1713年建)、普宁寺(1755年建)、安远庙(1764年建)、普乐寺(1766年建)、普陀宗乘之庙(1771年建)、殊像寺(1774年建)、须弥福寿之庙(1780年建)、广缘寺(1780年建)、广安寺(1772年建)、罗汉堂(1774年建)、普佑寺(1760年建)。这十二座寺院中,根据《钦定理藩院则例》规定:只有溥仁寺、溥善寺、普宁寺、安远庙、普陀宗乘之庙、殊像寺、须弥福寿之庙、广缘寺8座寺庙有定额喇嘛,享受国家饷俸,喇嘛印务处每月造铜银明细表,呈理藩院,从理藩院领取月银。其余庙宇不住喇嘛,均由绿营八旗守护。这八座寺院环布在避暑山庄的东面和北面，因地处北京和长城以外，所以，理藩院惯称其为"外八庙"①。"外八庙"中又以普陀宗乘之庙、须弥福寿之庙、普宁寺、安远庙最为重要，规模也相对比较大。

普陀宗乘之庙在"外八庙"中规模最大，占地22万平方米，在承德避暑山庄的北面。它是为庆祝乾隆60寿辰、崇庆皇太后80寿辰以及土尔扈特部的回归而建的，修建的时间为乾隆三十二年（1767）至三十六年（1771）。寺庙利用山势，由南而北，层层升高，其形制仿照了布达拉宫，所以，后来又被称为"小布达拉"。普陀宗乘之庙落成之际，乾隆帝曾亲入寺中拈香，渥巴锡随众前往瞻礼。该寺不仅在建筑形式上与西藏有关，而且自建成之年起，该寺主要僧人、堪布和领经喇嘛等，均由达赖喇嘛遵照圣旨，从西藏上下密院及三大寺拣选品学兼优者充任。第一批被派往该寺的高僧有下密院哲蚌寺郭莽扎仓格西堪布桑结俄森等人，第八世达赖在为他们饯行时，还特意叮嘱他们"要为利乐和弘扬释迦佛教特别是文殊怙主上师之教义（即宗喀巴黄教）努力讲经说法，要满足天命文殊皇帝法王之无上旨意，需广持显密教法"。②

普陀宗乘之庙最初的额定僧人数量为三百多名，其中，"二两德木齐钱粮二缺，二两格斯贵钱粮二缺，二两钱粮喇嘛一百缺，一两五钱钱粮喇嘛二百缺，德木齐、格斯贵等随缺跟役徒弟折色班弟钱粮共六缺"③，再加上几名管理层的大喇嘛。随着清朝国力衰弱，清政府屡次削减热河藏传佛教寺庙的僧人，包括普陀宗乘之庙的僧人，但削减力度并不大。

光绪十九年（1893），俄国人阿·马·波兹德涅耶夫（1851—1920）游历承德时，提到普陀宗乘之庙，他说："它是热河寺庙中最大的一座。现在里面约有二百名喇嘛，并设有热河唯一的一所参尼学院。

---

① 参见李克域《从承德外八庙看藏传佛教在清代前期的作用》，《社会科学战线》1989年第1期。

② 第穆呼图克图·洛桑图丹晋麦嘉措：《八世达赖喇嘛传》，冯智译，中国藏学出版社2006年版，第57页。

③ 《钦定理藩部则例》，第391页。

这座寺院的正殿是藏式建筑,据说它同达赖喇嘛在布达拉的宫殿是完全一样的。它由一名专设的堪布喇嘛掌管。"① 参尼学院指的是显宗学院。到清朝末期,普陀宗乘之庙还有200多名喇嘛,所以,终清一代,普陀宗乘之庙一直保持着兴盛的态势。

须弥福寿之庙仿扎什伦布寺建造,该寺主要是为六世班禅罗桑贝丹益希所建。乾隆四十三年(1778)前后,六世班禅决定于乾隆四十五年(1780)到北京为乾隆祝七十大寿,须弥福寿之庙是为六世班禅所修建的驻锡之所。在乾隆帝亲自撰写的《须弥福寿之庙碑记》中,对修建此寺的因缘说得十分清楚:

> 达赖喇嘛居布达拉,译华言为普陀宗乘之庙。班禅额尔德尼居扎什伦布,译华言为须弥福寿之庙。是前卫、后藏所由分也。辛卯年,曾建普陀宗乘之庙于避暑山庄之北山,以祝釐也,亦以土尔扈特归顺也。今之建须弥福寿之庙于普陀宗乘之左冈者,则以班禅额尔德尼欲来觐,而肖其所居,以资安禅。②

乾隆四十四年(1779),在六世班禅前往内地的路途中,乾隆帝还给过这样的"谕旨":"现派人前来欢迎,朕将以前代欢迎五世达赖同样隆重之仪式欢迎尔,并在避暑山庄修建供尔居住之庙宇,其建筑形式与后藏扎什伦布寺相同。朕闻尔将来避暑山庄,现正学习藏语,以便谈话方便。等尔到避暑山庄附近,朕将派王公大臣前来迎接"。③ 乾隆四十五年(1780),六世班禅入住须弥福寿之庙后,乾隆帝曾亲赴该寺看望。同年八月,乾隆帝请班禅指派堪布、格贵、翁则等僧官主持此寺,一切制度按后藏扎什伦布寺旧规办理。班禅于是指派了自己的弟子罗卜藏敦珠布率20名喇嘛留寺,传习扎什伦布寺教规,同时又挑选了180

---

① [俄]阿·马·波兹德涅耶夫:《蒙古及蒙古人》(第二卷),刘汉明等译,内蒙古人民出版社1983年版,第260页。
② 《清政府与喇嘛教》,第462页。
③ 《班禅额尔德尼传》,第131页。

名内地的喇嘛入住，随罗卜藏敦珠布学习经教。须弥福寿之庙是乾隆礼遇六世班禅的标志，同时该寺本身就同时彰显了藏汉佛教的艺术风格，其主体以西藏寺庙特征为主，但单体建筑和细部特征又糅合了汉族建筑的模式，如寺庙总体虽依山而建，但平面图还是可以看见汉式寺庙沿中轴线对称设计殿宇的风格以及个别殿宇歇山式屋顶等。①

普宁寺始建于清乾隆二十年（1755），建筑风格与西藏桑耶寺相仿。乾隆二十年五月，清政府俘获了新疆准噶尔最后一个汗王达瓦齐。十月，乾隆在避暑山庄大宴厄鲁特四部（准噶尔、都尔伯特、土尔扈特、和硕特）上层贵族，对他们依次封赐。在这样一个"内外一家"的时刻，乾隆建寺纪念之，按照御制的《普宁寺碑文》的说法，就是"昔我皇祖之定喀尔喀，建汇宗寺于多伦诺尔，以一众志。式循旧章，建普宁寺于山庄之北麓"。②

《章嘉国师若必多吉传》关于普宁寺的修建描述得较为详细："在热河避暑山庄附近，仿照西藏桑耶寺的形式修建了一座很大的僧伽乐园——佛教寺院（即普宁寺），中间的大屋顶殿代表密教三部（佛部、金刚部和莲花部），四边佛殿分别代表东胜身洲、南瞻部洲、西牛货洲、北俱卢洲，还有代表佛家所说的中小洲和日月的佛塔。此寺建成之后，大皇帝和章嘉国师等亲临其地，举行庆祝典礼，并从蒙古各旗征集僧人入寺学经。以后，来自准噶尔的蒙古僧人也被安置在这所寺院中。此寺院分为显宗扎仓和密宗扎仓，总堪布和各扎仓的喇嘛的选任与前面所述雍和宫的规则基本相同。"③普宁寺建筑风格独特，吸收并融合了汉地佛教寺院和藏传佛教寺院的建筑格局，南半部为汉地寺庙的"伽蓝七堂"式布局，中轴线上依次分布着山门、天王殿、大雄宝殿等殿堂，两侧为钟鼓楼和东西配殿。北半部为藏式寺庙建筑，以大乘阁为中心，周围环列着许多藏式碉房建筑物——红台、白台以及四座白色喇嘛塔。大乘阁内部分为三层，阁内矗立一尊金漆木雕千手千眼观音菩萨

---

① 见《热河志》，转引自朱家源《西黄寺与须弥福寿庙》，《文物》1959年第7期。
② 《清政府与喇嘛教》，第383页。
③ 《章嘉国师若必多吉传》，第162—163页。

像,高 22.28 米,用松、柏、榆、杉、椴五种木材雕成,重达 110 吨。到光绪十九年 (1893) 时,普宁寺里还有 150 名在册的喇嘛,且是"热河举行禅木"的唯一地方。①

安远庙,俗称伊犁庙,仿新疆伊犁固尔扎庙而建,1759 年,新疆准噶尔部的达什达瓦部 2000 余人迁居承德,原在伊犁河北的固尔扎庙,是准噶尔部众每年夏季进行宗教活动的场所,后毁于战火,乾隆遂命仿照它的建筑风格,建安远庙于承德,以作为达什达瓦部礼佛之所。乾隆亲自撰写的《安远庙瞻礼书事》碑中提道:

> 因思山庄为秋蒐肄觐之所,旧藩新附,络绎鳞集。爰规东北冈阜,肖固尔扎之制,营建斯庙,名之曰"安远"。集梵僧,演步踏,以庆蒇事。惟时都尔伯特郡王策凌乌巴什等,适以朝贺至,与达什达瓦部众之隶居兹土者,欢喜额手,佥谓琳宫晃曜,妙相庄严,不啻向时在固尔扎礼都纲闻呗赞也。然予之所以为此者,非惟阐扬黄教之谓,盖以绥靖荒服,柔怀远人,俾之长享乐利,永永无极云。②

安远庙具有浓厚的藏传佛教色彩,第一层院落迎面是饰有藏式盲窗的平台城门,两侧有两对安放嘛尼杆的石幢。主殿为普度殿,殿外设有众多藏式盲窗,顶虽汉式,但正脊上设三个铃状喇嘛塔,侧面两山配以八宝法器式样纹饰。殿堂周围有 70 间廊房围成"嘛尼噶拉廊"。以上这些与殿内供奉的"绿度母"、"十威德金刚"佛像一起,构成了一派藏传佛教寺庙的风格。③

安远庙到了清朝末年时,已经重修过了。按照《蒙古及蒙古人》中记载,到光绪十九年 (1893) 时,"安远庙是全热河所有庙院中唯一的一座新建筑,因为这座庙大约在二十年前曾被火烧掉,它的墙壁都已倒塌,但在它的旁边又建起了一座三层楼的新庙。据说,这座新庙里的

---

① 《蒙古与蒙古人》(第二卷),第 261 页。注:禅木,藏语,意思是"跳鬼"。
② 《清政府与喇嘛教》,第 412—413 页。
③ 王璐、天放:《承德外八庙与西藏的关系》,《中央民族学院学报》1988 年第 4 期。

房舍比旧庙里的要少得多"①。按照这段记载，现在的安远庙并非是乾隆时代的建筑。

"外八庙"在清代的僧人定额分别为：普陀宗乘之庙312人；须弥福寿之庙208人；普宁寺324人；殊像寺63人；溥仁寺52人；溥善寺51人②。此外，"外八庙"的上层喇嘛大约有25人，分别是：

> 热河堪布达喇嘛二缺，系普陀宗乘之庙一缺，须弥福寿之庙一缺。达喇嘛四缺，系普陀宗乘之庙、溥仁寺、普宁寺、殊像寺每庙各一缺。副达喇嘛十一缺，系普陀宗乘之庙教习副达喇嘛三缺，须弥福寿之庙办事副达喇嘛一缺，殊像寺办事副达喇嘛一缺、普宁寺教习副达喇嘛三缺，办事副达喇嘛一缺，安远庙教习副达喇嘛一缺，办事副达喇嘛一缺。苏拉喇嘛八缺，系普陀宗乘之庙办事苏拉喇嘛一缺，须弥福寿之庙办事苏拉喇嘛一缺，普宁寺教习苏拉喇嘛三缺，安远庙教习苏拉喇嘛一缺，广缘寺专缺苏拉喇嘛一缺，普善寺办事苏拉喇嘛一缺。③

由此可见，"外八庙"至少也有1000名僧人驻锡，但事实上这一限额早已被突破，乾隆时，"外八庙"的僧侣达2000人左右。承德存在着一个如此集中的藏传佛教寺院群，并且还有数目庞大的僧侣群体活动于此，所以，有清一代，承德藏传佛教的发展程度也是相当惊人的。

第五节　汉藏佛教典籍的互译

随着驻京呼图克图的出现，以及大批藏族高僧频繁地来往于西藏和汉地之间，西藏僧人的汉文化素养空前提升，这些高僧对藏汉佛教的了解程度加深之后，他们开始或译汉为藏，或译藏为汉，促进汉藏佛教在

---

① 《蒙古及蒙古人》（第二卷），第262页。
② 参见《钦定理藩部则例》，第391—392页。
③ 同上书，第384—385页。

经典方面的互通有无。比较有代表性的藏汉经典互译主要有：乾隆七年（1742），工布查布从藏文译成汉文的《造像量度经》《造像量度经解》，并附撰《造像量度经引》及《续补》各一卷，《弥勒菩萨发愿王偈》《药师七佛供养仪轨如意王经》各一卷；稍后，阿旺扎什翻译《修药师仪轨布坛法》《白救度佛母赞》各一卷，嘎卜楚萨木丹达尔吉译《极乐愿文》一卷，萨穆丹达尔吉译《释迦佛赞》一卷。①

所以，在清代汉藏佛教典籍的互译中，工布查布（mgon-po-skyabs，1690—1750）是一个不得不提的人物。工布查布是雍正、乾隆时期一位精通满、蒙、藏、汉四种语言的蒙古族学者，清代著名史学家、语言学家、佛经翻译家。他是蒙古乌珠穆沁部人，博尔济吉特氏，成吉思汗二十三代后裔。雍正时，"因其通西土之语，世宗皇帝特留帝都，以为西番学总理，兼管翻译之事焉。其为人朴素鲠直，聪敏恭谨，出乎稠人之表"②。到乾隆时，工布查布被封为"大清内阁掌译番蒙诸文西番学总管"。不仅如此，工布查布也是一位藏传佛教的信仰者，受过近事戒，其师为当时在全蒙古都十分有名的班智达席力图国师。

在工布查布翻译的佛教典籍中，比较重要的有《药师七佛供养仪轨如意王经》。在这部经的经首，工布查布被称为"内阁掌译西番蒙古诸文番学总管仪宾工布查布"，所以该经应该是乾隆时翻译而成的。《药师七佛供养仪轨如意王经》由崇梵静觉国师璨珞瓒校对，贤首宗讲经论沙门京都静默寺住持僧海宽润色，内庭经咒馆行走梵香寺大喇嘛巴尔藏嘉磋补译，显亲王府润色校刻而成，因此，该经是当时汉藏佛教界通力合作的产物。药师佛是救济世间疾苦的大医王、东方净琉璃世界的教主。药师信仰在中国，甚至于在东亚都非常兴盛。《大正藏》收录的药师类经典共有 16 部之多，其中就包括清朝译出的这两部（另外一部是阿旺扎什翻译《修药师仪轨布坛法》），清朝翻译出的这两部药师类经典，是药师佛信仰在中国持续存在的证明。

---

① 《清政府与喇嘛教》，第 175—176 页。
② 《佛说造像量度经解》，《大正藏》第 21 册，第 937 页下栏。

另外，在乾隆六年（1741）前后，工布查布还翻译了《造像量度经》，并做了《佛说造像量度经解》。和硕庄亲王在《佛说造像量度经解》的序言中说："乌朱穆秦部落，原任公工布查布，深通五明，精习三倚，心珠内含，慧月外照。悯夫世之造像者，离宗失迷，程式靡准，三会成咎，沦于极恶，致使如来妙胜，末由仰瞻，乃追帧像之初，宏演胎偶之法，翻译量度经一卷，手加注释，积岁既成。"① 该经序言较多，为该经作序者不仅有清朝显贵，也有章嘉呼图克图这样的藏族高僧，还有定光界珠这样的汉地大德，可见，到了清代，汉藏佛教界已经没有你我之分，汉藏两地都已经高度认同双方的高僧大德。工布查布翻译《造像量度经》的目的，也是为了匡正汉地佛教界在造像方面的错讹，因为汉地在佛教造像方面，"自汉至今，世多讹谬相传，失其法则"②。工布查布不仅翻译了《造像量度经》，还撰写《造像量度经引》《佛说造像量度经解》《造像量度经续补》，使得《造像量度经》成为汉文《大藏经》中讲述佛像工巧的珍贵典籍。

工布查布从汉文译成藏文的经典有唐玄奘的名著《大唐西域记》、唐不空大师的汉文译著《菩提场庄严陀罗尼经》，并编入拉萨版《甘珠尔》中。此外，工布查布还用藏文撰写了《汉区佛教源流》，介绍了汉地佛教的发展历史、人物、流派等，是藏族僧人了解汉地佛教最直观、最系统的著作。所以，工布查布对藏汉佛教的交流作出了卓越的贡献。

清代另外一个从事汉藏佛经翻译者就是第三世章嘉活佛若必多吉，关于他的翻译活动，《圣武记》中记载：

> 高宗朝奉诏来京师，翻定大藏经咒，奉言其国五百年前有狼达尔玛汗者，灭法毁教，其后诸高僧补缀未全，首楞严经已佚，借此土本四译而归。又佐庄亲王修同文韵统。③

---

① 《佛说造像量度经解》，《大正藏》第21册，第936页上栏。
② 《造像量度经序》，《大正藏》第21册，第938页中栏。
③ （清）魏源：《圣武记》（上），韩锡铎、孙文良点校，中华书局1984年点校本，第271页。

也就是说，章嘉活佛翻译的最重要的典籍是《首楞严经》，这部经翻译时间是在乾隆二十八年（1763）。魏源所说的"四译而归"，指的是将《首楞严经》由汉文译成满、蒙、藏三种文字，这样就出现了四种文字版本。此经译成后，乾隆还亲自写了序文：

> 三藏十二部皆出自天竺，流通震旦。其自西达东，为中途承接者，则实乌斯藏天竺，即所谓厄讷特克乌斯藏，即所谓图伯特也。故今所译之汉经，藏地无不有，而独无楞严。其故以藏地有所谓浪达尔玛罕者，毁灭佛教，焚瘗经典，时是经已散失不全。其后虽高僧辈补苴编葺，以无正本莫敢妄增。独补敦祖师曾授记是经当于后五百年，仍自中原译至藏，此语乃章嘉呼图克图所诵梵典，炳炳可据。朕于几政之暇，每爱以国语翻译经书，如易书诗及四子书无不藏事，因思皇祖时曾以四体翻译心经，皇考时曾锓而行之，是楞严亦可从其义例也，咨之章嘉呼图克图国师，则如上所陈。
>
> 且曰：心经本藏地所有，而楞严则藏地所无，若得由汉而译清，由清而译蒙古，由蒙古而译图伯特，则合补敦祖师所授记也，虽无似也，而实不敢不勉焉。因命庄亲王董其事，集章嘉国师及傅鼐诸人悉心编校，逐卷进呈，朕必亲加详阅更正；有疑，则质之章嘉国师。①

在清政府对藏传佛教备加推崇的大背景下，随着大量藏传佛教寺院和藏族高僧在汉地的出现，藏汉佛教界之间的交往、交流也非常密切。《章嘉国师若必多吉传》中集录了章嘉国师的弟子，其中提到："章嘉国师的弟子中还有禅师大天和尚、罗和尚、谢和尚等一些汉地的佛教大师"，并特别指出南方一位汉族僧人千里迢迢前往五台山章嘉国师处听受教法，最初不能理解章嘉所讲的中观见，经数年参学后，再次前往五

---

① 《御制楞严经序》，《章嘉国师若必多吉传》附录，第311页。

台山求法，并"心领神会"。①

此外，清朝的喇嘛从籍贯、来源地上划分，可以分为七种：驻京喇嘛、唐古忒喇嘛（西藏籍）、番喇嘛（来自于甘肃、四川）、游牧喇嘛（来自蒙古地区）、满洲喇嘛（清东陵、西陵以及王公家庙内的旗籍喇嘛）、第六种是喇嘛太监，这是宫内各佛殿的喇嘛，他们全是河北省的汉人。第七种是汉喇嘛（籍贯为汉人），清朝的喇嘛印务处管理层的第三级——札萨克喇嘛共四人，其中有一人为汉喇嘛，说明清朝汉喇嘛也是有一定社会地位，能跻身于喇嘛中的上层。汉喇嘛不仅在北京存在，在五台山也存在。五台山的汉喇嘛主要是罗睺罗寺等10个汉传佛教的寺庙改成藏传佛教寺庙后，寺中的汉族僧人也改习藏传佛教教法仪轨，因而变成了汉喇嘛。

从总体上看，清代藏传佛教在汉地的传播达到了一定的规模，可以说，汉地的藏传佛教寺庙的数量至此达到历史新高，驻锡、活动于汉地的藏族僧人数量也空前增多。另外，清代汉地藏传佛教的寺院在修法的内容、体系、仪轨等方面，与西藏本土寺院的契合度较高，这就使得清代汉地的藏传佛教与前代相比，更为纯正，更能反映藏传佛教的原貌，据《章嘉国师若必多吉传》记载：

> 天神大皇帝为了增盛佛教和众生的幸福，历年不断地修建了不可思议的众多佛殿和身语意三所依（经、像、塔）。这些寺中都建立了僧伽，他们有的学习显密经论，有的学习密集、胜乐、大威德、时轮、无量寿、普明大日如来、药师、上座部等各种仪轨，有的念诵经部论典，有的做护法神的酬报法事。总而言之，凡是西藏有的，这里无所不有，这些无一不是章嘉国师操心的结果。②

但由于汉地藏传佛教寺院内在的相对封闭性，双方佛教之间的交流

---

① 《章嘉国师若必多吉传》，第306页。
② 同上书，第163页。

则还是不能和寺院的数量相匹配。藏传密法的传播主要局限于宫廷，在民间层面主要是藏传佛教艺术、风俗对汉地佛教产生了巨大的影响。例如，清代北京许多重要的藏传佛教寺院中几乎都有关帝殿，同时也举行与关帝有关的佛事活动。因为佛事活动的需要，在北京的藏传佛教高僧撰写了大量与关公有关的供养文或祈愿文，比较有代表性的是《关老爷之祈供法》、《三界命主贡玛赤尊赞祈文》、《统辖中国地域战神之主大帝关老爷献神饮法·召引所欲之铁钩》。更为重要的是清代汉藏佛教之间取得了高度的认同感，不仅罕见汉族知识分子对藏传佛教的抨击，而且还出现了藏文写成的介绍汉地佛教的专著，译自于藏文的《造像量度经》至今对汉地佛教还具有重要的影响，成为汉地佛教造像的重要依凭。

第六章　民国时期的藏汉佛教交流

民国建立后，随着"五族共和"理念的确立和深入人心，藏文化不再是异质文化，而是被视为中华文化的有机组成部分，民国藏汉佛教文化交流正是在这种背景下展开的。

民国佛教界的大事之一就是密教兴起，对此，太虚大师总结说："近数年来，中华大乘八宗，渐次流行而耀光彩，密宗亦应时崛然兴起，先则京也、粤也、鄂也、蜀也，密风密雨，栉沐已久，今则江浙亦莫不披靡其风化焉。"① 民国时期兴起的密教包括日本回传的东密和内传汉地的藏传佛教两种。民国时期密宗骤兴的原因主要在于汉传佛教界试图恢复唐代密宗的宗风，使得汉地佛教中，显密二门能够圆满具足。但中国的密宗毕竟在汉地已成"千年绝学"，复兴的契机只能是从东密和藏密中吸取养分，以此作为重构的基础。按照太虚大师的设想，就是"革去东密之荒谬部分，摄其精要，融合台密藏密及被轻实重之所云杂密，继印度超岩寺重建系统之组织，以小大戒律绳其行，以性相教理轨其解，则密宗乃可重兴"②。汉地佛教界对藏密有了研习的需求，而恰逢此时，一批藏族的高僧进入汉地，传播藏传佛教，在这两种要素的共同作用之下，民国藏传佛教在汉地有了长足的发展。

---

　① 太虚：《中国现时密宗复兴之趋势》，《海潮音》，上海古籍出版社2003年影印本，第12册，第134页。
　② 密宗革新会：《王师愈诤潮中的闲话》，《海潮音》，上海古籍出版社2003年影印本，第9册，第324页。注：此篇文章实际上是太虚大师以"密宗革新会"的名义发表的。

第一节 藏传佛教在内地的传播

民国建立以后,随着汉藏两个民族间联系的进一步密切,许多藏族的高僧大德相继进入汉地弘传密法,比较著名的有九世班禅确吉尼玛(1883—1937)、章嘉活佛、白普仁喇嘛(1870—1927)、格鲁派格西多杰觉拔(1874—?)、诺那呼图克图(?—1936)、贡噶呼图克图(1893—1957)等人。

九世班禅罗桑确吉尼玛(chos-kyi-nyi-ma,1883—1937)因为和十三世达赖喇嘛失和,受到排挤,逃入内地,晚年长达14年的时间都活动在内地。九世班禅佛学造诣很深,他到汉地以后,一方面致力于五族共和、团结救国等政治活动,另一方面继续从事佛事活动。

民国十四年(1925)二月,九世班禅到达北京,因黄寺年久失修,北洋政府将其行辕设在中南海瀛台。四月,九世班禅由北京南下,经南京、上海抵达浙江。班禅在南海普陀山和灵隐寺朝山拜佛,为僧众发放布施,为善男信女作长寿灌顶。此后,九世班禅返回北京,由北京前往五台山。在五台山,九世班禅为僧众发放布施,为寺僧和信众传授了绿度母长寿灌顶,并用21天的时间闭关持诵"白度母经"。七月末,班禅返回北京,仍居住于中南海瀛台,并在九月为京城僧俗传授无量寿成就灌顶大法。

九世班禅在内地的传法活动中,最具有影响力的是他所举行的时轮金刚法会。据《班禅额尔德尼传》介绍,九世班禅离开西藏后,在蒙古、内地总共举行九次时轮金刚法会,其中第六次和第七次都是在汉地举行的。

1932年10月,班禅应段祺瑞之请,到达北京。在北京,由段祺瑞、吴佩孚、朱庆澜等人为施主,班禅于10月22日在故宫太和殿举行了第六次时轮金刚法会,参加法会的各族群众约十万人。段祺瑞、吴佩孚、熊希龄、孙传芳、张学良、朱庆澜等国内官绅均参加了法会。法会上,"班禅大师宣说时轮金刚大法,为国家消灾祈福"。"由于时轮金刚大法与政治、学术、人心、世道有极密切的关系，因此，海内修显密者，皆云集北京，聆听大师教诲。班禅大师对时轮金刚一法服膺最久，修习亦最精。该法阐述天人感应之理趣，与夫宇宙间诸多谜底，颇能引人入胜。所以，听者络绎于道，不知疲倦。"①

第六次时轮金刚法会结束后，九世班禅应国民政府之邀到南京。1933年，班禅在南京停留期间，应戴传贤、石青阳、居正、贺耀祖、黄慕松、叶恭绰等人之请，在南京城东宝华山的护国圣化隆昌寺举行密法灌顶三日，参加者约三百余人，外有各寺和尚二百余人。②

民国二十三年（1934）四月，受杭州灵隐寺派出的却非、月涛等僧人的邀请，由王一亭、屈映光、冯仰山、关䌹之、杜月笙、黄金荣、张啸林等人作为施主，班禅在杭州灵隐寺举行了第七次时轮金刚法会，参加法会者约七万余人。这两次时轮金刚法会因为参加人数众多，对扩大藏传佛教在社会上的影响具有重大的作用。

九世班禅在杭州举行时轮金刚法会时，当时汉地佛教界的领袖人物太虚法师从宁波赶往杭州参加法会。此前数年，太虚因改组中国佛教协会组织等事宜，曾与班禅数次会晤，二人相交甚深。这次太虚亲自出席法会，并随喜从九世班禅受金刚阿阇黎灌顶，并执弟子礼，而班禅则赞太虚为"汉地弘扬佛法第一人"③。太虚法师的这一行为，对汉地佛教界产生了重要的影响，使汉地佛教界更加重视藏传佛教密法。因此，民国时期藏传佛教在汉地的传播，虽然是藏传佛教高僧努力的结果，但汉地佛教界主动接纳的态度，也为其提供了良好的条件。

九世班禅在内地举行的时轮金刚法会之所以能产生如此重大的影响，除了班禅大师本人具有重要的政治地位以及极高的佛学造诣之外，也和时轮金刚法本身的特征有关，时轮金刚法是"西藏佛教密宗独特的大灌顶之一，据说，其感应最速。九世班禅对此精研至深，也极为推

---

① 张云：《漂泊中的佛爷——九世班禅内地活动的前前后后》，中国藏学出版社2002年版，第79—80页。
② 《班禅额尔德尼传》，第253页。
③ 印顺：《太虚法师年谱》，宗教文化出版社1995年版，第201页。

崇",他曾说:"吾人能参加一次,或在法坛附近四十里周之众生,均得加被,深种佛根,往生香跋拉国,永享极乐。"①

1935年,上海成立"菩提学会",班禅为正会长,这是一个以弘传藏传佛教为宗旨的学会,该学会聘请西藏高僧为导师,翻译西藏经典,灌顶传法。

白普仁(1870—1927),名光法,字普仁,蒙古族,8岁在雍和宫出家,属格鲁派高僧,素以修药师大将法、金光明经护国法灵验著称,他是北京雍和宫常住喇嘛,也是一位在汉地广行密法的著名僧人。1925年,他曾应段祺瑞政府之请,率108位喇嘛在雍和宫修金光明法21天以消弭国难。

同年7月,关炯之、闻兰亭等在上海发起金光明法会,以祈祷全国和平。他们推选程雪楼为会长,施省之、王一亭为副会长。会场设在爱文义路(今北京西路)南园,并敦请白普仁喇嘛南下传法。白普仁于是携带全部法器和28名喇嘛南下上海,修供金光明法会。法会设内外二坛,自农历六月初八起开经,以七日为期,入内坛听经者,必须在法会结束后才能外出,外坛则无限制。② 上海法会结束,各地信众纷纷礼请白普仁莅临传法。上海的著名居士江味农又随同白普仁喇嘛赴各地弘扬密法,辗转数千里后返回上海。其中,白普仁喇嘛在杭州传《金光明经》大白伞盖法时,受法者三百余人,藏密一尊受灌顶者81人。白普仁在热河有皈依弟子十余万,九世班禅到北京,听到白普仁的所作所为,就赐他"堪布"法位。

1926年5月,白普仁还在武昌佛学院讲经说法,讲述显密二教的修学次第,使得更多的汉地僧人进一步了解汉藏佛教的异同。6月,白普仁参与其中的上海藏文学院成立。这个藏文学院设立的目的就是学习藏文,翻译汉传佛教所缺失而藏传佛教所具备的经典。1926年第8期的《海潮音》上还刊登了由白普仁具名的招生启事,面向全国佛教团

---

① 《漂泊中的佛爷——九世班禅内地活动的前前后后》,第82页。
② 吴平:《藏传佛教在近代上海的流传与发展》,《中国藏学》2002年第3期。

体招生。上海藏文学院的建立意义重大,它"不仅拓展了内地佛学教育的知识内容和课程结构,而且开启了向内地学僧系统传授西藏宗教、语言及文化的教育先例,尤其是在汉地佛学学院研究的初兴阶段,翻译研究藏文典籍为内地佛教深入探研密宗提供了必要的语言与学理基础,也为此后汉藏佛学交流向纵深拓展构建了参照模式"①。

1926年,北洋军政界叶恭绰、徐蔚如、曹汝霖等数十人在天津发起金光明法会,请白普仁喇嘛主持修法,法会盛况空前,当时还出版了《天津金光明法会特刊》以记其事。在这次法会中,白普仁向信众传授了密教的"字门"观想之法:

> 法师诵灌顶真言,次以宝瓶点行者顶上喉际胸前,口诵唵阿吽三字,念唵字时,存想唵字,放白色光,遍满法界。想喉际为一阿字,放红色光,亦遍法界。想胸前为一吽字,放蓝色光亦然。同时存想佛光亦遍法界,我此光明与诸佛光明,光光想映。如是作观,受灌顶礼。②

除此之外,白普仁还在这次法会上,给信徒传授了一系列咒语、偈诵,其中包括皈依偈、发菩提心文、四无量心咒文、献曼达文及咒、无量寿佛心咒、阿弥陀佛心咒、大悲心咒、六字大明咒、大白伞盖咒、黄度母咒、百字大明咒等,这些后来都刊登在《天津金光明法会特刊》中。

白普仁在汉地的弘法事业,得到汉地佛教界的高度认同,《白喇嘛莅佛学院之记盛》中说:"蒙古喇嘛白普仁,颇为近来习教者之信崇,我国名胜之区,长江流域之内,若杭若苏若鄂若湘,莫不欢迎建坛祈祷,以苏民困。而喇嘛亦复以利生为事业,宏法是家务,凡有启请,莫

---

① 德吉梅朵、喜饶尼玛:《民国时期白普仁喇嘛与多杰觉拔格西在内地弘法及影响》,《云南民族大学学报》2012年第1期。
② 《白法师第一次传法记》,《民国密宗期刊文献集成》第39卷,东方出版社2008年版,第191—192页。

不观机逗教，随顺众生，方便接引，慈悲摄授。"①

虽然白普仁喇嘛在汉地弘法过程中，所传的真正属于藏传佛教密法的内容并不算特别多，如他在湖南传授金光明法时，"报名愿学者五六百人，上午八时即入坛堂，满冀此时白喇嘛必有大篇言论，申述奥妙，故均盘坐于地，顷耳静听，讵白除令各人念读金光明经外，无有他语"②。所以，白普仁在汉地弘法的意义在于一方面扩大了藏传佛教在汉地的影响，另一方面，更为重要的是"大勇于1924年从白喇嘛学藏密，进而发起入藏求法的决心，而有日后的藏文学院及入藏求法团的产生，导致中国学密的焦点由东密转为藏密。因此或许可以说，白喇嘛个人的传法方式虽然未导引内地信徒正确地了解藏密，但他间接地促成了汉僧西行求法的活动，对于这个西向探触的进程，白喇嘛应该算是一个重要的因缘"③。

与白普仁同时传法于汉地者，还有格鲁派格西多杰觉拔（1874—?），他是打箭炉人（今四川康定县），14岁出家，在拉萨哲蚌寺修学显密教法长达12年，并获得了格西学位。清朝末年，多杰觉拔带领七人朝礼塔尔寺，之后，适逢十三世达赖前往五台山，多杰觉拔以翻译官的身份随行，在五台山停留了两三个月后，他又奉达赖之命到北京，与蒙藏院接洽事务，后返回五台山，民国初年赴蒙古弘法16年之久。"继由蒙古转赴五台，往返三次，供养布施，不可胜计"，"师于五台，闭关修法，时阅数年，因与西台方丈清远法师相友善。当清远之初与师相遇也，向师顶礼，愿以西台交管，而师则以赴蒙婉辞。显教和尚之尊礼密宗大师，此其创见。然亦师之道行高尚，有以致之，非偶然也"。④ 1925年，多杰觉拔到北京，参谒九世班禅。这时大勇在北京设

---

① 寄尘：《白喇嘛莅佛学院之记盛》，《海潮音》，上海古籍出版社2003年影印本，第13册，第248页。
② 《白喇嘛莅湘情形》，《海潮音》第13册，第252—253页。
③ 梅静轩：《民国以来的汉藏佛教关系（1912—1949）——以汉藏教理院为中心的探讨》，《中华佛学学报》1999年第2期。
④ 郭又生述：《诺们罕大喇嘛多杰觉拔格西事略》，《民国密宗期刊文献集成》第39卷，第414—415页。

立藏文学院,为进藏学法做准备,清远法师向其推荐由多杰觉拔任藏文教师。大勇前去拜见多杰觉拔,三次皆错失会面的机会,"师感其诚,乃自往藏文学院,大勇甚深欢喜,因率其弟子陶君武愿航等三十余人,一体皈依",多杰觉拔指导大勇修学藏密,并为他详讲西藏密教的历史与现状,"汉僧之入藏学法,汉人之得闻藏密,实以师为权舆"。①

多杰觉拔礼参班禅喇嘛后,驻锡雍和宫,译出藏密仪轨二十余种,这是民国时代汉译藏密仪轨之始。是时段祺瑞任北京政府执政,政坛危机四伏,他便想请多杰觉拔修法息灾,但又恐被人讥为迷信,于是派范彦彬为代表去请法于多杰觉拔。多杰觉拔为其开绿度母道场15天,段祺瑞执政府加封多杰觉拔"诺们罕"尊号,以示尊敬。是年冬季,多杰觉拔南下,经上海到杭州,随处设坛灌顶传法。

1926年春,多杰觉拔朝礼普陀山之后,又应湖北汤芗铭居士等邀请,赴汉口弘法,在汉口又译出诸尊仪轨51种,刊行于世。后来加上续译的仪轨,共有108法,辑为《密乘法海》刊行。多杰觉拔在武汉期间,"学法弟子,除湖北男女居士比丘比丘尼共三百余人外,余如吴子玉赵炎午黄斐章杨子豪及川黔湘赣各省旅汉居士求法者亦五六十人"②,他的皈依弟子中包括后来著名的藏学家程安宅和华严大学校长了尘和尚。在这之后,多杰觉拔还在庐山、上海、北京、济南、五台山、奉天、蒙古、汉口、宜昌等地辗转传法,在庐山修建金光明道场,在北京无量庵开狮子金刚道场,在奉天举办东北和平法会。1931年,多杰因朝礼峨眉山而至成都,当地军政各界数千人前往迎接。他在成都举办西南和平法会,于文殊院开坛灌顶传法,四川省主席刘文辉亲率数百人入坛受法。他又开绿度母、长寿佛、药师佛坛以超度阵亡将士,开金刚狮面佛母道场以降魔,继而传法灌顶,从学者先后达九百余人,开

---

① 《诺们罕大喇嘛多杰觉拔格西事略》,《民国密宗期刊文献集成》第39卷,第415—416页。

② 同上书,第416页。

川中习密之风气。多杰觉拔后来赴印度朝礼佛迹，返回拉萨哲蚌寺。①多杰觉拔在返回哲蚌寺时，还带了三个汉族徒弟。多杰觉拔在汉地翻译的藏密仪轨，为西藏佛教在汉地传播搭建了桥梁，使汉藏佛教互通有无变得更为切实可行，多杰觉拔开后来汉译藏语系佛典之先河，所以被法舫高度评价为"藏密在中国有雏形者，多杰格什上师之赐也"。②

白普仁和多杰觉拔在汉地弘扬藏传佛教，为汉地佛教界认识、认可藏传佛教打下基础，不仅开启了后来汉僧入藏求法的契机，而且也使得藏传佛教的信徒遍布大江南北，可以说，"藏密在内地，经白普仁，多杰尊者数十年的弘传，足迹遍达汉、满、蒙、回、藏各地，传法灌顶，遂使藏密于内地，光芒万丈"。③

此外，诺那呼图克图（1863—1936）是民国时期在汉地传法的又一个藏传佛教高僧。诺那呼图克图是类乌齐（今西藏昌都）人，诺那原名叫格热·索朗列旦（mgar-ra-bsod-nams-gnas-brtan），他原本为类乌齐寺宁玛扎仓的喇嘛，他到达汉地以后，被蒋介石召见，封为"奴拉呼图克图"④，并发给薪金，在经济上给予支持，所以汉地史料中便称其为诺那呼图克图。诺那从小天资聪颖，7岁时（1870）进入类乌齐寺宁玛扎仓当喇嘛，拜第七世吉仲·赤列强白久乃、苯噶喇章巴威色、噶举派堪布任青达吉等大学者为师，系统学习了大小"十明"及各教派的教义。皈依了金刚上师贝雅达纳，修学了密宗。24岁时（1887）掌管类乌齐寺的政教事务，已成为康区颇有名气的喇嘛。

1918年4月，诺那呼图克图在康藏战争中协助彭日升抵抗藏军进攻失利，被藏军囚禁丁拉萨监狱。1923年冬，从狱中逃脱，辗转抵达内地。

1924年冬，诺那呼图克图抵达北京，经由陆军部咨议、四川人李玄向

---

① 参见释东初《中国佛教近代史》，（台北）中华佛教文化馆1974年版，第438页。
② 张曼涛主编：《现代佛教学术丛刊》（第86册）之《民国佛教篇》，大乘文化出版社1980年版，第135页。
③ 《中国佛教近代史》，第439页。
④ 《西藏文史资料选辑》（第6辑），西藏人民出版社1989年版，第89页。

段祺瑞引见，段祺瑞乃命其驻雍和宫，并详细询问了诺那逃入汉地的始末，诺那所述身份资料"与蒙藏院存案悉符"，段祺瑞便"以千元为供养"①。从此以后，诺那开始了在汉地传法的历程。诺那进入汉地不久，段祺瑞下台，1926年冬天，当时的川康边防督办刘湘迎请诺那进入四川，他"在渝三年，传播佛教，男女受业称弟子者，以万计"②。1929年，刘湘举荐诺那前往南京，得到国民政府蒋介石、戴传贤等人的赏识，被任命为蒙藏委员会委员。也正是在此时，诺那被封为呼图克图。此后，在国民政府认可之下，诺那先后在北京、南京设立办事处，由政府拨给经费。

诺那到了汉地之后，据韩大载《诺那呼图克图行状》记载，他"先后在北京、天津、上海、杭州、广州、南昌、武汉、长沙、莫干山、牯岭等处，受众请，传法讲经，禳灾祈福。执弟子礼者，率百千万人，平等兹愍，不收供养，病者求诊，虽寒暑深宵，极忙迫时，必满愿，盖为一大事因缘，作不请之友，以致教神髓，流畅东土，何其盛也"。③

在《诺那呼图克图行状》所记载的传法事迹中，最值得一提的是诺那在宜昌和上海等地的传法活动。诺那在前往南京的途中，受黄心怡等人邀请，在宜昌逗留传法四日，时间为1929年阴历三月二十三日至二十六日：

> 廿三日，结缘灌顶。活佛未来宜时，先有多数信士，希望甚殷。一闻来宜，非常满愿，自晨至晚，计求法者二百余人。先由活佛持咒为大众消业，传大白伞盖等咒咒文。由王吟香、曾绍云二居士翻译成幅，石印后，发给传习。用洋砂印梵文咒语供养，其他种种不失为吉祥。
>
> 廿四，修大法禳灾，遵照藏密，设种种供，如仪供奉。
>
> 廿五，休息。来求法者仍络绎不绝。文人哲士，瞻仰者颇多。

---

① 徐少凡：《西藏昌都诺那呼图克图传略》，《海潮音》第28册，第29页。
② 徐少凡：《诺那呼图克图之略历》，《海潮音》第28册，第33页。
③ 转引自王川《诺那活佛在内地的活动及对康藏关系的影响》，《中国藏学》2008年第3期。

惟船中劳神，兼以结缘者众，谒见只限上午。

廿六，因求法及治病人众，因另设广场为道场，信徒恭候法驾，届时先为消灾，次传神咒。求见者，均进（哈打）供养费，一一为之灌顶。所答多契机，或显著灵异，得结斯缘，咸叹得未曾有。①

在这四天的活动中，诺那的传法虽然是以传咒为主，但因求法者遍及社会各阶层，且人数较多，所以对扩大藏传佛教的影响有较为重要的意义。

1933年5月，诺那呼图克图在上海的世界佛教居士林和上海佛教净业社内，设临时法坛升座宣讲显、密教义，传授11种灌顶法，皈依弟子受灌顶者约千余人。诺那精于医道，前来求医者门庭若市。1935年，诺那在上海的弟子建立诺那精舍，精舍设在新闸路新乐坊，作为修持藏传佛教宁玛派密法的道场。诺那精舍除修持宁玛派密法外，还筹办冬季赈济、施药等慈善事业。②

诺那到汉地后，深受汉地佛教界重视，由太虚大师组建的中国佛学会聘其为名誉会长，1933年7月2日，中国佛学会还专门举行了欢迎诺那呼图克图的仪式，诺那在欢迎会上应邀传无量寿佛大法。

诺那活佛是宁玛派的高僧，汉文资料对他有很高的评价："诺那以转世之呼图克图，自幼出家，遍学红黄白诸教，神通特著，所授密法，为从来内地所未见未闻。"③

近代藏蒙高僧在汉地的传法活动有一个明显的特征就是以禳解国难为主要内容，这是国家逢内忧外患之际，统治阶层乃至整个社会对佛教的最大需求。藏蒙高僧进入汉地之后，必须回应这一需求，方能取得生存和发展空间。九世班禅的时轮金刚法、白普仁喇嘛的金光明法、多杰觉拔的息灾法会都具有这种性质。当然，这种妄图以宗教的方式消灾息

---

① 钟宜民：《诺那活佛游宜日记》，《海潮音》第19册，第532—533页。
② 吴平：《藏传佛教在近代上海的流传与发展》，《中国藏学》2002年第3期。
③ 徐少凡：《西藏昌都诺那呼图克图传略》，《海潮音》第28册，第30页。

难的做法，也遭到汉地部分人士的抵制。朱芾煌在《与戴传贤院长论迎请班禅攘除国难书》中说："然当危急存亡之秋，先生既赞中枢，与闻国政，而乃方以诵咒修法为救国方便，若非传误，实起群疑……诵咒修法，非标非本，何补事实，而劳提倡？"① 白普仁喇嘛在湖南传法期间，"省议会二十七号开会时，议员马续常临时动议，略云小吴门外车站，灾民每日来省者数千，冻馁而死，不知凡几。政府方面不设法救济，而以巨款欢迎白喇嘛，实有未当"，不仅如此，当时的大街小巷甚至出现墙报反对军政当局的佞佛行为。②

第二节　入藏求法的汉僧和藏汉佛教
　　　　交流的加强

在这样一批藏传佛教高僧的影响下，汉地僧人对藏密的了解也越来越多，他们认为西藏佛教有许多值得汉地佛教界取法之处：首先，就同样以密法见长的"东密"与"藏密"而言，"藏密"优于"东密"。大勇（法名传众）在《上太虚法师函》中提道：

> 徒此次修学藏密护摩法及参观雍和宫之佛像法具等，颇讶藏密之雄大精深，迥非向所习者可得望其项背。偶忆万慧师曾函述西藏丹珠（论部）内，所收唯识宗论，十倍汉译；密咒五明之书，百倍东本。③

除此之外，当时很多的汉地僧人还认为西藏佛教在修学次第以及戒律等方面，都胜于汉地佛教，汉地佛教要复兴、要发展，就必须参照西藏佛教，然后加以改进。这其中以法舫的观点最具有代表性：

---

① 《海潮音》第 27 册，第 361 页。
② 《白喇嘛莅湘情形》，《海潮音》第 13 册，第 253 页。
③ 《海潮音》第 9 册，第 551 页。

> 吾痛心中国佛教千余年来,无全系之缜密次第之组织,使学者循序以进。尤痛心密乘传法学法之人,不遵仪轨,不通教理,鬼怪离奇,而伤大教,而害苍生。吾又渴仰宗喀巴大师之改革西藏佛教,励行别解脱戒,一切大小显密教典,修学行为,皆建筑于七众别解脱戒上,而贯之以教理次第,组织缜密完善,行之无弊,故西藏佛教能延绵六百年至今不败也。①

正是在这种背景下,很多汉族的高僧前仆后继,踏上了西去学法的艰难旅途。其中,大勇组织留藏学法团进藏求法,创造了中国近代佛教史上的一大壮举,汉族僧人中,也出现了像法尊、能海这样的融通汉藏佛教的精英,内地也建立了汉藏教理院、近慈寺等一批弘传藏传佛教的中心。

一 入藏求法高僧

大勇(1893—1929),俗名李锦章,四川巴县人,自幼好学,尤精于道家诸学,对道教的法术也有所涉猎。李锦章毕业于法政学校,民国初年先后在军政、司法等方面任职。1918年,李锦章与其朋友黄葆苍、董慕舒、孙道修等,在重庆听佛源法师讲经,对佛教生起信心,先后依从佛源法师皈依佛门。紧接着李锦章、黄葆苍因读了太虚的《论衡》、《摄论》讲稿以及觉社丛刊,对太虚十分仰慕,他们商议决定依其出家。1919年,李锦章从太虚剃度出家,法名传众,字大勇。1921年,大勇在北京广济寺听太虚讲授《法华经》,当时在北京弘传密法的觉随也来听讲。觉随盛邀太虚前往日本学习密法,太虚无意于此,但大勇情愿前往。到东京后,大勇遇到当时在东京留学的、同样对密法有兴趣的陈济博,二人相约前往高野山学习密法。在高野山,大勇辗转访得金山穆昭阿阇黎,得到金山穆昭的认可并决定传于他密法。但由于经费问题,大勇不得不返国筹措资金。1922年冬,他与持松、纯密再次东渡

---

① 法舫:《全系佛法上之密宗观》,《海潮音》第28册,第48页。

日本，入高野山跟随金山穆昭攻学密法。一年后，大勇受传法灌顶大阿阇黎位，1923年归国。归国后，大勇本想闭关专修，但一到上海，就受到江味农、吴璧华等居士的劝请，在上海开坛传法，旋即又赴杭州传法，受法者达百余人。1924年，大勇应邀前往武汉，在武昌佛学院先后10次开坛传法，灌顶受法者达237人。这其中除了佛学院的学员外，还有李隐尘、赵南山、孙自平等当时一些社会名流。与此同时，持松也在武汉宝通寺开坛传法，密法在武汉盛极一时。

  1924年，大勇离开武汉北上，在北京听说雍和宫的蒙古族喇嘛白普仁精于藏密，于是他跟随白普仁学习藏密。在和白普仁、多杰觉拔的接触过程中，大勇逐渐感到东密不如藏密完备，于是萌生入藏学密、融合东密和藏密然后创立中国密教的想法。所以同年他就在北京慈因寺成立"佛教藏文学院"，请多杰觉拔讲习藏文及藏密知识。武昌佛学院的大刚、超一、法尊、观空、严定、会中、法舫等都入院学习。一年后，大勇将藏文学院改为"留藏学法团"，自己任团长，制定了严格的规约，启程赴藏。留藏学法团"全团共有二十余人"，预期的留学时间"至少十年以上"①，学法团由北京出发，经西川进入西康，到达甘孜，但在此地受到西藏方面的阻挠。至于具体原因，法尊法师后来在《著者入藏的经过》中回忆说：

    勇法师是支官差用官兵护送着进藏，一路上轰轰烈烈大有不可一世之概，尤其那沿途的县长官员等，皆是争前恐后地受皈依，学密咒，郊迎郊送，川边的蛮子们，哪里见过这样尊重优礼的盛举呢？也就是勇法师的气派太大，藏人误为国家特派的大员，西藏政府来了一纸公文挡驾，并有两张通知甘孜的商人，不准带汉人进藏。障碍发生，只得暂时住下了。②

---

 ①《记留藏学法团》，《海潮音》第11册，第677页。
 ② 法尊：《著者入藏的经过》，载吕铁钢、胡和平编：《法尊法师佛学论文集》，中国佛教文化研究所1990年印行本，第363页。

第六章　民国时期的藏汉佛教交流

被阻后，他们住在甘孜扎迦寺继续学法。恒演法师在《西域行小记》和《晤一师上太虚法师函》中也记叙了"留藏学法团"在甘孜接触藏传佛教经典、佛学戒律、次第及轮回转世等佛理，以及仰拜舍利塔、寺院、亲睹藏民念经转经和喇嘛诵经弘法等场面，求法学僧进一步了解了藏传佛教的真切状况，感知到喇嘛在藏人中的特殊社会地位及普通民众对藏传佛教信仰之虔诚。① 由于"留藏学法团"长期被阻滞在甘孜，经费开始紧张，大勇法师积劳成疾，1929 年 8 月于当地圆寂，年仅 37 岁。学法团初建时人数有 30 多人，到川时有 20 多人，入康时只剩下 17 人，见于文献的有大勇、大刚、严定、观空、杜居士、超一、天然、密严、孙居士、圆住、会中、密哞、霍居士、恒照、朗禅、法尊、粟庵、智三、法舫、恒演、恒明、密慧、密学、密悟、广润、常光、慧深等人。② 大勇示寂之后，求法团遂停止了集体活动，但部分团员先后结伴或独自进藏，包括法尊、朗禅、慧深、广润、恒演、密悟、严定、观空、密严、密哞、大刚、常光等，他们入藏后，都就学于哲蚌寺。③ 其中，朗禅法师 1931 年病逝于哲蚌寺，密悟则在哲蚌寺孟那康村就读期间，通过辩经获得拉然巴格西学位，声望很高。密慧先于甘孜习法，1935 年到达拉萨，进入哲蚌寺学经，后来去了印度。观空于 1940 年进入哲蚌寺学经，大刚则在 1945 年病逝于拉萨。

除了大勇组织的这个学法团之外，还有许多人结伴或独自进藏，可查证的有能海、永光、永轮、永严、融通、通孝、慧光、圆宾、满度、

---

① 详见于海燕、喜饶尼玛《"留藏学法团"与民国时期汉藏文化交流》，《中国边疆史地研究》2010 年第 2 期。
② 索南才让：《民国年间（1912～1949 年）汉藏佛教文化交流》，《西藏研究》2006 年第 4 期。
③ 这是索南才让在《民国年间（1912～1949 年）汉藏佛教文化交流》中的观点。《二十世纪中国佛教》中认为：学法团员中，超一、观空、严定、恒演、广润、朗禅、大刚、密哞、密严、密悟、密慧等为留康学习多年，法尊、密悟、恒演 3 人继续西进。《中国密教史》与此观点基本相似，但认为首批进藏的是法尊、朗禅、常光、慧深。这与法尊在《著者入藏的经过》中提到的 4 人一致。

胜聪、隆果、满月、太空、慈青、转逢、碧松、梦参等人。① 其中，碧松又名邢肃芝（洛桑珍珠，1916年生于南京；因后来还俗，所以多用俗名），他与密悟是获得拉然巴格西学位的唯一两位汉僧。邢肃芝9岁皈依佛门，少年时便接受了严格正规的佛学教育，16岁时进入汉藏教理院学习藏语，并成为太虚大师的秘书。1937年，碧松只身赴西藏，希望"访求密法，将密法带回汉地弘扬，做一名现代的唐玄奘"②。入藏途中，他遍访康藏地区的高僧大德，在德格学习萨迦派密法三百余种。抵达拉萨后，进入哲蚌寺学习五部大论，曾拜多位著名活佛为师，包括达赖喇嘛的经师领苍活佛。经过七年的刻苦学习及辩经，碧松于1945年通过在西藏摄政王前举行的辩经考试，成为第一个获得藏传佛教最高学位——拉然巴格西的汉人。其间，碧松又到处参访高僧大德，先后师从一百多位藏传佛教各派活佛，接受密法灌顶六百多个。1945年，碧松回到重庆。③

据统计，民初游学西藏的汉僧至少有五十多人，他们大多数在哲蚌寺就学，也有少部分在色拉寺就学。这些求法于西藏的汉僧返回内地后，对藏密在汉地的传播以及汉藏佛教的交流做出了巨大贡献，其中影响最大的就是法尊和能海。

法尊（1902—1980），俗姓温，名庚公，法名妙贵，字法尊，河北深县人。1920年出家于五台山，同年秋天，大勇到五台山讲经，法尊随其听经。1921年秋天，他随大勇到北京参谒太虚大师，并得到批准进入武昌佛学院学习，在此期间修学了大勇所传的部分密法。1924年夏毕业后，法尊又北上北京，在大勇举办的藏文学院学习藏文和藏传佛教的知识。1925年，他随留藏学法团入藏。在进藏途中，1926年，法尊在康定跑马山，跟随慈愿大师学习了藏文文法《三十颂》《转相轮》

---

① 索南才让：《民国年间（1912~1949年）汉藏佛教文化交流》，《西藏研究》2006年第4期。
② 邢肃芝（洛桑珍珠）口述：《雪域求法记——一个汉人喇嘛的口述史》，张健飞、杨念群笔述，生活·读书·新知三联书店2003年版，第53页。
③ 同上书，第14页。

《异名论》《一名多义论》《字书》等关于藏文的初级书籍。接着又学习了宗喀巴的《苾刍学处》《菩萨戒品释》《菩提道次第略论》等佛教正式典籍，为进一步学习藏传佛教打下了一个较好的基础。1927年，留藏学法团受阻于甘孜，于是法尊在甘孜札噶寺依札噶诸古，初学《因明入门》等书，次学《现观庄严论》《辨了义不了义论》，并且听受了札噶大师的著述和许多传记文类。在这期间，他试译了宗喀巴大师的《缘起赞》并略加解释，摘译了《宗喀巴大师传》和《阿底峡尊者传》。1928年，安东格西自青海到甘孜，法尊又依他学法。1930年，他随安东格西进入拉萨，之后继续随他学习《菩提道次第广论》《密宗道建立》《五次第论》《入中论》等。并且开始翻译《菩提道次第广论》。其中，1932年，他学习了《因明总义论》及《菩提道次第广论》。1933年，他学习了《现观庄严论金鬘论》《密宗道次第广论》《五次第广论》，三百余尊《结缘灌顶》，大威德《二种次第》及《护摩大疏》、空行佛母修法教授等。此外，他还依止格登墀巴听俱舍，绛则法王听戒律，颇章喀大师受胜乐金刚之大灌顶等。对于这段学习经历，法尊自己总结道："总之在康藏留学的这几年中间，要算我这一生中，最饶兴趣，最为满意的一幅图画了。"[①] 1933年，太虚写信催促法尊回汉地负责汉藏教理院的工作，1934年，法尊回到重庆的汉藏教理院，担任教学工作兼管理院务。在教理院，他每天讲三小时的课，还翻译校改《菩提道次第广论》《密宗道次第略论》和《菩萨戒品释论》。1935年，他二次进藏，打算迎请安东格西到汉地弘法，但安东格西已经圆寂，他只好返回汉藏教理院继续从事教学和翻译工作。

法尊是民国时代一位沟通藏汉佛教的巨匠，他一生的译著达200部之多，其中包括《菩提道次第广论》《密宗道次第广论》《现观庄严论释》《入中论善显密意疏》《辨法法性论》《七十空性论》《释量论》《集量论》等印、藏重要论典十余部，还将汉文《大毗婆沙论》二百卷

---

① 法尊：《著者入藏的经过》，《法尊法师佛学论文集》，中国佛教文化研究所1990年印行，第364—365页。

译为藏文，撰写了《现代西藏》《西藏民族政教史》等著作，发表过数十篇佛学论文介绍、论述藏传佛教。通过法尊的译著，汉地僧人对格鲁派宗喀巴大师的佛学思想乃至整个印度后期应成中观学和自续中观学的观点有了全面的了解。法尊的《西藏民族政教史》是"据多种藏文史书，考证搜求，提纲挈领"的一部巨著，对汉地了解西藏的政治、宗教历史具有重要的价值，被认为是民国以来最重要的两部西藏历史专著之一（另一部是妙舟的《蒙藏佛教史》）。[①]

法尊对藏汉佛教交流所做的贡献，归纳起来主要有两点。

第一，法尊的译著、专著首次在近代中国内地大规模地揭示了藏密修持的完整性和系统性，显示了藏传佛教中密教并非为独立之存在，乃与显教和合为一，有机而圆融，须臾不分。这对汉地修学藏传佛教者意义重大，使他们明白修习藏密必须要有显教的前导，有律仪的守持，否则便是不完整的。

第二，法尊对于西藏佛教著作的译介，开显了藏传佛教的修行次第，从根本上揭示了藏传佛教的特质。在法尊的译著中，《菩提道次第广论》揭示了显密修行次第，偏重显教修行次第，《密宗道次第广论》则揭示了密教修行次第。藏传佛教修法次第缜密、明晰的特点被汉地佛教界了解以后，增加了双方的互为认同以及取长补短的可能性。

能海（1886—1966），俗姓龚，名学光，字辑熙，四川绵竹人。1905年，他考入陆军学校，毕业后任云南讲武堂教官，之后在成都军界先后任营长、团长之职。1924年在涪陵县天宝寺出家，法名能海，次年，受具足戒。出家后，能海在雍和宫见密宗典籍颇多，于是打算东渡日本学法。后见报纸登载大勇法师已返国并决定到西藏求法的消息，能海便打消了去日本求学的念头，也想去学藏密。他先是在康定跑马山跟随降巴格西学藏文，同时还学习《菩提道次第广论》《俱舍论》《现观庄严论》《比丘戒》《集量论》等，接着在里塘降阳仁波切处，学习了《六加行》《朵马仪轨》。

[①] 参见吕铁刚《西藏民族政教史跋》，全国图书馆文献缩微复制中心1991年版。

1928年，能海与永光、永轮、永严四人，起程赴藏，1929年到达拉萨。他礼康萨仁波切为根本上师，在藏学法三年，"所学显法，以《现观庄严论》为主，结合《般若》五会（即小品般若），兼及《入中论》、《俱舍》、《戒律》、《因明》，包括各派注疏宗要；密法则以《文殊大威德仪轨》为主之四部密法，及灌顶开光等，获得宗大师嫡传二十八代之殊胜传承"①。1932年，能海返回内地。

能海返回内地后，除了讲《心经》、《俱舍论》、《华严经》等显教经论外，兼传藏传佛教教法。"一九三六年上海举行丙子息灾法会，师应邀赴沪，于觉园班禅大师纪念堂讲经，每天皆先说戒，后讲经，显密兼弘，深入浅出，四众云集，恒逾千数，盛况希有，皆大欢喜。讲经之余，仍勤译事。讲经圆满后，再赴五台，住广济寺，译集不辍，其时已集《文殊五字真言仪轨》（此乃师自造，曾获康萨喇嘛赞赏）、《菩提道次第科颂》《定道资粮》《比丘戒集颂》（均师自集，非译稿），并译出《大威德十三尊仪轨》等。"②1936年春，能海接任五台山广济茅蓬方丈，为僧众讲《菩提道次第科颂》《定道资粮》等，并在广济寺选40人组成金刚院，入冬造大威德双身像，举行开光、灌顶仪式。

"七七事变"后，能海进入四川，驻锡在成都南郊的近慈寺。经过几年的努力，他将近慈寺办成一个近代佛教史上弘传格鲁派密法的根本道场。近慈寺及其他能海所创办的金刚道场，修学次第清晰严明，严格遵守格鲁派的戒律，成为内地标准化的藏传佛教传法、学法之所，整个近慈寺"内分学戒堂，五年学戒；学戒之前，先学威仪事相等，名学事堂，学戒以后，进修加行，名加行堂，外来僧众已曾学戒者亦可入此；最上金刚院，由五台山来川诸上座所居，专修金刚乘法；未满二十岁之沙弥，则另设沙弥堂，学戒学法，作为比丘之基。每年结夏安居，传授大戒，半月一次诵戒，上半月烧护摩十五天，经常讲经灌顶传法，每日念诵修定，如法熏修。观堂持钵，三衣不离，一切悉遵佛制。最盛时常住比丘

---

① 宗顺：《能海上师传》，西藏藏文古籍出版社2014年版，第9页。
② 同上书，第11—12页。

近二百人,沙弥七八十人,讲经传戒期间七众五六百人,黄密道风,名闻中外"。① 1938年,他先后赴佛学社、文殊院、昭觉寺等处讲经、传戒。

1940年,能海率弟子第二次入藏,这次他入藏的主要目的是礼请康萨仁波切到汉地弘法,但康萨因病未能成行。他在拉萨又跟随康萨仁波切学法一年,内容以密法为主。在这一年中,能海"得康萨喇嘛四百多种大灌顶。半年内传完各种仪轨,金科、护摩、坛场等无一不备,既得全部密教传承,一面将未学者学全,一面从事翻译,如五大金刚、息增怀诛等。过去学略,今则学广。生圆二次第在扎萨仁波切处曾学部分,灌顶开光等仪式学亦未全,今在康公座下补学圆满"②。1941年,能海返回四川。临行前,康萨仁波切将生平所用的三衣、法器、佛像等一齐传给他,表示尽得密法传承,接受衣钵。

能海从1935年起到1966年圆寂为止的三十多年间,除了翻译佛典和著书立说之外,所有的时间都在讲经弘法。除近慈寺外,他先后于绵竹西山云雾寺、重庆慈圣庵、重庆郑壁成别墅、上海觉苑、五台山清凉桥等处开辟金刚道场。同时还到北京、上海、汉口、苏州、宝华山等处讲经传法、传戒,听过他讲经说法的僧俗信众,数以万计。

能海严格遵守格鲁派的宗规,以戒律为生命,持戒与修习次第并重,同时显密融通,给当时汉地佛教界带来了一股清新的空气。尤其在显密关系方面,他强调"显是密之显,密是显之密,有则双存,无则并遣。若不知显,则不了密之性相,若不知密,则不悉显之作用"③,这一方面继承了宗喀巴显密并重的思想,另一方面将汉地的显教和西藏的密教结合起来,纠正了当时汉地修密法者中一些人重密轻显的倾向。据不完全统计,他一生撰写、译述的作品有上百部之多。显宗方面主要有《宗喀巴大师显密修行次第科颂》《律海十门》《菩提道显密修行次第科颂》《定道资粮》等。密教经轨方面主要有《文殊大威德勇猛怖畏金刚本尊修行成就法》《大威德十三尊仪轨》《文殊大威德迎请圣住仪

---

① 《能海上师传》,第15页。
② 同上书,第21页。
③ 同上书,第36—37页。

轨》《文殊大威德息灾护摩略法》《大威德往生仪轨》①。

所以，在整个民国藏汉佛教交流历程中，"法尊法师和能海法师为沟通汉藏文化，为传播弘扬藏传佛教做出了举世瞩目的贡献，法尊法师翻译介绍了大量藏传佛教经典论著，不仅在佛学界享有崇高的地位，而且在整个汉藏文化界产生了巨大影响。能海法师不仅翻译著述有关藏传佛教之教理教法仪轨等七十余种，而且在内地首次建立了许多传修藏传佛教格鲁派密法的道场，从能海法师听法学法者不下数万人，培养了像清定法师、隆莲法师等许多研习和修持藏密的有学有修的佛学人才。能海法师不仅是位精通三藏的大佛学家，而且是个修有所成，获得殊胜悉地的大成就者"。②

除了法尊、能海这两位学习、弘传格鲁派的大师外，民国时期，陈健民、张澄基、心道、妙空、刘立千等人还赴康藏学习噶举派、宁玛派的教法，他们后来或传法或译介，对藏密在汉地的传播也起到了一定的作用。

民国时期去西藏学法的僧人很多求学近十年，所学体系较为完备，根基也较为扎实，他们所做的翻译工作，对沟通汉藏佛教起到了巨大的桥梁作用，至今仍然显现着价值。

20世纪20年代后，随着汉地佛教的复兴，前往内地弘法的藏传佛教界僧人渐次增多，汉藏佛教界文化交流的范畴与内涵逐步向纵深拓展。在这样的背景下，国民政府对内地藏传佛教寺院的管理走上了法制化的道路，出台了一系列实施细则。这一工作主要由蒙藏委员会具体操作。1935年2月蒙藏委员会驻北平办事处制定了《管理喇嘛寺庙条例》。这可视为地方性的政策法规，主要强调了北平的隆福寺、护国寺、妙应寺、雍和宫等喇嘛庙寺院僧众的管理权，喇嘛的转世、任用、奖励和登记等权限集中于蒙藏委员会。在此基础上，逐步将实施细则推

---

① 藏传密宗拥有五大金刚法，而大威德金刚法就是其中之一，也是格鲁派最推崇的密宗大法。
② 石世梁、克珠群佩：《近代藏汉文化交流的使者——能海法师》，《西藏民族学院学报》1990年第2期。

行至内地各处藏传佛教寺院。1936年2月出台《修正喇嘛登记办法》《喇嘛转世办法》《喇嘛任用办法》《喇嘛奖惩办法》，管理地域也扩大为北平、承德、五台山、四川等地的喇嘛寺庙。①

二 汉藏教理院

汉藏教理院是中国近代佛教史上第一座汉藏并设、显密兼习的新型佛学院，它是近代佛教复兴与改革运动的产物，同时，它既是近代汉藏佛教交流的推动者，也是近代汉藏佛教交流的直接结果。

1930年8月，太虚大师来到重庆。此时，国民革命军第二十一军军长刘湘下令给川东各地佛教会，要求各地方选派僧侣入藏学法。太虚抓住机会建议在重庆建立汉藏佛学院。他的建议得到了刘湘、刘文辉、潘文华等川渝地方实力派的支持，于是，1930年汉藏教理院正式成立，地址在重庆缙云山缙云寺。关于汉藏教理院的成立时间，也有两种不同的说法，一种认为成立于1930年，另一种认为成立于1933年。前者以碧松为代表，根据他的记载，"汉藏教理院创立于民国十九年（一九三〇年），是在四川省主席刘湘的建议下创办的，民国二十年十二月正式开学，约有学生六十余人"。② 后者以朱煦群为代表，他在《缙云寺——汉藏教理院》中记载："民国廿一年太虚游川，与本省党政共议斯院之创设，经刘主席及潘仲三、潘昌猷、陶闿士、何北衡、王旭东、卢作孚诸先生之赞助，乃卜址于缙云寺，于省府教育经费项下拨给经费，驱俗僧，重加修葺，于廿二年成立，至今已三年矣。"③ 但根据太虚在民国二十年撰写的《世界佛学苑汉藏教理院缘起》，他入川是在"去秋"④（1930），所以汉藏教理院创设应该是在1930年，而直至1931年年底才招生。

汉藏教理院的主旨及其管理可通过《世界佛学苑汉藏教理院成立

---

① 详见王海燕、喜饶尼玛《民国时期推进汉藏佛教界文化交流的政策因素》，《西藏大学学报》2007年第3期。
② 《雪域求法记——一个汉人喇嘛的口述史》，第45页。
③ 《海潮音》第35册，第458页。
④ 《海潮音》第25册，第75页。

简则》加以了解：

一、名称。本院为世界佛学苑之一院，故定名世界佛学苑汉藏教理院。

二、宗旨。研究汉藏佛理，融洽中华民族，发扬汉藏佛教，增进世界文化。

三、院址。四川嘉陵江缙云寺。

四、组织。本院设院董会为世佛苑苑董会分会，专担任本院建立与维持之经费，其会则另订之。院长一人，由本院院董会商承世佛苑苑长请任之，总持全院事宜。藏文佛学主教一人，助教一人；汉文佛学主教一人，助教二人；常识教员一人，监学一人，事务主任一人，事务员一人，由院长商同院董会请任之。

五、学课。普通级四年毕业，高等级三年毕业，兹定两级学课，每日如左：藏文佛学二时（西藏所传佛教宗派源流史、西藏对于教理研究各经论），汉文佛学二时，学习律仪一时，修习禅观一时（从五停心观入手学习），讲常识一时（国民常识及中国学术思想常识、世界常识及世界学术思想常识），服劳运动一时，研究自习四时。

六、学众。正学众四十名，附学众二十名，学众之管理规则另定之。……

七、学费。正学众学费全免，并每年递加每月有由一元至四元之津贴，附学众须酌缴膳宿费及书籍费，但违章被革及中途辍学均须由保证人负赔偿责任。

八、附则。本简则由院董会商同世佛苑苑长订定之，呈请所在地主管官署备案施行。①

汉藏教理院成立伊始，虽然初步具备了办学条件，但师资与生源都

---

① 《海潮音》第25册，第76—77页。

均远低于期望值。教学方面可以勉强维持,但是科研工作却无法顺利开展。所以,汉藏教理院创建初期,在某种程度上即陷入被动局面。

为了汉藏教理院的发展,太虚大师多次发函催促法尊返渝任教。为此法尊请求十三世达赖派遣安东格西随他同回内地弘法,惜未获同意,不得已只身返回。1934年秋,法尊法师来到重庆汉藏教理院,担任教学工作兼管理院务。法尊继续翻译《菩提道次第广论》的同时,又翻译了《比丘学处》《菩萨戒品释》等以促进教学工作。法尊入川后,先后得到了苇舫、尘空等人的协助,汉藏教理院逐步显示出生机。

碧松在1934年进藏途中,曾经在汉藏教理院学习过,他对汉藏教理院有较为详细的记载:

> 汉藏教理院第一任院长是遍能法师。他是一位对俱舍论很有造诣的法师。创办初期没有什么进展,直到1934年法尊法师从西藏学法归来,当了院长,才将学校的教务重新整顿,增聘师资。扩大招生。教导员方面,聘用苇舫组织教务,密严主持总务,教员有严定、悦西格西、根桑活佛、本光、陈健民等人。后来由于武汉撤退,太虚大师、法舫、印顺、尘空等法师也相继来到这里,这时候的教理院人才济济,进入了鼎盛时期。①

而汉藏教理院的学习内容,较早设立的是藏文专修科,由常光法师讲藏文拼音,法尊教语法和造句,严定用藏文原文讲授月称中观学的的名著——《入中论》,悦西格西用藏文讲《现观庄严论》,法尊用《菩提道次第广论》的原文本讲授汉藏文对译。这是典型的格鲁派的修学内容,教学内容设计也比较合理,所以教学效果显著,碧松说:"我在此期间学习进步神速,仅仅半年的时间就已基本掌握了藏文的语法,三年下来,对西藏黄教喇嘛所必修的五部经论已了解了一个轮廓。"②

---

① 《雪域求法记——一个汉人喇嘛的口述史》,第46页。
② 同上书,第47页。

第六章　民国时期的藏汉佛教交流

汉藏教理院的设立与发展，体现了太虚大师对于汉藏佛教关系的认知。既然汉藏教理院是沟通汉藏佛教的机构，显然不能以汉传佛教的传统来取舍。太虚大师认为汉藏佛教的沟通不仅是佛教本身发展的需要，更是中华民族建设的需要，他说："四五百年来汉族之佛教日益衰，而藏族佛教则以宗克巴之振颓复兴，光化满蒙，迄今犹保隆盛。故重昌汉佛教之有资于藏佛教，殆为现时所必须。况乎藏佛教久为藏蒙满民族文化，与夫藏族之奠居西藏，遍布于康青宁诸省，实为构成大中华民族而建立大中华民国之柱石哉！夫佛教与汉藏民族文化之密切既如彼，而汉藏佛教与中华国族建成重要又如此，乌可不沟通阐发之耶？"① 所以，在这个问题上，太虚大师高瞻远瞩，希望能以汉藏佛教的交流，促进汉藏民族的团结，最终在中华民族、中华民国的建设方面，起到积极的作用。这不仅是对藏传佛教价值的肯定，也是对藏蒙满各族在中华民族发展中所具有的重要地位的肯定。

正是在如此拳拳心念之下，1935 年 9 月，喜饶嘉措大师来到四川缙云山，太虚大师挽留暂住。为此，太虚发表了《从沟通汉藏文化说到融合汉藏民族》的讲演，强调汉藏佛教互相沟通，而不是单纯的传教。他说："喜大师此次到内地来，固然一方在宣扬西藏文化，同时也能观察到内地的风俗环境与佛学思想，希望将来能使西藏也在向来传统的束缚上，解放出来。这样，才能做到汉藏教理的彻底沟通，同时也彻底做到了汉藏两民族文化和感情的沟通。这就是今天欢迎喜饶大师的特殊意义。"② 太虚大师这一理念一以贯之，1936 年，他在汉藏教理院所讲的《汉藏教理融会谈》的讲演中提出：此从显密问题上观察，觉汉藏佛法应互修学，尤其在汉藏教理院对于汉藏佛法应互相研究。如西藏各派所传的各部密经，汉地缺得很多，我们应去修学。若汉地台贤禅净的修学有成就的，对于西藏也可作转播，使藏人亦对台贤禅净有所研习。如此，乃能彻佛法之底，尽佛法之量。③ 可见，太虚当时对汉藏佛

---

①　太虚：《世界佛学苑汉藏教理院缘起》，《海潮音》第 25 册，第 75 页。
②　《海潮音》第 37 册，第 579 页。
③　释太虚著述：《太虚大师全书》(1)，宗教文化出版社 2015 年版，第 367—368 页。

教的融会是从显密结合、汉藏互补的角度来考量的，其目的是实现佛教的完善性与整体性。

抗日战争期间，重庆是国民党政府战时陪都，随即也成为当时中国的政治文化中心。也正是在此期间，汉藏教理院在教学方面取得了明显进步。到1937年前后，学生分为预班、正班、专修班三种，教学体系比较完整。课程设置不仅藏汉佛教齐授，而且还将佛教教育与世俗文化教育结合起来，具备了现代教育的特色。专修班课程有藏文《入中论》《楞伽经》、西藏文化史、国文、作文、体育、中国文化史、党义、《菩提道次第》。正班课程为党义、医学、农业、国文、国文文法、《菩提道次第》、音乐、算术、中国文化史、《辩中边论》《楞伽经》、体育、作文、藏文。预班课程则是印度哲学史、文法、《心地观经》、国文、党义、体育、作文、藏文。①

汉藏教理院至此发展至鼎盛，在教学的同时，还曾翻译、整理、出版了一批学术论著。据"国民政府教育部档案"载，汉藏教理院"出版刊物：（甲）编著：1.《现代西藏》，2.《我去过的西藏》，3.《西藏民族政教史》，4.《藏文读本》，5.《藏文文法》，6.《缙云山志》。（乙）翻译：1.《菩提道次第广论》，2.《密宗道次第略论》，3.《现观庄严论》，4.《慈氏五论颂》，5.《缘起赞颂》，6.《比丘学处》，7.《菩萨戒品释》，8.《菩提道次第略论》，9.《入中论》，10.《供养上师与大印合修法》，11.《入中论宗喀巴疏》，12.《辨了不了义论》。编译完竣待刻印者：1.《藏文常识课本》，2.《正理庄严论》，3.《佛教大事年表》，4.《本院三十三年度院刊》"。②抗战胜利后，汉藏教理院解散。

三 宗喀巴在汉地的影响

民国时期，随着藏传佛教在汉地的传播，宗喀巴大师在汉地的影响也达到了一个全新的高度，具体表现为汉地佛教界对宗喀巴佛学思想的

---

① 朱煦群：《缙云寺——汉藏教理院》，《海潮音》第35册，第458—459页。
② 中国第二历史档案馆编：《中华民国史档案资料汇编》第5辑第2编，凤凰出版传媒集团、凤凰出版社1998年版，第819页。

高度认可、对宗喀巴思想的研究热潮以及试图从宗喀巴佛学体系中寻求汉地佛教发展的参考，等等。宗喀巴在民国汉地产生如此巨大影响的背景有两个：一是民国时期汉地佛教界对西藏佛教价值的评估有了新的突破，二是宗喀巴佛学思想体系本身的某些特点对汉地佛教具有重要的补充意义。民国时期汉地出现的"宗喀巴热"是汉藏佛教交流的至高点，也是汉藏两个民族在佛教文化交流方面，一直存在的互通有无、取长补短的优良传统之下的必然产物。

民国时期，藏传佛教对汉地佛教的影响达到了一个史无前例的高度。民国之前的元明清三代，藏传佛教在汉地的传播，或集中于宫廷，或主导于藏族僧人，和汉传佛教界正面碰撞、交融的成分并不多。而民国时期，藏传佛教在汉地的传播，除了九世班禅等西藏高僧的传扬之外，汉地佛教界基于种种考虑，开始自觉主动地接触、学习、吸纳藏传佛教中的某些内容，汉藏佛教界真正意义上的交流全面开启，宗喀巴大师的著作以及佛学思想正是在这种背景下传入汉地，对汉地佛教产生了较为重要的影响。在宗喀巴的所有佛学论著中，对汉地影响最大的当属《菩提道次第广论》。

汉地佛教界对《菩提道次第广论》的推崇，在《海潮音》（1935年）中一则推介《菩提道次第广论》的文字资料中，体现得尤为突出：

> 菩提道次第广论，宗喀巴大师造，法尊法师译。本论在西藏佛教学中占极重要之地位。组织精密、理论周详，一也。人天三乘之共法，大乘显密之要门，由人身发心航佛果之三士学道，步骤方便，师资传承，解行并重，次第井然，二也。四五百年来蒙藏佛教教学之思想与组织，咸以此论为轨范，喇嘛僧伽百数十万之学士，无不依此论而为津梁者，三也。全论二十四卷，约三十余万言。大纲分四……上承印度，下启卫藏，今流华夏，猗欤盛哉，询人天出世之明灯，大乘菩萨之南针，宜乎人各一编也。①

---

① 《菩提道次第广论发售预约》，《海潮音》第32册，第585页。

这篇短文中，介绍了《菩提道次第广论》的内容，并高度评价了其地位、价值，尤为重要的是建议汉地佛教徒应该人手一册。与此同时，《海潮音》从第十六卷（1935年）第三号起，开始连载宗喀巴大师的《菩萨戒品释》（法尊译）；从十六卷第八号起，开始连载法尊法师译述的《宗喀巴大师传》。到1936年，《海潮音》第十七卷第四期上记载：《菩提道次第广论》（汉译本）共售出甲种二十八部，乙种六十一部，加上邮费，共收入大洋二百六十五元。① 所谓"甲种"指的是线装本，用"甲种官堆纸六开印制，分订五册，定价五元"；所谓"乙种"指的是平装本，"用上等新闻纸装成上下二册，定价三元"。② 这只是《菩提道次第广论》最初在汉地发售的情况。按照法尊法师的记载，该论最初在汉藏教理院油印，接着在武汉排印两千部，"也是一散而光"。③ 除此而外，民国重要的密教期刊——《威音》第40卷中连载了大勇所译的《觉道次第科判》。期刊的受众要远远多于书籍，通过民国这些著名佛教刊物的推介，宗喀巴在汉地佛教界的影响力进一步加大。

在宗喀巴的著作被大量翻译到汉地之后，对它们的宣讲也在汉地发展起来。1936年，能海上师在武昌佛学院讲《菩提道次第广论》④，至于法尊法师，就无须赘言了，宗喀巴大师著作的汉译本，几乎都是他翻译的，他不仅翻译，而且讲授，《菩提道次第广论》本来就是他边讲边译出来的。

在1935年前后，随着法尊的翻译以及《海潮音》的连载，宗喀巴的著作在汉地广为传播，但宗喀巴本人在汉地的影响要早于这个时期。

民国建立以后，随着汉地佛教的复兴和汉藏两个民族间联系的进一步密切，许多藏族的高僧大德相继进入汉地弘传密法，在他们的传法活动中，几乎都会提到宗喀巴大师。其中，诺那呼图克图就指出：

---

① 《胡子笏居士致本社编者书》，《海潮音》第33册，第583页。
② 《海潮音》第33册，第4页。
③ 《法尊法师佛学论文集》，第260页。
④ 《海潮音》第33册，第409页。

> 黄教学法次第,以释迦为主,先入天乘,次下士,次中士,次上士,宗喀巴郎忍(觉道次第)属之。规矩准绳,丝毫不苟,诚稳妥也,为全渐教。①

九世班禅大师也提道:"当年本师宗喀巴祖师,再建法幢,重兴大法,便是以律为本。实在是将释迦牟尼佛以后,久远时代中坠落分裂了的正法,全部整理起来,建设一代大教。"②

在这些藏族高僧的弘传之下,在1928年的《天津金光明法会特刊》中,就收录了李翌灼的《西藏佛教史略》,其中对宗喀巴以及格鲁派的发展做了较为详细的记载。③

经过藏、蒙、汉族高僧的弘扬,民国时期汉地出版的介绍西藏佛教的著作,其核心的内容都是在介绍宗喀巴以及格鲁派的情况。其中,最具有代表性的就是1933年出版的吕澂的《西藏佛学原论》。《西藏佛学原论》分为四部分:"西藏佛学之渊源""西藏佛学之传播""西藏佛学之文献""西藏佛学之学说"。其中"西藏佛学之学说"部分只介绍了阿底峡和宗喀巴的思想学说,对于宗喀巴学说的渊源以及与阿底峡学说的异同,颇有新说,即便在八十多年后的今天,依然具有重要的参考价值。吕澂认为宗喀巴学说"组织完满超越古今,推论正宗独系于此",和汉地佛教相比较,至少有两个特点是汉地佛教所缺乏的:其一,具备印度晚期大乘之风范,而且极为重视实践。这里所说的印度晚期大乘风范,主要指的是去繁就简,舍弃佛教繁杂的名相分析,使佛法"简要而易入"。其二,根据实践的需要,对于诸家学说加以抉择、取舍,重新进行组织。而宗喀巴对诸家学说的抉择,主要指的是他融合了

---

① 徐少凡:《西康昌都诺那呼图克图传略》,《海潮音》第28册,第31页。
② 班禅:《敬告华山大众》,《海潮音》第28册,第15页。
③ 于瑞华主编:《民国密宗期刊文献集成》第39卷,东方出版社2008年影印本,第125—179页。

中观学和瑜伽行派学说,"合龙树、无著两大家浑然为一大乘学"的特点。①

民国时期,宗喀巴大师在汉地受到如此重视,究其原因,主要是汉地佛教界认为宗喀巴学说中的很多内容可以对汉地佛教有所裨益,是当时积弱不振的汉地佛教界谋求发展的重要参考。具体而言,主要体现在以下几个方面。

第一,宗喀巴的改革精神值得汉地佛教界效法。这方面以宽融所写的《西藏宗喀巴大士之革命与今日整顿支那佛教之方针》一文为代表。文中认为宗喀巴在西藏改革成功,主要因为他"具革命之精神",这里的"革命之精神",特指他"为佛法之前途计,个人之生命危险,早已置之度外,外界之成败毁誉,固不足以移其心而懈其志也"。宽融认为当时汉地的佛教也是弊端丛生,诸如滥收徒众、违制传戒等现象普遍存在,已经将汉地佛教推到了生死存亡的边缘,这与宗喀巴之前的西藏佛教界比较相像,所以亟待一个宗喀巴式的人物,改革汉地佛教。他说:

> 余因读宗喀巴改革西藏佛教史,而联想及于今日中国之佛教。宗喀巴生逢佛教衰弱时间,发心改革,而卒底于成功。宗喀巴之所以能成功者,因能牺牲一切也,而所以能牺牲者,以真信佛教之谛理,可以超出一切所具之大决心也。今日而若有宗喀巴其人者,起而改革支那佛教乎,起而振兴支那佛教乎,吾虽为之执鞭焉可也。②

第二,宗喀巴佛学思想能纠汉地佛教之偏。宗喀巴的佛学思想非常具有系统性,由人乘开始直到修得无上菩提,佛教戒定慧三学都被逐级融摄其中,这可以作为重要的参照,纠正民国汉地佛教各宗各派扬自抑他、过于偏狭的弊病。太虚大师认为民国汉地佛教存在的问题是:

---

① 参见《吕澂佛学论著选集》卷1,齐鲁书社1991年版,第525—526页。
② 《海潮音》第17册,第327—331页。

> 中国尚禅宗者,斥除一切经律论义,虽若《宗镜录》遍录经论,亦但扬厥宗,鄙余法为中下;尚净土者,亦劝人不参禅学教,专守一句弥陀。贤台虽可以小始终顿藏通别圆位摄所余佛言,然既为劣机而设,非胜根所必须,纵曰圆人无不可用为圆法,亦唯俟不获已时始一援用之。而学者又谁肯劣根自居,于是亦皆被弃。

这样的汉地佛教,"空疏媠陋之既极",而《菩提道次第广论》的优点就在于"福德资粮则人天俱摄,智慧资粮则声缘相协,律及经论,皆所依止,仅取一分,不成菩提。虽未尝不别有最胜之归趣,而确定皆摄入次第之过程。于是不没自宗,不离余法,而巧能安立一切言教,皆趣修证,故从天竺相性各判三时以致华、日诸宗之判摄时教,皆逊此论独具之优点"。① 汉地对宗喀巴的重视,是民国时期汉藏佛教交流的直接结果,同时,这也意味着汉藏佛教间的相互认同达到了一个新的高度。

---

① 太虚:《菩提道次第广论较中日各宗判教之优点》,《海潮音》第 31 册,第 397—398 页。

参考文献

史　料

1. ［朝鲜］朴趾源：《热河日记》，北京图书馆1994年影印本。
2. 《八十八祖道影传赞》，《卍续藏经》第86册。
3. 《辩伪录》，《大正藏》第52册。
4. 《补续高僧传》，《卍续藏经》第77册。
5. 《楚石梵琦禅师语录》，《卍续藏经》第71册。
6. 《大乘要道密集》，台北自由出版社2003年版。
7. 《帝京岁时纪胜　燕京岁时记》，北京古籍出版社1981年版。
8. 《古今图书集成释教部汇考》，《卍续藏经》第77册。
9. 《河朔访古记》，中华书局1991年版。
10. 《金山即休了和尚拾遗集》，《卍续藏经》第71册。
11. 《旧唐书》，中华书局1975年标点本。
12. 《康熙起居注》，中华书局1984年版。
13. 《历代碑帖法书选》，文物出版社1982年版。
14. 《龙翔笑隐䜣禅师语录序》，《卍续藏经》第69册。
15. 《马可波罗游记》，冯承钧译，上海世纪出版集团2001年版。
16. 《明实录》，（台北）中央研究院历史语言文化研究所1962年校印本。
17. 《明实录藏族史料》，西藏人民出版社1982年版。
18. 《明史》，中华书局1974年点校本。

19.《帕当巴和玛吉拉尊传》藏文本,青海人民出版社1992年版。
20.《乾隆朝内府抄本〈理藩院则例〉》,赵云田点校,中国藏学出版社2006年版。
21.《钦定清凉山志》,《续修四库全书》第722册,上海古籍出版社2002年影印本。
22.《清实录藏族史料集》,西藏人民出版社1982年版。
23.《清史编年》第2卷,中国人民大学出版社1988年版。
24.《全唐文》,上海古籍出版社1990年影印本。
25.《释迦方志》,《大正藏》第51册。
26.《释鉴稽古略续集》,《大正藏》第49册。
27.《顺天府志》,北京大学出版社1983年影印本。
28.《宋本册府元龟》,中华书局1989年影印本。
29.《太虚集》,中国社会科学出版社1995年版。
30.《昙芳和尚语录》,《卍续藏经》第71册。
31.《昙芳守忠禅师语录》,《卍续藏经》第71册。
32.《唐会要》,中华书局1955年版。
33.《通制条格》,黄时鉴点校,浙江古籍出版社1986年点校本。
34.《蜕庵集》,《四部丛刊续编》景印明刊本。
35.《元代画塑记》,人民美术出版社1964年标点本。
36.《元代以来西藏地方与中央政府关系档案史料汇编》,中国藏学出版社1994年版。
37.《元史》,中华书局1976年点校本。
38.《月江正印禅师语录》,《卍续藏经》第71册。
39.《造像量度经序》,《大正藏》第21册。
40.《资治通鉴》,中华书局1956年标点本。
41.《宗统编年》,《卍续藏经》第86册。
42. 阿底峡发掘:《柱间史——松赞干布遗训》,卢亚军译,甘肃人民出版社1997年版。
43. 阿桂等:《钦定满洲源流考》,《景印文渊阁四库全书》第499册,台湾商务印书馆 1983 年影印本。

44. 巴卧·祖拉陈哇：《〈贤者喜宴〉摘译（七）》，黄颢译注，《西藏民族学院学报》1982 年第 2 期。

45. 巴卧·祖拉陈哇：《〈贤者喜宴〉摘译（三）》，黄颢译注，《西藏民族学院学报》1981 年第 2 期。

46. 巴卧·祖拉陈哇：《〈贤者喜宴〉摘译（八）》，黄颢译注，《西藏民族学院学报》1982 年第 3 期。

47. 巴卧·祖拉陈哇：《〈贤者喜宴〉摘译（十）》，黄颢译注，《西藏民族学院学报》1983 年第 1 期。

48. 巴卧·祖拉陈哇：《〈贤者喜宴〉摘译（十一）》，黄颢译注，《西藏民族学院学报》1983 年第 2 期。

49. 拔·塞囊：《拔协》，佟锦华、黄布凡译注，四川民族出版社 1990 年版。

50. 班钦索南查巴：《新红史》，黄颢译，西藏人民出版社 2002 年版。

51. 北京图书馆金石组编：《北京图书馆藏中国历代石刻拓本汇编》，中州古籍出版社 1989 年版。

52. 布顿：《布顿佛教史》，蒲文成译，台北大千出版社 2006 年版。

53. 布顿：《佛教史大宝藏论》，郭和卿译，民族出版社 1986 年版。

54. 蔡巴·贡嘎多吉：《红史》，陈庆英、周润年译，西藏人民出版社 2002 年版。

55. 陈显微注：《关尹子文始真经》，《续修四库全书》，上海古籍出版社 2002 年影印本，子部，第 1292 册。

56. 程钜夫：《雪楼集》，《景印文渊阁四库全书》影印本，台湾商务印书馆 1983—1986 年版，集部，第 1202 册。

57. 崔正森：《五台山碑文选注》，北岳文艺出版社 1995 年版。

58. 达仓宗巴·班觉桑布：《汉藏史集》，陈庆英译，西藏人民出版社 1986 年版。

59. 戴善甫：《瓠江亭》，涵芬楼藏版第七册。

60. 第穆呼图克图·洛桑图丹晋麦嘉措：《八世达赖喇嘛传》，冯智译，中国藏学出版社 2006 年版。

61. 段成式：《酉阳杂俎》，中华书局 1981 年版。

62. 法成译：《释迦牟尼如来像法灭尽之记》，《大正藏》第 51 册。

63. 法王周加巷：《至尊宗喀巴大师传》，郭和卿译，青海人民出版社 1988 年版。

64. 范成大：《吴船录》，中华书局 1985 年标点本。

65. 甘肃省岷县志编纂委员会办公室编：《岷州志校注》，岷县印刷厂 1988 年版。

66. 葛寅亮：《金陵梵刹志》，天津人民出版社 2007 年版。

67. 工珠（蒋贡康慈）仁波切：《水食子》，法护译，台湾大藏文化出版社 1996 年版。

68. 固始噶居巴·洛桑泽培：《蒙古佛教史》，陈庆英、乌力吉译注，天津古籍出版社 1990 年版。

69. 桂·勋努贝：《青史》（藏文），四川民族出版社 1985 年版。

70. 郭畀：《元郭畀手写日记》，《四库全书存目丛书》影印稿本，齐鲁书社 1996 年版，史部，第 127 册。

71. 黄溍：《金华黄先生文集》，《续修四库全书》影印本，上海古籍出版社 2002 年版，第 1323 册。

72. 黄溍：《金华黄先生文集》，元刻本。

73. 黄瑜：《双槐岁钞》，中华书局 1999 年点校本。

74. 吉迈特却：《隆务寺志》（藏文），青海民族出版社 1988 年版。

75. 焦竑：《国朝献征录》卷 118，《续修四库全书》影印本，上海古籍出版社 2002 年版，史部，第 531 册。

76. 金梁编纂：《雍和宫志略》，牛力耕校订，中国藏学出版社 1994 年版。

77. 康熙《畿辅通志》，《景印文渊阁四库全书》影印本，史部，第 505 册。

78. 拉科·益西多杰编译：《藏传佛教高僧传略》，青海人民出版社 2007 年版。

79. 李焘：《续资治通鉴长编》，中华书局 1985 年标点本。
80. 李远：《青唐录》，马忠辑注《青海地方旧志五种》，青海人民出版社 1989 年版。
81. 刘侗、于奕正：《帝都景物略》，孙小力校注，上海古籍出版社 2001 年版。
82. 刘若愚：《明宫史》，《〈在田录〉（及其他三种）》，中华书局 1991 年版。
83. 陆容：《菽园杂记》，中华书局 1985 年标点本。
84. 吕毖：《明朝小史》，《四库禁毁书丛刊》影印本，北京出版社 1997 年版，史部，第 19 册。
85. 确吉桑格：《当巴桑吉传》，法灯译，福建莆田广化寺佛经流通处印。
86. 任崇岳：《庚申外史笺注》，中州古籍出版社 1991 年版。
87. 萨都拉：《雁门集》，上海古籍出版社 1982 年标点本。
88. 申时行等修，赵用贤等纂：《大明会典》，《续修四库全书》影印本，上海古籍出版社 2002 年版，史部，第 792 册。
89. 沈德符：《万历野获编》，中华书局 1959 年版。
90. 释迦仁钦德：《雅隆尊者教法史》，汤池安译，西藏人民出版社 1989 年版。
91. 释妙舟编撰：《蒙藏佛教史》第 5 篇，江苏古籍刻印社 1993 年版。
92. 释念常：《佛祖通载》，江苏广陵古籍刻印社 1993 年影印本。
93. 释镇澄：《清凉山志》，江苏广陵古籍刻印社 1997 年影印本。
94. 释镇澄撰：《五台山志》，江苏广陵古籍刻印社 1997 年影印本。
95. 松巴堪布·益西班觉：《如意宝树史》，蒲文成、才让译，甘肃民族出版社 1994 年版。
96. 松筠：《卫藏通志》，西藏人民出版社 1982 年版。
97. 宋懋澄：《九籥集·文集》，《续修四库全书》影印本，上海古籍出版社 2002 年版，集部，第 1374 册。
98. 宋敏求：《长安志》，台北成文出版有限公司 1970 年版。

99. 孙继芳：《矶园稗史》，《续修四库全书》影印本，上海古籍出版社2002年版，子部，第1170册。

100. 索南坚赞：《西藏王统记》，刘立千译注，民族出版社2000年版。

101. 陶宗仪：《南村辍耕录》，中华书局1959年标点本。

102. 田汝成：《西湖游览志》，东京大学东洋文化研究所藏本。

103. 土观·罗桑却季尼玛：《土观宗派源流》，刘立千译注，西藏人民出版社1984年版。

104. 土观·洛桑却吉尼玛：《章嘉国师若必多吉传》，陈庆英、马连龙译，中国藏学出版社2007年版。

105. 万历《临洮府志》卷26，明万历33年刊本。

106. 王世贞：《弇山堂别集》，魏连科点校，中华书局1985年版。

107. 王尧编著：《吐蕃金石录》，文物出版社1982年版。

108. 魏泰：《东轩笔录》，中华书局1983年版。

109. 魏源：《圣武记》，韩锡铎、孙文良点校，中华书局1984年点校本。

110. 无愠：《山菴杂录》，《卍新纂续藏经》第87册。

111. 吴晗辑：《朝鲜李朝实录中的中国史料》，中华书局1980年版。

112. 吴长元：《宸垣识略》，北京古籍出版社1982年版。

113. 五世达赖喇嘛阿旺洛桑嘉措：《五世达赖喇嘛传》，陈庆英、马连龙、马林译，中国藏学出版社2006年版。

114. 徐松辑：《宋会要辑稿》，中华书局1957年影印本。

115. 延一：《广清凉传》，《大正藏》第51册。

116. 杨允孚：《滦京杂咏》，商务印书馆民国二十五年（1936年）版。

117. 姚燧：《牧庵集》，商务印书馆民国二十五年（1936年）版。

118. 耶律楚材：《西游录》卷下，向达校注，中华书局1981年校注本。

119. 义净：《大唐西域求法高僧传校注》，王邦维校注，中华书局1988年版。

120. 于敏中等：《日下旧闻考》，北京古籍出版社1983年版。

121. 于瑞华主编：《民国密宗期刊文献集成》，东方出版社2008年影印本。

122. 袁桷：《清容居士集》，商务印书馆 1936 年版。

123. 赞宁：《宋高僧传》，中华书局 1987 年标点本。

124. 张卤：《皇明嘉隆疏钞》，《续修四库全书》影印本，上海古籍出版社 2002 年版，史部，第 466 册。

125. 张萱：《西园闻见录》，《续修四库全书》影印本，上海古籍出版社 2002 年版，史部，第 1170 册。

126. 张怡荪编：《藏汉大辞典》，民族出版社 1993 年版。

127. 赵林恩：《五台山碑文》，山西人民出版社 2016 年版。

128. 智观巴·贡却乎丹巴绕吉：《安多政教史》，吴均、毛继祖等译，甘肃民族出版社 1989 年版。

129. 中国第二历史档案馆编：《中华民国史档案资料汇编》，凤凰出版传媒集团、凤凰出版社 1998 年版。

130. 中国第一历史档案馆、中国社会科学院历史研究所译注：《满文老档》，中华书局 1990 年版。

131. 周煇：《清波杂志校注》，刘永翔校注，中华书局 1994 年校注本。

132. 周密：《癸辛杂识》，中华书局 1988 年版。

133. 朱国祯：《涌幢小品》，文化艺术出版社 1998 年版。

134. 宗泐：《全室外集·原序》，《景印文渊阁四库全书》影印本，台湾商务印书馆 1983—1986 年版，集部，第 1234 册。

135. 宗顺：《能海上师传》，西藏藏文古籍出版社 2014 年版。

研究论著

1. [俄] 阿·马·波兹德涅耶夫：《蒙古及蒙古人》（第二卷），刘汉明等译，内蒙古人民出版社 1983 年版。

2. [法] 戴密微：《从敦煌写本看汉族佛教传入吐蕃的历史——日文近作简析》，载苏鸣远（M. Soymié）主编：《敦煌研究论文集》，日内瓦—巴黎 1979 年版。

3. [法] 戴密微:《吐蕃僧诤记》,耿昇译,西藏人民出版社2001年版。

4. [法] 海瑟·噶尔美:《早期汉藏艺术》,熊文彬译,河北教育出版社2001年版。

5. [法] 罗伯尔·萨耶:《印度—西藏的佛教密宗》,耿昇译,中国藏学出版社2000年版。

6. [美] 陈学霖:《"一箭之遥"证史》,载《史林漫识》,中国友谊出版公司2000年版。

7. [美] 杰克·威泽弗德(Jack Weatherford):《成吉思汗与今日世界之形成》,温海清、姚建根译,重庆出版集团、重庆出版社2014年版。

8. [日] 冲本克己:《敦煌出土藏文禅宗文献的性质》,李德龙译,载《国外藏学研究译文集》第十二辑。

9. [日] 高雄义坚等:《宋代佛教史研究、中国佛教史论集》,陈季菁等译,台北华宇出版社1987年版。

10. [日] 今枝由郎:《有关吐蕃僧诤会的藏文文书》,载郑炳林主编,耿昇译:《法国藏学精粹》(1),读者出版集团2011年版。

11. [日] 若松宽:《噶勒丹锡哷图克图考——清代驻京呼图克图研究》,《蒙古学资料与情报》1990年第3期。

12. [日] 矢崎正见:《西藏佛教史考》,张建世译,西藏人民出版社1990年版。

13. [日] 松本史朗:《宗喀巴中观思想研究》,褚俊杰译,载《国外藏学研究译文集》第八辑。

14. [日] 野上俊静:《〈元史·释老传〉笺注》,[日] 内田吟风等:《北方民族史与蒙古史译文集》,余大钧译,云南人民出版社2003年版。

15. [日] 中村淳:《元大都敕建寺院概述》,宝力格译,《蒙古学信息》2003年第1期。

16. [意] G. 图齐:《西藏考古》,向红笳译,西藏人民出版社1987年版。

17. [意] 图齐:《梵天佛地》,上海古籍出版社2009年版。

18.《白喇嘛莅湘情形》,《海潮音》第 13 册。
19.《法尊法师佛学论文集》,中国佛教文化研究所 1990 年印行。
20.《胡子笏居士致本社编者书》,《海潮音》第 33 册。
21.《记留藏学法团》,《海潮音》第 11 册。
22.《洛阳市志》,中州古籍出版社 1996 年版。
23.《吕澂佛学论著选集》,齐鲁书社 1991 年版。
24.《明代中央政府赴藏地使者事辑补》,《西藏研究》1987 年第 3 期。
25.《菩提道次第广论发售预约》,《海潮音》第 32 册。
26.《西藏民族政教史》,全国图书馆文献缩微复制中心 1991 年版。
27.《西藏文史资料选辑》(第 6 辑),西藏人民出版社 1989 年版。
28.《周叔迦佛学论著集》,中华书局 1991 年版。
29. 班班多杰:《藏传佛教思想史纲》,上海三联书店 1992 年版。
30. 班禅:《敬告华山大众》,《海潮音》第 28 册。
31. 包世轩:《元大护国仁王寺旧址及相关问题考察》,《北京文博》2001 年第 2 期。
32. 杯茗:《南山寺碑文》,《五台山研究》1997 年第 4 期。
33. 才让:《从〈五部遗教〉看禅宗在吐蕃的传播和影响》,《西藏研究》2002 年第 1 期。
34. 才让:《明武宗信奉藏传佛教史实考述》,《西藏研究》2007 年第 2 期。
35. 才让:《明宣宗与藏传佛教关系考述》,《中国藏学》2007 年第 3 期。
36. 才让:《信仰与扶持——明成祖与藏传佛教》,《西藏研究》2005 年第 4 期。
37. 蔡美彪编著:《元代白话碑集录》,科学出版社 1955 年版。
38. 陈波:《朝廷与藏传佛教》,载香港中文大学中华文化研究所编《二十一世纪》,2007 年 8 月号,总第 102 期。
39. 陈崇凯:《元明时期藏汉文化的交融及对中华文明的贡献》,《西藏大学学报》1996 年第 2 期。

40. 陈高华、史卫民：《元代大都上都研究》，中国人民大学出版社 2010 年版。

41. 陈立健：《〈至顺镇江志〉所载镇江帝师寺》，《中国藏学》2004 年第 1 期。

42. 陈楠：《藏史新考》，中央民族大学出版社 2009 年版。

43. 陈楠：《明代大慈法王释迦也失在北京活动考述》，《中央民族大学学报》2004 年第 4 期。

44. 陈楠：《明代大慈法王研究》，中央民族大学出版社 2005 年版。

45. 陈庆英：《帝师八思巴传》，中国藏学出版社 2007 年版。

46. 陈庆英：《章嘉·若必多吉与清朝皇室兴建的喇嘛寺院》，《青海社会科学》1987 年第 5 期。

47. 陈耀东：《夏鲁寺——元官式建筑在西藏地区的珍遗》，《文物》1994 年第 5 期。

48. 陈智音：《寂护与药师信仰在西藏的开端》，载李国庆、邵东方主编：《天禄论丛：北美华人东亚图书馆员文集》2010 年卷，广西师范大学出版社 2010 年版。

49. 崔正森：《五台山佛教史》，山西人民出版社 2000 年版。

50. 戴密微：《达摩多罗考》，载郑炳林主编《法国藏学精粹》，耿昇译，甘肃人民出版社 2011 年版。

51. 德吉梅朵、喜饶尼玛：《民国时期白普仁喇嘛与多杰觉拔格西在内地弘法及影响》，《云南民族大学学报》2012 年第 1 期。

52. 德吉卓玛：《帕·丹巴桑贾森平事迹考述》，《中国藏学》2014 年第 2 期。

53. 邓锐龄：《〈贤者喜宴〉明永乐时尚师哈立麻晋京纪事笺证》，《中国藏学》1992 年第 3 期。

54. 邓锐龄：《明西天佛子大国师智光事迹考》，《中国藏学》1994 年第 3 期。

55. 邓锐龄：《明初使藏僧人克新事迹考》，《中国藏学》1992 年第 1 期。

56. 邓之诚：《骨董琐记》，邓珂增订、点校，中国书店出版1991年版。
57. 杜常顺：《明代"西天僧"考略》，《世界宗教研究》2006年第1期。
58. 杜常顺：《明代宦官与藏传佛教》，《西北师范大学学报》2006年第1期。
59. 法舫：《全系佛法上之密宗观》，《海潮音》第28册。
60. 尕藏加：《西藏佛教神秘文化——密宗》，西藏人民出版社1996年版。
61. 葛兆光：《考槃在涧》，辽宁教育出版社1996年版。
62. 葛兆光：《中国禅思想史》，北京大学出版社1995年版。
63. 顾寅森：《元大护国仁王寺名称、地址考略》，《元史及民族与边疆研究集刊》（第23辑）。
64. 郭丽平：《北京法海寺壁画中的藏传佛教艺术因素探析》，《中国藏学》2010年第1期增刊。
65. 郭又生述：《诺们罕大喇嘛多杰觉拔格西事略》，《民国密宗期刊文献集成》第39卷，东方出版社2008年版。
66. 韩儒林：《穹庐集》，上海人民出版社1982年版。
67. 何孝荣：《论明武宗崇奉藏传佛教》，《世界宗教研究》2010年第2期。
68. 何孝荣：《元末明初名僧宗泐事迹考》，《江西社会科学》2012年第12期。
69. 侯冲：《中国有无"滇密"的探讨》，《中国佛学》第1卷第1期，1998年。
70. 黄春和：《元代大圣寿万安寺知拣事迹考》，《北京文博》2001年第4期。
71. 黄颢：《在北京的藏族文物》，民族出版社1993年版。
72. 黄胜璋：《〈西天路竟〉笺证》，《敦煌学辑刊》1984年第2期。
73. 霍巍：《〈大唐天竺使出铭〉相关问题再探》，《中国藏学》2001年第1期。

74. 季羡林：《中印文化关系史论文集》，三联书店1982年版。

75. 寄尘：《白喇嘛苾佛学院记盛》，《海潮音》，上海古籍出版社2003年影印本，第13册。

76. 嘉措、平措、噶玛等：《拉萨现藏的两部永乐版〈甘珠尔〉》，《文物》1985年第9期。

77. 姜东成：《元大都敕建佛寺分布特点及建筑模式初探》，载《"元代佛教文化研究"国际学术讨论会论文集》，中国元史研究会，2006年。

78. 姜东成：《元大都大承华普庆寺复原研究》，《建筑师》2007年第2期。

79. 姜亮夫：《莫高窟年表》，上海古籍出版社1985年版。

80. 蒋维乔：《中国佛教史》，上海世纪出版集团2007年版。

81. 久美却吉多杰：《藏传佛教神明大全》，曲甘·完玛多杰译，青海民族出版社2004年版。

82. 侃本：《汉藏佛经翻译比较研究》，中国藏学出版社2008年版。

83. 赖天兵：《杭州飞来峰元代石刻造像艺术》，《中国藏学》1998年第4期。

84. 黎国韬：《略论金刚天女与天魔舞女》，《宗教学研究》2011年第4期。

85. 李德成：《清代驻京八大呼图克图述略》，《中国藏学》2011年增刊。

86. 李克域：《从承德外八庙看藏传佛教在清代前期的作用》，《社会科学战线》1989年第1期。

87. 李圣华《从方外到方内，味趋大全——明初诗僧述论》，《贵州社会科学》2012年第2期。

88. 林冠群：《唐代吐蕃历史与文化论集》，中国藏学出版社2007年版。

89. 林冠群：《吐蕃赞普墀松德赞研究》，台湾商务印书馆1989年版。

90. 刘立千：《藏传佛教各派教义及密宗漫谈》，民族出版社2000年版。

91. 刘之光：《元代大护国仁王寺与西镇国寺位置的商榷》，《北京文博》2002 年第 1 期。

92. 罗文华：《明大宝法王建普度大斋长卷》，《中国藏学》1995 年第 1 期。

93. 吕建福：《中国密教史》，中国社会科学出版社 1995 年版。

94. 吕铁钢、胡和平编：《法尊法师佛学论文集》，中国佛教文化研究所 1990 年印行本。

95. 马克思：《不列颠在印度统治的未来结果》，《马克思恩格斯选集》第 1 卷，人民出版社 1995 年版。

96. 梅静轩：《民国以来的汉藏佛教关系（1912—1949）——以汉藏教理院为中心的探讨》，《中华佛学学报》1999 年第 2 期。

97. 米歇尔·汉斯：《早期西藏艺术的唯一瑰宝——11 世纪的扎塘寺壁画》，《东方文化》1994 年第 6 期。

98. 密宗革新会：《王师愈诤潮中的闲话》，《海潮音》，上海古籍出版社 2003 年影印本，第 9 册。

99. 欧朝贵：《汉藏结合的建筑艺术夏鲁寺》，《西藏研究》1992 年第 1 期。

100. 恰白·次旦平措等：《西藏通史》，陈庆英等译，西藏古籍出版社 2008 年版。

101. 沈柏村：《罗汉信仰及其造像艺术》，《青海社会科学》1997 年第 3 期。

102. 沈卫荣、安海燕：《明代汉译藏传密教文献和西域僧团——兼谈汉藏佛教史研究的语文学方法》，《清华大学学报》2011 年第 2 期。

103. 沈卫荣、李婵娜：《"十六天魔舞"源流及其相关藏、汉文献资料考述》，《西域历史语言研究集刊》第 5 辑，科学出版社 2012 年版。

104. 沈卫荣：《论〈大乘要道密集〉的成书》，《中国藏学》2016 年第 3 期。

105. 沈卫荣：《西藏文文献中的和尚摩诃衍及其教法——一个创造出来的传统》，《新史学》第 16 卷第 1 期。

106. 石青芳：《杭州宝成寺大黑天造像考》，《东南文化》1997 年第 2 期。

107. 石世梁、克珠群佩：《近代藏汉文化交流的使者——能海法师》，《西藏民族学院学报》1990 年第 2 期。

108. 石硕：《松赞干布时代佛教文化传入之实际面貌及地位》，《西南民族学院学报》2000 年第 3 期。

109. 石硕：《吐蕃政教关系史》，四川人民出版社 2000 年版。

110. 史苇湘：《吐蕃王朝管理沙州前后——敦煌遗书 S1438 背〈书仪〉残卷的研究》，《敦煌研究》1983 年创刊号。

111. 释东初：《中国佛教近代史》，（台北）中华佛教文化馆 1974 年版。

112. 释法贤：《〈至元法宝勘同总录〉之探究》，台北法光出版社 2005 年版。

113. 孙鹏浩：《有关帕当巴桑杰的西夏汉文密教文献四篇》，载沈卫荣主编：《文本中的历史——藏传佛教在西域和中原的传播》，中国藏学出版社 2012 年版。

114. 孙悟湖：《"对勘东土经藏"：元代汉藏文化交流史上的壮举》，《中国社会科学报》2013 年 10 月 18 日第 A06 版。

115. 索朗桑姆：《〈至元法宝勘同总录〉研究》，中央民族大学 2015 年硕士学位论文。

116. 索南才让：《关于吐蕃佛教研究的两个问题——顿渐之诤和朗达玛"灭佛"》，《西藏民族学院学报》2003 年第 5 期。

117. 索南才让：《民国年间（1912～1949 年）汉藏佛教文化交流》，《西藏研究》2006 年第 4 期。

118. 索南才让：《唐朝佛教对吐蕃佛教的影响》，《西藏民族学院学报》2008 年第 9 期。

119. 太虚：《菩提道次第广论较中日各宗判教之优点》，《海潮音》第 31 册。

120. 太虚：《中国现时密宗复兴之趋势》，《海潮音》，上海古籍出版社 2003 年影印本，第 12 册。

121. 王川:《诺那活佛在内地的活动及对康藏关系的影响》,《中国藏学》2008 年第 3 期。

122. 王海燕、喜饶尼玛:《"留藏学法团"与民国时期汉藏文化交流》,《中国边疆史地研究》2010 年第 2 期。

123. 王海燕、喜饶尼玛:《民国时期推进汉藏佛教界文化交流的政策因素》,《西藏大学学报》2007 年第 3 期。

124. 王继光:《明代中央政府赴藏地使者事辑》(上),《西藏研究》1986 年第 1 期。

125. 王继光:《明代中央政府赴藏地使者事辑》(下),《西藏研究》1986 年第 2 期。

126. 王家鹏:《故宫六品佛楼梵华楼考——清代宫廷佛堂典型模式》,载《第二届国际满学研讨会论文集》(上),1999 年。

127. 王家鹏:《明成化藏汉文对音写经浅探》,《故宫博物院院刊》1988 年第 4 期。

128. 王敬雅:《康熙西巡五台山若干问题探析》,《故宫博物院院刊》2014 年第 1 期。

129. 王俊中:《"满洲"与"文殊"的渊源及西藏政教思想中的领袖与佛菩萨》,(台北)《中央研究院近代史所集刊》1997 年第 28 期。

130. 王璐、天放:《承德外八庙与西藏的关系》,《中央民族学院学报》1988 年第 4 期。

131. 王启龙:《八思巴评传》,民族出版社 1998 年版。

132. 王启龙:《藏传佛教对元代经济的影响》,《中国藏学》2002 年第 1 期。

133. 王启龙:《藏传佛教在元代政治中的作用与影响》,《西藏研究》2001 年第 4 期。

134. 王森:《西藏佛教发展史略》,中国社会科学出版社 1997 年版。

135. 王尧:《〈金瓶梅〉与明代喇嘛教》,《传统文化与现代化》1994 年第 3 期。

136. 王尧:《藏族翻译家管·法成对氏族文化交流的贡献》,载《敦煌古藏文文献论文集》，上海古籍出版社 2007 年版。

137. 王尧：《南宋少帝赵显遗事考辨》，《西藏研究》1981 年创刊号。
138. 王忠林：《可能与必然——论弥勒图像的转型与定型》，《世界宗教文化》2010 年第 6 期。
139. 吴平：《藏传佛教在近代上海的流传与发展》，《中国藏学》2002 年第 3 期。
140. 吴兆波：《乾隆皇帝与佛教》，《佛教文化》2005 年第 3 期。
141. 西热桑布：《藏文"原版"考》，《中国藏学》2009 年第 1 期。
142. 肖雨：《老藏丹巴及其〈清凉山新志〉》，《五台山研究》1999 年第 3 期。
143. 谢继胜、高贺福：《杭州飞来峰藏传石刻造像的风格渊源与历史文化价值》，《西藏研究》2003 年第 2 期。
144. 谢继胜：《伏虎罗汉、行脚僧、宝胜如来与达摩多罗——11 至 13 世纪中国多民族美术关系史个案分析》，《故宫博物院院刊》2009 年第 1 期。
145. 邢肃芝（洛桑珍珠）口述：《雪域求法记——一个汉人喇嘛的口述史》，张健飞、杨念群笔述，生活·读书·新知三联书店 2003 年版。
146. 熊文彬：《元代藏汉艺术交流》，河北教育出版社 2003 年版。
147. 熊文彬：《元代皇室成员施刊的藏文佛经》，《中国藏学》2009 年第 3 期。
148. 宿白：《藏传佛教寺院考古》，文物出版社 1996 年版。
149. 徐少凡：《诺那呼图克图之略历》，《海潮音》第 28 册。
150. 徐少凡：《西康昌都诺那呼图克图传略》，《海潮音》第 28 册。
151. 牙含章：《班禅额尔德尼传》，西藏人民出版社 1987 年版。
152. 杨曾文：《唐五代禅宗史》，中国社会科学出版社 1999 年版。
153. 杨富学、王红梅：《回鹘文〈吉祥轮律曼陀罗〉所见十六金刚天女研究》，《敦煌研究》2005 年第 2 期。
154. 尹邦志、张炜明：《桑耶寺的香火——〈禅定目炬〉和〈拔协〉

对吐蕃宗论起因的不同叙述》,《西南民族大学学报》2008 年第 12 期。

155. 尹邦志:《〈禅定目炬〉对吐蕃宗论的和会》,《西南民族大学学报》2011 年第 8 期。

156. 尹航:《明代内地藏传佛教民间流布考述》,中央民族大学 2011 年硕士学位论文。

157. 印顺:《太虚法师年谱》,宗教文化出版社 1995 年版。

158. 应兆金:《西藏夏鲁寺汉式殿宇及其历史意义》,《华中建筑》1992 年第 3 期。

159. 于小冬:《藏传佛教绘画史》,凤凰出版传媒集团、江苏美术出版社 2006 年版。

160. 扎洛:《吐蕃求〈五台山图〉史事杂考》,《民族研究》1998 年第 1 期。

161. 扎雅:《西藏宗教艺术》,谢继胜译,西藏人民出版社 1989 年版。

162. 张广达:《唐代禅宗的传入吐蕃及有关的敦煌文书》,载《学林漫录》(三集),中华书局 1981 年版。

163. 张建林:《藏传佛教后弘期早期擦擦的特征——兼谈吐蕃擦擦》,《中国藏学》2010 年第 1 期增刊。

164. 张曼涛主编:《现代佛教学术丛刊》,大乘文化出版社 1980 年版。

165. 张润平:《岷县历史文化与民俗散论》,甘肃文化出版社 2012 年版。

166. 张新宇:《清代北京藏传佛教寺修建史事与修缮制度杂考》,中央民族大学 2010 年硕士学位论文。

167. 张亚莎:《11 世纪西藏的佛教艺术——从扎塘寺壁画研究出发》,中国藏学出版社 2008 年版。

168. 张羽新、刘丽楣等:《藏族文化在北京》,中国藏学出版社 2008 年版。

169. 张羽新:《玛哈噶拉——元朝的护国神——从柳贯〈护国寺碑铭〉谈起》附录,《世界宗教研究》1997 年第 1 期。

170. 张羽新：《清政府与喇嘛教》，西藏人民出版社 1988 年版。
171. 张云：《〈元史·释老传〉藏汉译名证补》，《欧亚学刊》第 1 辑。
172. 张云：《漂泊中的佛爷——九世班禅内地活动的前前后后》，中国藏学出版社 2002 年版。
173. 赵改萍、侯会明：《略论清代前期的五台山藏传佛教》，《宗教学研究》2006 年第 3 期。
174. 赵改萍：《元明时期藏传佛教在内地的发展及影响》，中国社会科学出版社 2009 年版。
175. 赵晓星：《敦煌落蕃旧事》，民族出版社 2004 年版。
176. 钟宜民：《诺那活佛游宜日记》，《海潮音》第 19 册。
177. 朱家源：《西黄寺与须弥福寿庙》，《文物》1959 年第 7 期。
178. 朱丽霞：《吐蕃时代佛经翻译考辨》，《宗教学研究》2008 年第 4 期。
179. 朱丽霞：《白马寺与元代帝师关系述略》，《西藏研究》2008 年第 2 期。
180. 朱煦群：《缙云寺——汉藏教理院》，《海潮音》第 35 册。
181. 祝启源：《唃厮啰——宋代藏族政权》，青海人民出版社 1988 年版。
182. 祝启源：《唃厮啰政权对维护中西交通线的贡献》，《中国藏学》1998 年第 1 期。
183. 卓鸿泽：《"演揲儿"为回鹘语考辨——兼论番教、回教与元、明大内秘术》，载沈卫荣主编《西域历史语言研究集刊》（第 1 辑），科学出版社 2007 年版。